実践知

エキスパートの知性

Practical Intelligence of Professional Experts

金井壽宏／楠見 孝 編

有斐閣

はしがき

学生と接するたびに、願うことがある。一つは、人生で最も感受性が豊かで自由な時期を過ごしているのだから、知には、この広い世界とそこに住まう人間について認識を深めるパワーがあると気づいてほしい。もう一つは、もっと大事なことだが、知の中には、その世界の中にいる「この自分」の実践をうまく導く知も存在することに気づいてほしい。知ることが実践につながるとうれしいということは、スポーツや楽器、その他、熟達しないと楽しめない（根気のいる）趣味をもっている人なら気づいているはずだ。

知能や知性と訳されるインテリジェンスとは、それがあるおかげでよりよく生きることに貢献するから有り難いものなのであって、本書では、執筆者全員の思いを、「実践知」(practical intelligence) という言葉に込めている。知能検査で測られるような知能でなく、よりよく生き、働くうえで、より上手にものごとを楽しむうえで、役立つ知能もしくは知性というものがあり、それこそが実践知なのである。

いろんな分野で熟達を極めた方々にお会いする機会に恵まれるたびに、そういう達人や匠、エキスパートとよばれる人の中には、全員ではないが、自分が見つけた実践知を言語化された知恵として語ることのできる方々がおられることに気づかされる。このような達人がいるのは、スポーツ、音楽、将棋や囲碁、それから、忘れてはいけないのは、仕事の世界である。下手なりに楽しめる趣味と違って、仕事の世界では、そこから給料も得る。誰しも給料泥棒と言われない程度の熟達で終わりたくないだろう。仕事の世界でも趣味の世界でも達人に出会えば、そこから何かコツを学びたいと思うことだろう。仕事が並外れてうまくできるようになれば、それは誇らしいことであり、達成感、成長感をもてれば、内発的にも動機づけられる。

学校を卒業して、実社会に入っても、それまで長く打ち込んだスポーツ、音楽、将棋、囲碁、その他の趣味の中には、一生続けるものもあるだろう。それらを長くやっていれば、プロではなくても、もはや趣味とはいえないほど、相当な熟達水準に達する人もいることだろう。しかし、人は、一生のうち、二〇歳前後から六〇歳代まで、定年延長があり雇用が多様化すれば七〇歳以上まで、働くような時代に突入しつつある。また一日をみても、朝の九時から夕方まで、残業をすれば夜まで、かなり長い時間関わることになっているのが、仕事の世界だ。その意味では、平日に一日の大半を職場で過ごすばかりでなく、人生の大半を、仕事をしながら過ごすことになる。だとすれば、仕事の世界における熟達化は、大切な研究領域であり、それは、認知心理学における熟達化や実践知の研究と、経営学における実践的な理論が交叉する領域となる。そんなことを考えているとき、自然に、共編者とともに、お互いが尊重する研究仲間に声をかけて、多様な仕事の世界における実践知を解き明かす書籍をいつか世に問いたいと思うようになった。それが本書である。

実践知を獲得することが、熟達化にほかならないが、それを自分で獲得するだけでなく、熟達者になれば次の世代を育てるという継承の問題に直面する。そして、まさにこの継承のときにこそ、熟達化のコツは、「曰く言い難い」ではすまされなくなる。次の世代に仕事の技を伝授するうえでも、言語化された実践知が必要となってくる。

本書に、すべての仕事をとりあげることはとてもできない相談だが、それでもできるだけ多様な仕事領域をカバーすることに配慮した。企業関係では、営業職、管理職、ＩＴ技術者、生徒や患者さんという人を相手とすることそのものが仕事である教師や看護職、また、創造的な分野で技や技能が問われるデザイナーや芸術家、少し珍しい研究例としては京都の芸舞妓、それぞれの領域の仕事場にエキスパートを訪ねて、活躍する彼（女）らの実践知を解読していった。

読者の皆さんには、本書で実践知を学ぶにあたって、まるで鑑賞するように読むのはもったいないことなので、ぜひ、自分がいっそうの熟達化を希求する領域を念頭に、お読みいただきたい。本書が、読者自身が大切に思う熟達化領域で、実践知を見つけ出す一助となれば、執筆者たちにとっても、望外の喜びである。

二〇一二年二月

編者を代表して

金井 壽宏

執筆者紹介

［編　者］

●金井　壽宏（かない　としひろ）　神戸大学名誉教授、立命館大学食マネジメント学部教授、博士（経営学）、Ph. D.（Management）

執筆担当：第**3**章（共同執筆）、*Expert 4–2*（共同執筆）、終章

専　門：経営管理、経営行動科学

主　著：『組織エスノグラフィー』（共著、有斐閣、二〇一〇年）、『仕事で「一皮むける」――関経連「一皮むけた経験」に学ぶ』（光文社、二〇〇二年）、『企業者ネットワーキングの世界――MITとボストン近辺の企業者コミュニティの探求』（白桃書房、一九九四年）、『変革型ミドルの探究――戦略・革新指向の管理者行動』（白桃書房、一九九一年）

●楠見　孝（くすみ　たかし）　京都大学大学院教育学研究科教授、博士（心理学）

執筆担当：第**1**、**2**章

専　門：認知心理学、認知科学

主　著：『批判的思考力を育む――学士力と社会人基礎力の基盤形成』（共編著、有斐閣、二〇一一年）、『思考と言語』〔現代の認知心理学、第三巻〕（編著、北大路書房、二〇一〇年）、『仕事のスキル――自分を活かし、職場を変える』（共編著、北大路書房、二〇〇九年）

［執筆者］（執筆順）

●谷口　智彦（たにぐち　ともひこ）　近畿大学経営学部教授、博士（経営学）

執筆担当：第**3**章（共同執筆）、*Expert* **4–2**（共同執筆）
専　門：経営組織論（キャリア論）
主　著：『「見どころのある部下」支援法――幹部候補生に上司が贈る「四つの質問」』（プレジデント社、二〇〇九年）、『マネジャーのキャリアと学習――コンテクスト・アプローチによる仕事経験分析』（白桃書房、二〇〇六年）

●松尾　睦（まつお　まこと）　青山学院大学経営学部教授、博士（学術）、Ph. D.（Management Learning）
執筆担当：*Expert* **4–1**
専　門：経営組織論
主　著：『経験からの学習――プロフェッショナルへの成長プロセス』（同文舘、二〇〇六年）、*The Role of Internal Competition in Knowledge Creation*（Peter Lang, 二〇〇五年）、『「経験学習」入門――職場が生きる、人が育つ』（ダイヤモンド社、二〇一一年）

●元山年弘（もとやま　としひろ）　元・立教大学経営学部助教
執筆担当：*Expert* **4–2**（共同執筆）
専　門：経営管理、経営組織論
主　著：「管理職への移行における諸問題」（『経営教育研究』第一一巻一号、二〇〇八年〔日本経営教育学会山城賞奨励賞受賞〕）、「管理者になる移行期におけるキャリア発達」（『人材育成研究』第二巻一号、二〇〇七年）

●平田謙次（ひらた　けんじ）　（株）エキスパート科学研究所代表取締役、韓国放送通信大学客員教授、博士（学術）
執筆担当：*Expert* **4–3**
専　門：組織行動論（人的資源開発）
主　著：ISO/IEC 19796-3: Information technology—Learning, education and training—Quality management, assurances and metrics-Part3: Reference methods and metrics（共編著、二〇〇九年）、「スキルマネジメントの技術確立に向けた国際レベルの標準化――ETSSを基軸として」（共同執筆、『SECジャーナル』第五巻二号、二〇〇九年）、

「目標による動機づけ過程――仕事文脈を中心にして」(『心理学評論』第四六巻一号、二〇〇三年)

●坂本篤史(さかもと あつし) 福島大学人間発達文化学類准教授、博士(教育学)
執筆担当:*Expert 5-1*(共同執筆)
専　門:教育心理学(授業研究、教師の学習)
主　著:『学校教育と学習の心理学』(共著、岩波書店、二〇一五年)、『授業の研究 教師の学習――レッスンスタディへのいざない』(分担執筆、明石書店、二〇〇八年)

●秋田喜代美(あきた きよみ) 東京大学名誉教授、学習院大学文学部教授、博士(教育学)
執筆担当:*Expert 5-1*(共同執筆)
専　門:教育心理学(授業研究、教育実践研究)、保育学
主　著:『授業研究と学習過程』(共著、放送大学教育振興会、二〇一〇年)、『授業の研究 教師の学習――レッスンスタディへのいざない』(共編著、明石書店、二〇〇八年)、『学習科学ハンドブック』(共監訳、培風館、二〇〇九年)

●勝原裕美子(かつはら ゆみこ) オフィスKATSUHARA代表、看護師、博士(経営学)
執筆担当:*Expert 5-2*
専　門:看護管理学
主　著:『看護師のキャリア論――多くの節目を越えて生涯にわたる成長の道筋を見出すために』(ライフサポート社、二〇〇七年)、『語りと騙りの間――羅生門的現実と人間のレスポンシビリティー(対応・呼応・責任)』(分担執筆、ナカニシヤ出版、二〇〇九年)、『コード・グリーン――利益重視の病院と看護の崩壊劇』(訳、日本看護協会出版会、二〇〇四年)、『組織で生きる――管理と倫理のはざまで』(医学書院、二〇一六年)

●松本雄一(まつもと ゆういち) 関西学院大学商学部教授、博士(経営学)
執筆担当:*Expert 6-1*

専　門：人的資源管理論、経営組織論
主　著：『実践共同体の学習』（白桃書房、二〇一九年）、『組織と技能――技能伝承の組織論』（白桃書房、二〇〇三年）、『1からの経営学』第三版（分担執筆、碩学舎、二〇二一年）、『拡張的学習の挑戦と可能性――いまだにここにないものを学ぶ』（共訳、新曜社、二〇一八年）

●西尾久美子（にしお　くみこ）　近畿大学経営学部教授、博士（経営学）
執筆担当：Expert 6-2
専　門：経営組織論、キャリア論
主　著：『京都花街の経営学』（東洋経済新報社、二〇〇七年）、『現代社会研究入門』（共編著、晃洋書房、二〇一〇年）、『1からのサービス経営』（分担執筆、碩学舎、二〇一〇年）、『舞妓の言葉――京都花街、人育ての極意』（東洋経済新報社、二〇一二年）

●横地早和子（よこち　さわこ）　東京未来大学こども心理学部准教授、博士（心理学）
執筆担当：Expert 6-3（共同執筆）
専　門：認知心理学（創造性の熟達化、芸術の創造過程）
主　著：『創造するエキスパートたち――アーティストと創作ビジョン』（単著、共立出版、二〇二〇年）、『触発するアート・コミュニケーション』（共編著、あいり出版、二〇二三年）

●岡田　猛（おかだ　たけし）　東京大学大学院教育学研究科教授、Ph. D.（Psychology）
執筆担当：Expert 6-3（共同執筆）
専　門：認知科学、心理学（創造性、芸術の創造過程）
主　著：*Designing for Science: Implications from Everyday, Classroom, and Professional Settings*（共編著、Erlbaum, 二〇〇一年）、*Multidisciplinary Approaches to Art Learning and Creativity: Fostering Artistic Exploration in Formal and Informal Settings.*（共編著、Routledge, 二〇二〇年）

目次

第Ⅰ部 実践知——獲得と継承のしくみ

第6章 アートに関わるエキスパート

第I部

Part

I

Practical Intelligence of Professional Experts

実践知

——獲得と継承のしくみ

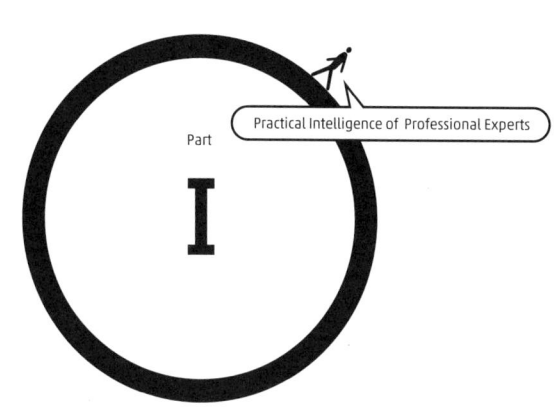

■第Ⅰ部のIntroduction■

第**Ⅰ**部は本書の理論編と位置づけることができる。

本書の基本的なスタンスは、「人の発達は学校にいる間で終わらない。仕事の経験を通じて学習が続く。ただし、仕事の場での学習は、学校の教室で先生から学ぶのとは異なる」という考え方である。良質な仕事の経験を積み、熟達者（エキスパート）といわれる段階に達した人がもつのが「実践知」であるが、それは、知能研究などの観点からは、どのようなスキル・知識であるといえるのだろうか。実践知そのものの中身・性質を論じるのが、第**1**章である。

続く第**2**章では、実践知を獲得する、つまりエキスパートになるための過程と要因が論じられ、それがモデル化される。この章を読めば、本書がどういう人のことをさして「エキスパート」といっているのかがよくわかると思う。

ここまでの二つの章は、個人レベルの、主に認知心理学をベースにした議論が展開される。

一方、実践知は仕事の場で学習されていくため、多くの場合、その獲得には組織レベルの問題を考えなければならない。組織の中の個人が実践知を獲得できるように仕掛けること、これは「組織」を主語にすれば、実践知「継承」のしくみをつくることにほかならない。

第**3**章では、リーダーシップをテーマに、この実践知の組織的継承について論じる。多くの組織では、仕事のエキスパートである人がリーダーに近い存在になっているのが現実であろう。また、実践知を他人に伝えるということそれ自体に、リーダーシップの要素が必要とされる側面がある。詳しくは本文を読んでもらいたいが、第**1**、**2**章で示された定義からも、想像がつくことと思う。第**3**章に関しては、経営学や組織行動論に豊富な蓄積があり、それらをベースにした議論が展開される。

第1章

実践知と熟達者とは

楠見 孝

第1節　はじめに——なぜ実践知なのか

実践知（practical intelligence）とは、熟達者（expert, エキスパート）がもつ実践に関する知性である。熟達者とは、ある領域の長い経験を通して、高いレベルのパフォーマンスを発揮できる段階に達した人をさす。一般に、熟達者は、特別な才能をもつ人や、医師やエンジニアなどの専門的な訓練過程を経た人であるとするとらえ方がある。しかし、一方で、どんな人でも、よい経験を積めば、仕事の場で、実践知を獲得することができるというとらえ方もできる。本書ではこのように実践知を獲得する学習過程を「熟達化」と定義し、熟達者を熟達化の過程を経た人というより広い意味でとらえる（たとえば、Ericsson [2006a]）。

人は、学校を卒業してから、青年期後期、中年期、老年期に至るまで「仕事の場」（workplace）で多くの時間を過ごし、多くの人と出会い経験を積み重ねる。仕事の場における長期的なスキルや知識の学習である熟達化は、生涯発達における大事な要素である。熟達化は、人が、仕事を選択し、社会の中で能力を発揮し、価値を実現することであり、個人のアイデンティティを支えている。また個人にとって仕事は、社会との接点であり、そこで獲得した知識やスキルを次の世代に継承することは社会の発展に関わる。したがって、こうした仕事の熟達化を明らかにすることは、働く人、そしてこれから働く人すべてに意味があると筆者たちは考えている。そこで本書は、仕事の場における「実践知」というものに着目した。読者には、自らの仕事の場あるいはこれから入っていく仕事の場と対比させながら、具体的な仕事を取り上げる第**4**章以降を読んでほしい。

まず第**I**部の本章から第**3**章までは、イントロダクションとして、こうした実践知とそれを獲得する熟達化のプロセスを紹介する。とりわけ、第**1**、**2**章では、認知心理学の観点から、人の知識やその学習、そして仕事を通した生涯にわたる発達について考えていきたい。心理学的アプローチは、次の二つの目的を達成するために、複数の実証的な方法と理論を提供してくれるだろう（たとえば、Chi [2006]）。

第一は、熟達者の仕事における高いパフォーマンス（たとえば仕事の量や質）や仕事場面での複雑な問題解決（たとえばトラブルの解決）を支える実践知はどのようなものかを明らかにする。具体的には、熟達者のもつ知識、スキル、態度の内容を解明する。そして、高いパフォーマンスを発揮するための情報処理の仕方や、それを一段高い位置からモニターする（メタ認知）能力である自己制御や省察（reflection）の過程を検討する。

第二は、実践知の獲得過程を、長期的学習や生涯発達における仕事の知識・スキルの獲得や熟達化過程として検討することである（楠見［二〇一〇］）。この点については第**2**章で述べる。

1 ● 学校知の限界と実践知

そもそも実践知は、学校知（academic intelligence）の研究が、知能研究の主流として進む中で、その対比として認識された面がある。学校知とは学業に関わる知能、学校の秀才がもつ知能である。ここでは、その知能研究の限界から実践知を提唱するに至ったアメリカの知能心理学者スタンバーグらり上げる。

の研究（Cianciola et al.［2006］, Sternberg［1985］, Sternberg et al.［2000］, Sternberg & Wagner［1986］）を取

人の知的な能力、すなわち知能（intelligence）は、伝統的に大きく以下の三つの段階の定義がある。

第一に、知能は、広い意味では環境への適応能力として定義されている。これは、環境の変化や新たな事態に適応する能力である。環境適応能力としての知能は、人だけでなく、動物にも適用できる定義であり、生き残るために必須の能力である。たとえば、新しい仕事や課題、テスト場面などへの対処能力としてとらえられる。

第二に、適応能力をもう少し精密化して、学習能力としてとらえる定義がある。これはさまざまな情報の処理を自動化し、正確に、速く遂行する能力であり、熟達化にも関わる。情報処理の効率的なやり方を学習する能力には、適切な方略は何かを判断・選択して実行するという、認知活動をモニターしコントロールするメタ認知能力やスキル・知識の獲得が関わる。

第三は、知能の狭義の定義であり、知能を抽象的思考能力（数、語の流暢さ、空間、言語、記憶、推理）としてとらえるものである。知能はここにおいて知能検査で測られる能力としてとらえる操作的定義と結びつく。操作的定義とは、知能のようなとらえどころない抽象的概念を、具体的な操作（手続き）によって定義することである。ところが、そのことによって知能検査で測られるＩＱ（知能指数）だけが「知能」として一人歩きをしてしまう危険が生じる。事実、知能検査は、学業成績を予測する検査として開発されてきたため、その得点は学業成績と相関が高い。したがって、知能検査で測られる知能は、実践知というより学校知を予測するものである。知能検査の限界として、よく指摘さ

れるのは、知能検査の成績は、学校を終えてからの職場での業績についての予測力が低い点である。こうした知能検査の限界に基づいて、仕事をはじめとする実践場面における知能を説明・予測するために提唱されたものが、実践知なのである（第3節**2**では、学校外の領域におけるパフォーマンスを予測するための検査について一部紹介する）。

2● 知能の探求と実践知

(1) 多重知能説

前項のアプローチ以外にも、「知能とは何か」に関する研究はさまざまになされてきた。ガードナーの多重知能説は、知能を、学校知としてだけではなく、幅広くとらえる立場をとっている (Gardner［1983］）。ガードナーは、人間の知能には、言語、論理—数学、空間、音楽、身体—運動、対人、個人内の七つの知能があると考えた（Gardner［1999］では、自然や人工物の事物を識別する博物的知能が加わった）。人はそれぞれの知能を、さまざまな形で発達させ、それらのすべてあるいは一部を組み合わせて使っている。ガードナーはそれぞれの知能が青年期以降の発達を経て到達する状態として、職業における熟達者を例示している（ただし、どの仕事においても、複数の知能が働くことの重要性を指摘している）。**図1-1**は、多重知能説に基づき、子安［二〇〇五］が各知能の相互関係をふまえて、大きく三つに分けて整理したものである。

言語、論理—数学、空間の三つの知能は、技術的知能（technical intelligence）であり、とくに、言語と論理—数学知能は、本節**1**で述べた知能検査が測定してきた学校知に対応し、ビジネススクール

図 1-1　ガードナーの多重知能説に基づく知能モデル

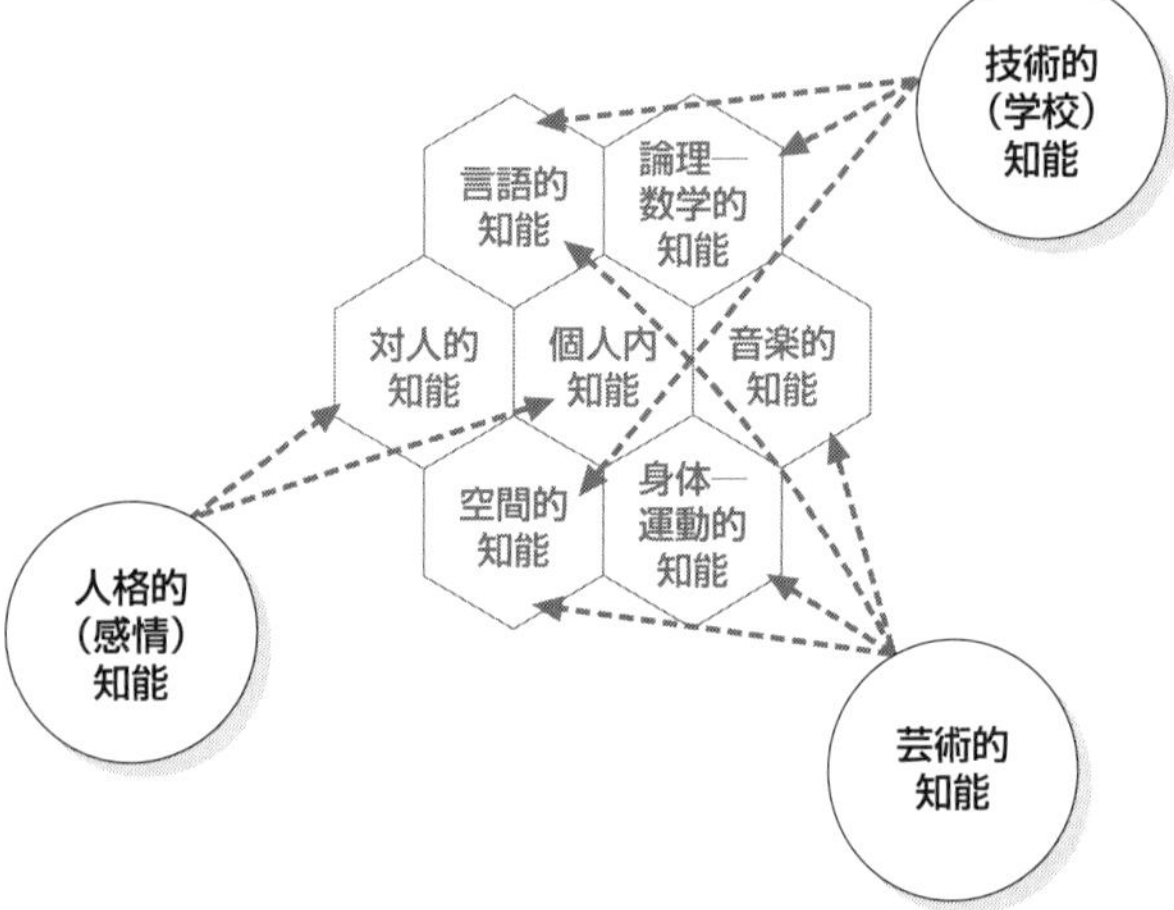

（出所）　子安［2005］を改変。

（経営大学院）においても重視されてきた。たとえば、言語的知能は、話し言葉や書き言葉の理解や感受性、言葉の表現、学習に関わる能力である。優れた教師（とくに国語、外国語）、弁護士、政治家、作家は、高い言語的知能をもつ人の例である。論理—数学的知能は、問題を論理的に分析し、数学的操作や科学的解明を支える知能である。会計や財務担当のホワイトカラー、技術者、教師（数学、理科）においてはとくに重要な知能である。空間的知能は、空間のパタンを認識し、操作する能力である。空間的知能の発揮の仕方は仕事によってさまざまであるが、パイロット、デザイナー、美術家、建築家、外科医などの職業においては、とくに高い空間的知能が発揮されている。

対人的知能と個人内知能は結びついており、これら二つをガードナーは人格的知能（personal intelligence）とよんでいる。対人的知能とは、対人場面において、他者の意図や動機づけ、欲求などを理解し、他者とよい関係を構築し維持する対人関係能力である。したがって、営業担当者、マネジャー、教師、看護師、芸舞妓などのような人と関わる仕事の場合とくに重要な能力である。また、個人内知能は、自分に洞察を向ける省察（第**2**章**3**節参照）や自分の（欲求、感情などの）コントロール、人生における意思決定などの自己制御に関連する知能であり、人格の中核に位置している。これらの人格的知能はゴールマンの提唱した感情知能（emotional intelligence）に一部対応する（Goleman［1995］）。しかし、感情知能が他者の感情を理解する感受性と感情コントロール能力を中核におき、それに伴う一定の行動パタンを含む点で、ガードナーの人格的知能とは異なる。

芸術的知能（artistic intelligence）には、音楽的知能（音楽の作曲、演奏、鑑賞の能力）、身体―運動的知能（身体を用いた表現や問題解決能力）、空間的知能（デザイナーや美術家などがもつ空間表現能力）、そして言語的知能（作家などがもつ言語表現能力）が含まれる。たとえば、伝統産業従事者の芸舞妓のケース（第**6**章 ***Expert 6-2***）では、実践知である「座持ちの力」には対人的知能と芸術的知能である音楽、身体―運動的知能がとくに大きな役割を果たしている。

学校知という単一の知能を中心とする知能観に対して、ガードナーは知能を「情報を処理する生物心理学的な潜在能力であって、ある文化で価値のある問題を解決したり成果を創造したりするような、文化的場面で活性化されうるもの」ととらえている（Gardner［1999］）。そして、こうした知能観は、学校外における仕事の場面で、複数の知能を用いて問題を解決し、成果を創造するという実践知に通じるとらえ方である。

（2） 知能の鼎立理論

スタンバーグは、実践知（ここでは実践的知能とよぶ）を、自身が提唱した知能の鼎立理論（triarchic theory）における三つの知能の一つに位置づけている（Sternberg [1985]）。すなわち、実践的知能は日常生活の文脈において問題を解決するために、経験を通して学んだ知識を適用・活用し、実行・達成を支える知能である。一方、分析的知能（analytic intelligence）は、なじみのある問題の解決において、問題を認知し、計画を立て、分析・比較し、評価することを支える知能である。また、創造的知能（creative intelligence）は新奇な問題の解決において、新しいアイディアの創出（創造、発見、設計）を支える知能である。これら三つの知能は、人生における具体的な実行力を伴う成功のための知能（successful intelligence）において重要である。たとえば分析的知能は、仕事における問題解決状況を的確に分析し、創造的知能は新たな解決法を見出すことにつながる。そして、実践的知能は新しい経験から知識を獲得することに関わる。こうした知識獲得を認知心理学的に表現すると、

① 選択——問題解決に必要な情報を無意識のうちに選択して、頭の中で情報を扱えるように変換（符号化）する。

② 結合——情報を結びつけることによってパタンを見出す。

③ 比較——あらかじめ知っているパタンや知識と比較して体系的な知識をつくる。

といった頭の中の情報の操作（認知的操作）によって知識を獲得し、実践的行動を導くということになる。また、スタンバーグらは、これらの選択・結合・比較の三つの認知的操作に関する訓練プログラムを作成し、これらの訓練によって、実践知が向上することを見出している（Sternberg et al.

[1993])。

　このように実践知は、学校知との対比の中でとらえられ位置づけられてきた。次節では実践知そのものをより詳しく説明していく。

第2節　実践知とは

1 ● 実践知の特徴

　熟達者、つまりエキスパート（expert）とは、ラテン語で「試みた」を意味するexpertusから派生した語で、「経験で得た知識をもった」がもとの意味である。初心者は経験を積んで、一人前、さらに熟達者になるまでに多くのスキルや知識を獲得する。この長期的学習過程を熟達化（expertise）という。熟達化研究には、仕事に関しては、バーテンダーや店員、営業職、ＩＴ技術者、パイロット、兵士、医師・看護師などのさまざまな職種が取り上げられ、さらにスポーツやダンス、音楽、チェスなどさまざまな領域に関する研究もされてきた。これらの研究から、仕事の熟達者が獲得する実践知の特徴として、以下の四つをあげることができる（Sternberg et al. [2000]）。
　① 個人の実践経験によって獲得されること
　② 仕事において目標指向的であること
　③ 仕事の手順や手続きに関わること

④　実践場面で役立つこと

熟達者は、単に定型的な手続きを自動的に実行する定型的熟達者と、手続きを柔軟に適用し、創意工夫をもって改善する適応的熟達者に分けることができる。波多野〔二〇〇二〕は、適応的熟達者がもつ知識（実践知）の内容がどのようなものであるかについて、三つの解釈をあげている。

第一に、実践知は、手続き的知識とその対象の理解を可能にする概念的知識から構成されているということである。人は、経験によって獲得した手続き的知識を実際に適用する中で、その意味を考え、それに対応する概念的知識を獲得する。適応的熟達者の実践知にはこうした概念的知識が含まれている。

第二に、概念的知識を獲得することによって、人は、問題状況を適切に解釈して、その問題状況に関わる本質や原理に関する概念的知識を自動的に働かせることができる。そして、スキルを実行するための手続き的知識を行為に変換することができる。すなわち、適応的熟達者の実践知は、概念的知識と手続き的知識が緊密に結束している。

第三は、メタ認知的知識が、通常の知識よりも一段高いメタ水準から知識をコントロールしていることである。メタ認知的知識には、自分自身についての熟達に関する適切な自己評価の知識、仕事などのタスク難易度などの知識、実行に関わる方略の有効性に関する知識がある（第４節参照）。

2 ● 経験から獲得される暗黙知

実践知は、経験から実践の中に埋め込まれた暗黙知（tacit knowledge）を獲得し、仕事における課題解決にその知識を適用する能力を支えている。したがって、実践的知能の優れた人は、暗黙知を獲得し、活用することに優れている。ここで暗黙知とは、仕事の中で経験から直接獲得された知識であり、仕事上のコツやノウハウなどである（Sternberg & Wagner［1992］, Wagner［1987］）。これは、学校で獲得される形式知（explicit knowledge）とは対比的にとらえられる。形式知は、講義のように言語的に教えられたり、書物のように書かれた知識である。それに対して、暗黙知は、「暗黙」というほどであるから、言語化できない経験知（Polanyi［1966］）であり、ふつう直接教えられるというよりは周囲の人の行動から推論したり、経験から自分で発見したりして獲得される。実務経験のないビジネススクール（経営大学院）修了者が就職してもすぐに活躍できないのは、仕事を進めるうえで重要な暗黙知をもっていないためである。本節**4**で述べるように、実務では問題状況を即座に把握して適切な対処行動をとったり、一方で、仕事の場の慣習や経験的知識に基づいて熟考したりする必要がある。これらの場面で必要とされるのが暗黙知である。したがって、人が仕事環境に適応し、優れた業績を上げるためには、暗黙知を獲得することが重要になる。仕事において、優れた実践ができる人は、暗黙知をもっている人、暗黙知が仕事の成功のカギを握り、仕事環境によって異なることを自覚している人、さらに暗黙知を環境から積極的に探さなければならないことを知っている人ということができる（**Cianciola et al.**［2006］）。

野中・竹内［一九九六］によると、暗黙知は、主観的・身体的な非言語的、非形式的な知識であり、個人的経験、熟練技能、組織文化、風土などの形で存在している。したがって、単なる仕事に関する知識ではないし、第**1**節で述べた技術的知能ではない。暗黙知は、仕事の素早く、正確な遂行を支

図 1-2　組織的知識創造理論における 4 つの知識変換モード

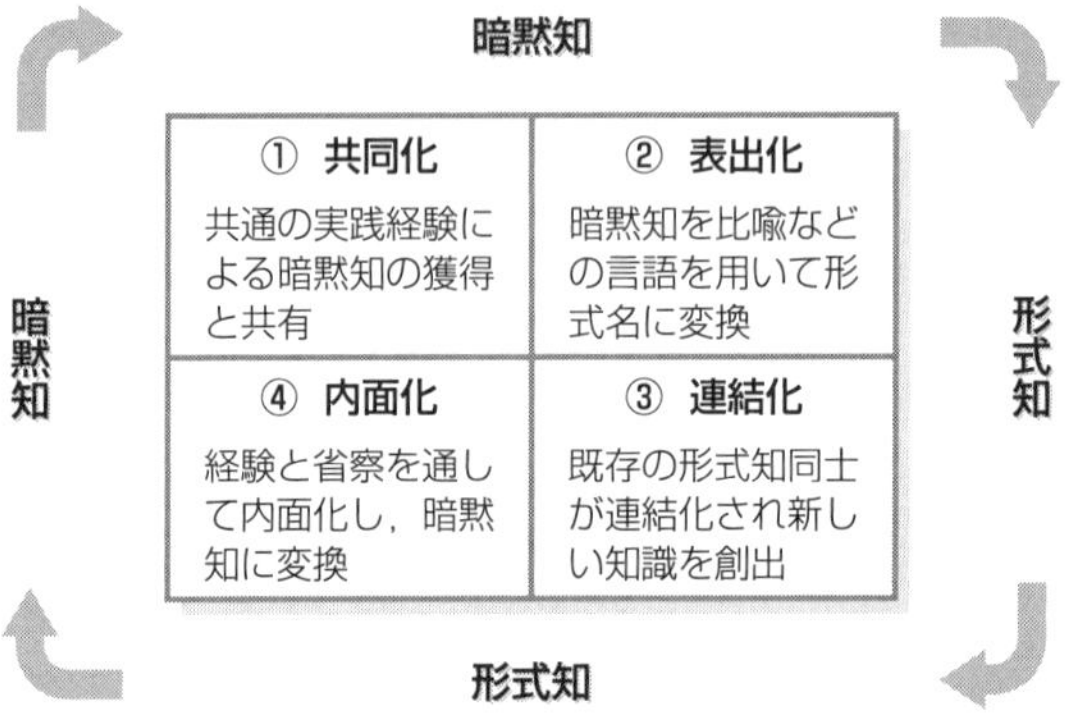

（出所）野中・竹内［1996］を改変。

えており、直観的に適切な問題状況の解釈を導く。しかし、暗黙知だけで業績を上げられるわけではない（Sternberg et al.［2000］）。他方の形式知は、客観的・論理的で言語的・形式的な知識である。マニュアル、仕様書の形で存在し、研修で教えることのできる知識である。**図1-2**に示すように、暗黙知と形式知は、次の四通りの変換によって知識が創造される。①人は、仕事の場において、共通の実践経験を通して、暗黙知を獲得し、共有する。②暗黙知を他者に伝えるときには、形式知に変換して表出化する必要がある。ここでは、比喩や類推が用いられる。③形式知同士は、帰納や類推によって連結化され、新たな知識が生まれる（第**2**章**4**節参照）。④学校、研修や本で体系的に学んだ形式知は、現場での経験と省察を通して、内面化し、暗黙知に変換するという知識の変換が重要である。仕事の熟達化を支える実践知は、このような暗黙知と形式知の円環から成り立っている。

3 ● スキルとしての実践知

本節**1**、**2**を読んで読者は、ふつうの働く人にとって、仕事の実践知（とりわけ暗黙知）の獲得は難しいのではないか、また暗黙知の内容はどのようなものかという疑問をもったかもしれない。しかし、仕事における実践知の内容を、仕事を支えるスキルと能力としてとらえることによって、経験からの学習によるスキルや能力の向上を考えることができる。

たとえば、カッツ（Katz [1955]）は管理職の仕事を支えるスキルと能力を以下の三つに分けて示している（楠見［二〇〇九］）。ホワイトカラーの会社員には、新人として職場に入ってから、長い年月をかけて多様な業務を経験し、ロワーマネジャー（係長級）から中年期にミドルマネジャー（課長級）、さらに上級マネジャー（部長級、取締役）となる学習プロセスがある。**図1-3**は、以下の三種のスキルの内容が三つの職階レベルによってどのように向上していくかを示したものである。

（1）テクニカルスキル

このスキルは専門的能力に対応し、仕事のパフォーマンスを支える手順やスキル、内容的な知識である。仕事の担当分野の専門知識である。営業や工場の前線で得られる知識やスキルから始まり、過去の成功・失敗事例に関する知識、そして昇進に伴って、部署から会社全体の組織のマネジメント、改善に関する知識とスキルを獲得することになる。これらは仕事のタスクを実行し管理する熟達者になるために重要なスキルである。さらに仕事の現場は、急速な改革と進歩があるため常に学習が重要である。

テクニカルスキルは、それぞれの仕事において熟達段階にしたがって明示されていることもある。たとえばＩＴ技術者の事例（第**4**章 *Expert 4-3*）ではＩＴスキル標準が体系的にスキルの段階を明示しており、また、看護師の事例（第**5**章 *Expert 5-2*）では臨床実践能力の熟達段階としてクリニカルラダ

図 1-3　管理職の実践知を支える 3 つのスキル

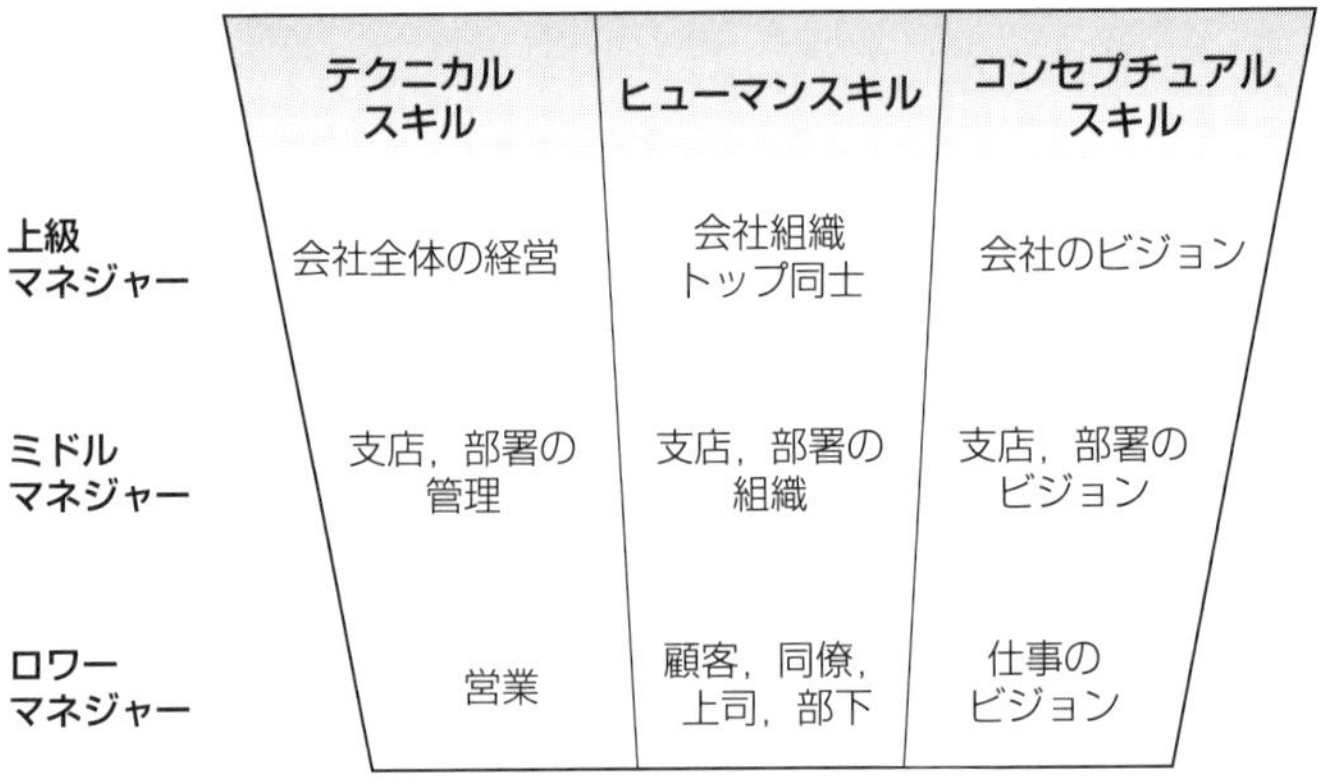

	テクニカル スキル	ヒューマンスキル	コンセプチュアル スキル
上級 マネジャー	会社全体の経営	会社組織 トップ同士	会社のビジョン
ミドル マネジャー	支店，部署の 管理	支店，部署の 組織	支店，部署の ビジョン
ロワー マネジャー	営業	顧客，同僚， 上司，部下	仕事の ビジョン

（注）上に広がる形はスキルの拡大を示す。

ーがある。

(2) ヒューマンスキル

このスキルは、対人関係能力であり、集団の一員として、そしてリーダーとしての対人的知能に対応する。これは、顧客、上司・同僚・部下を理解し、共感し、考えていることや気持ちをうまく伝え、よい関係を築き、維持する能力である。その基本は聞くこと（傾聴、質問）、伝えること、見ること（相手、集団）、人間関係をつくることである。たとえば、部下、初対面の人に話しかけて、良好なムードをつくったり、集団において自分の意見を言いつつも相手の意見を採り入れ、皆を満足させたり、部下や同僚、顧客を理解し共感したり説得をしたりすることである。そして、昇進に伴って、部署全体、会社全体の協同関係を構築、維持することが重要になる。ヒューマンスキルは、リーダーシップ（第**3**章参照）を含み、機械では代替できないスキルである。ヒューマンスキルをパーソナリティではなくスキルとしてとらえることで向上させていくことができる。

（3）コンセプチュアルスキル

このスキルは概念化能力であり、複雑な状況や変化を認知・分析し、問題を発見し、実際的・創造的解決をすることである。**図1-3**に示すように仕事のビジョンを立てることに始まり、昇進に伴って、部署、そして会社全体のビジョンや経営戦略を立てるスキルが求められる。ビジョンを打ち立てるには、状況把握力、情報分析力、そして、複雑なアイディアを概念化し、提案する高次な能力が必要である。そこで重要な能力が、第**2**章**3**節で述べる批判的思考力（critical thinking）である。

4 ● 熟達者の特徴

熟達者は、本節**1**～**3**で述べてきた実践知あるいはスキルを経験から獲得することで、高いレベルのパフォーマンスを発揮している。熟達者の特徴としては、チィ（Chi [2006]）が七個、ロスら（Ross et al. [2006]）は一〇個をあげているが、ここでは熟達者のもつ実践的な知識とスキルの観点から次の九個にまとめた。

① 熟達者は実践知、とりわけ事実に関する詳細な知識、さらに言語化、意識化されにくい知（暗黙知）を多くもっている。

② 熟達者は、最高のパフォーマンスを、素早く正確に実行できる。それは仕事で優れた解決策を導いたり、将棋・囲碁・チェスでは最良の手を短い時間でさしたりすることである。ルーチンに関することでは、多くの自動化された下位スキルのレパートリーをもち、うまく行う方法を知っている。

③熟達者は初心者がわからないような重要な特徴（異常や欠落など）に気づく検出（detection）、それが何であるかがわかる認識（recognition）、さらにそれを他のものと弁別できる知覚的スキルをもつ。これは、どのような状況が典型的なのか、どのような事象が時間的・空間的に結びついているのか（連合）などの多くのパタンについての知識をもつことに支えられている。熟達者は、こうしたスキルや知識によって、仕事で複雑な問題状況を理解したり、その深層を探り当てたり、うまくいっていないことを発見したりすることができる。たとえば、医師がレントゲン写真から異常を見出したり、看護師が、気になる入院患者からのナースコールの瞬間、予想されることを整理して何が起きたかを瞬時に把握することがその例である（第**5**章 *Expert 5-2*）。

④熟達者は、すぐれた質的分析ができる。たとえば、仕事の問題を解決するときには、時間をかけて当該領域の経験に基づく膨大な知識を用いて、詳細な分析を行うことである。また、心の中であれこれ考えるときに思い浮かべるメンタルモデルが精密で、それを動かして、シミュレーションができる。

⑤熟達者は、正確な自己モニタリングを行い、自分のエラーや理解の状態を把握できる。また、自分の長所や限界を知っている。これらにはまず、安定した適切なパフォーマンスの評価基準をもつことである。そのうえで、メタ認知のプロセスとして、自己モニタリングや省察（reflection）を行い、自己調整を行う（大浦［一九九六］）。

さらに、そのほかにも、⑥適切な方略を選ぶことができる、⑦その場の状況の情報をリソースとして適切に活用できる、⑧不確実性に対応できる広範な方略をもつため、不測の事態にも対応できる、

⑨短い時間と労力での実行を可能にする効率よく状況を動かすポイント（leverage point）を見つけることなどがある。

一方で、心理学実験で測定できる一度に記憶できる情報の量（たとえばある課題を実行するために短期的に覚える記憶である作業記憶の容量など）は熟達者のパフォーマンスを予測できないこと、獲得した知識が有効な領域は限られていて（領域固有性）、別の領域で活用（転移）するのは難しいこと、長い年月におけるよく工夫された練習が差異を生み出すことが指摘されている（Ericsson & Lehmann [1996]）。

第3節 実践知は測れるのか

第2節で述べたように、熟達者は実践知を経験から多く獲得している。そこで、熟達者になるにはどうしたらよいか、どのように指導したらよいかを知るためには、実践知を測定することによって、熟達化のレベルを知ることが必要である。実践知は、第2節で述べたように実践に埋め込まれており、意識化が難しく暗黙の部分があるため、測定が難しい。そこで、これまで熟達化と実践知の研究者はさまざまな手法を考案してきた。ここでは、その代表的な手法を紹介する。実践知の測定法の開発は、働く人の実践知の個人差を解明したり、経験による獲得過程、実践や教育の効果を知るために、重要なことがらである。

1 ● 熟達者の実践知を調べる

実践知を調べる方法には、仕事場でのパフォーマンスを見る行動観察法、インタビュー（面接）法、心理テストなどを用いた質問紙法、実験室での実験法などがある。ここでは、熟達者の実践知を調べる方法について、その方法と批判や限界について述べる。

（1）行動観察法

行動観察法は、仕事場での自然な状況での行動観察であり、フィールドワークともいう。観察だけでなく、録画・録音資料、対話録などの関連資料を収集し、分析することも含む。ここには、民族誌的方法（ethnography）を用いる広義の参加観察法も含まれる。実践知を解明するためには、観察によって、人、場所、活動、道具、施設、手続きの関係や、それらの文脈や時間による変化を明らかにすることが重要である。とくに仕事場というコミュニティにおいて働く人同士の相互作用に焦点を当てて分析することもある。しかし、実践知の中で大きな部分を占める暗黙知は、観察しにくいため評価が難しい。観察は、潜在的な能力や知識の評価ではなく、目に見える顕在的な行動を評定するものだからである。そのほか観察には、その取り上げたデータの代表性や体系性、観察者の視点とそのバイアス、観察者の関与の仕方、時間的なコストの大きさ、プライバシーの配慮など、いくつかの解決しなければならない問題がある（Clancey [2006]）。仕事場の行動観察に基づく暗黙知の測定は、本書でも看護師、教師、デザイナー、芸舞妓などのさまざまな領域の実践知について試みられている（第Ⅱ部参照）。

（2）インタビュー法

インタビュー法は、卓越した熟達者に対して、質問の仕方などを工夫した回想的インタビュー（retrospective interview）や深層インタビュー（in-depth interview）によって、暗黙の実践知とその獲得過程を過去にさかのぼって明らかにする方法である。具体的な方法としては、その領域の熟達者に、初心者から現在の熟達に至るまでの教育や訓練のプロセスを振り返ってもらい、出来事と重要な行動とそこから得られた教訓に関する聞き取りをするクリティカルインシデント（critical incident）法がある。ここで日記や過去の記録を参照してもらうこともある。また、個人の熟達度の進歩を、スキル標準に照らして評価することも有用である（第Ⅱ部のIT技術者〔第**4**章 ***Expert 4-3***〕や看護師〔第**5**章 ***Expert 5-2*** の事例参照〕）。クリティカルインシデント法は第**3**章の持論（一皮むけた経験やそこからの教訓など）を聞き出す方法と共通する。また、芸術家に対するインタビュー（第**6**章 ***Expert 6-3***）では、自身の作品集（ポートフォリオ）を見ながら、各作品の制作動機やテーマ、方法について説明してもらい、併せて制作経験の中で転機になった作品や人との出会いなどのクリティカルインシデントについてたずねている。その他、インタビューと併せて、熟達者の知識を図で表現するために、つながりのある概念同士をリンクでつないで表現する概念マップなどを描いてもらう方法がある。

（3）質 問 紙 法

質問紙法は、知識や能力を客観的に測定するための重要な方法である。質問紙法には、実践知を支える知能や性格を測る標準化された心理テストや、実践知に関わる知識、態度や行動を測るために構成された質問紙がある。回答方式には、筆答式の多肢選択式のものや記述式のものがある。中でも、仕事の場における典型的なケースをあげて問題解決を求める質問紙法は、テスト場面という疑似的状況における回答という行動観察を行うことに相当する。質問紙法は、行動観察法に比べて、小さな時間的コストで、多くの人数のデータを収集でき、結果を計量的に検討できる利点がある。しかし、実践知の中で大きな部分を占める暗黙知は、言語化しにくいため、質問紙として取り上げることのできる実践知は限られている。また、意識化しにくいため自己評価も難しいという問題がある。次の**2**では、管理職などの暗黙知質問紙について詳しく述べる。質問紙を用いた研究には、教師の暗黙知（Hill et al. [2005]，第**5**章 *Expert 5-1* 参照）、IT技術者におけるスキル標準に基づくタスク実施頻度の質問紙調査（第**4**章 *Expert 4-3* 参照）などがある。

（4）シミュレーション法

シミュレーション法は、架空の状況で判断を求める方法である。現実場面と類似した状況を想定してもらい、決められた時間内での反応（行動、応答、判断、評定、レポート作成など）を求める。シミュレーション法の一つであるケース研究シナリオでは、状況を記述したシナリオ（要約、詳細な記述、およびメモ、eメール、レポートなどの関連資料）を与えられたうえで、判断を行う。この方法は、質問紙法よりも現実に近い複雑な問題解決における暗黙知を明らかにできる。しかし、熟達者のインタビューからシナリオを構成するという材料の構成、実施、採点において、多くの時間がかかり、採点が主観的になるという問題点がある（Cianciolo et al. [2006]）。

また、コンピュータを用いた新しい方法として、IT技術者の実践知を明らかにする際に用いられている手法がある（第**4**章 *Expert 4-3* 参照）。この手法では、ITスキル標準のキャリアレベルに基づいて、システム開発のプロセスにそったケースを用意し、問題解決支援ツールを用いて、問題の認識とその解決のための暗黙知を顕在化させている。

（5）実　験　法

実験法は、実験室において、実践知に関わる代表的な実験課題、シミュレーション課題（たとえば、操縦士に対するコックピットに似せた仮想環境など）を設定し、そのうえで、熟達者と初心者のパフォーマンス、（知覚、選択、運動制御などの）スキルの獲得とその長期的な記憶保持、類似課題の学習の促進（転移）を測定する方法である。そのほかには、目標達成までに必要な行動についてタスク分析によって、行為や認知プロセスの系列を分析する方法、知識を引き出すため概念マップを描かせる方法、課題実行中に頭の中で考えていること（たとえば注意の焦点やプロセス）を口に出して言語化させて認知のプロセスを明らかにするプロトコル分析を行う方法がある（Ericsson［2006b］）。これらはとくに、複雑な機器操作が関わる熟達化研究において、よく用いられている。実験法の利点は、十分に統制された状況において、熟達者のパフォーマンスを支えている知覚や記憶などの認知的基盤と言語化しにくい暗黙知とそれらの変化を客観的に測定し、情報処理過程としてモデル化ができる点と、脳画像装置を用いることによって脳神経科学的な研究にも結びつけられる点である。

そのほか、本書では十分に取り上げていないが、歴史的に偉大な熟達者の知識やスキルの獲得とパフォーマンスに関する指標（たとえば熟達者になるまでの時間など）に基づいて分析する計量歴史学的（historiometric）手法（Simonton［2006］）がある。

測定方法の具体例として本節では、管理職における暗黙知を明らかにするために広く用いられている、質問紙によって測定する方法を取り上げる。

2 ● 仕事の暗黙知の中身

仕事の実践知、とくに暗黙知の中身はどのようなものなのか。ここでは、ワグナーとスタンバーグが開発した管理職の経営問題解決を支える暗黙知の測定方法（Sternberg & Wagner [1986, 1992], Wagner [1987, 1991]）、および日本での研究について述べ、それによってどういった暗黙知が明らかになったのか、その中身について述べる（楠見［一九九九、二〇〇一、二〇〇九、二〇一四、二〇二〇］）。

ワグナーとスタンバーグの方法は、第一に、熟達者（管理職）に対して回想的なインタビューを行い、管理職経験において重要な出来事とそこから得られた教訓、知識について調べる。第二に、仮想的場面を用いた質問紙を構成する。彼らは、インタビューに基づいて典型的な七～一二場面の経営問題解決場面（新しい部署の長への昇進、仕事の重要度の評価、学生の採用面接、新しい計画の立案、毎日の仕事をうまくこなす、仕事で成功する方法など）を設定し、とりうる選択肢をそれぞれ五～二〇個設定した（新しい部署の長に昇進した場面では、部下の仕事に関心を示す、上司にたびたび経過報告をするなど）。そして、調査対象者には、各選択肢の重要度を五段階でのいずれかで判断（1「全く重要でない」～5「非常に重要である」）を求めた。第二に、判断が熟達者群の判断パタンとどれくらい類似しているかに基づいて尺度化を行った。すなわち、実際に高いレベルのパフォーマンスを発揮している人と同じような反応をしたときに、高い得点をとるようにした。

その結果、アメリカにおけるワグナーとスタンバーグの研究でも、日本における研究においても、それぞれの選択肢の判断パタンの関連度（相関係数）に基づき、似たパタンの項目に共通する要因を明らかにする因子分析によって、以下の三つの暗黙知の因子を抽出した。

第一は、「タスク管理」（task management）である。これは、特定の業務を遂行するためのノウハウ、情報処理の効率化が関わる。前述のテクニカルスキルを支える暗黙知である。日本においての調査結果（楠見［一九九九］）では、管理職とそれ以外（非管理職および学生）を比較したときに差があったのは、管理職のほうが、仕事に時間をかけるよりも完成させることに力点をおくことであった。また、社会人（管理職・非管理職）と仕事経験のない学生を比較したときに差があったのは、仕事を効率的に遂行するためのノウハウや技能に関することであった。

第二は、「他者管理」（others management）である。これは部下、同僚、上司との関係づくりのノウハウ、人間関係の網の中で問題解決を図るといったヒューマンスキルを支える暗黙知である。管理職とその他を比較したときに差があったのは、管理職が仕事をできるだけ多く有能な者に任せることであった。また、社会人と学生を比較したときに差があったのは、社会人が上司にたびたび経過報告を行うことであった。

第三は、「自己管理」（self-management）である。自己管理とは、自分の動機づけをコントロールしたり、自分を組織の中に組み込むノウハウである。ここには、自分の行動をモニターしたり、省察するメタ認知的側面と行動を方向づける意志的側面がある。これらは従来の人事考課においては、「行動傾向」や「職務態度」としてとらえられ評価されてきたが、ここでは、スキルや知識として扱われる点が異なっている。管理職とその他を比較したときに差があったのは、管理職が自分の提案することの内容だけでなく、いつどのようなことをするかについても十分考慮するということであった。また、社会人と学生を比較したときに差があったのは、社会人が毎日の仕事を処理するために優先順位に基づいて仕事のリストを作ることであった。

さらに、管理職の経営問題解決を支える実践知としての暗黙知がどのように獲得されるかを調べるために、楠見［一九九九］では、右の三つの因子に対応する下位尺度の合計得点と、管理職経験年数との相関を調べたところ、〇・三二であった。これはアメリカのワグナー（Wagner［1987］）の相関データ〇・二七とほぼ同じであり、暗黙知が管理職経験によって獲得されることを示唆している。さらに、この経営管理暗黙知得点を職階間で比較すると、部長級（六一・五）が最も高く、課長級（五九・八）が続いた。一方、非管理職（五八・四）、大学生（五四・〇）は低かった。経営管理暗黙知得点を職種間で比較すると、総務・経理部門（六二・一）が高く、製造・工事・現場（五八・八）が低い。その理由は、総務・経理部門が経営管理との関連が大きいためと考えられる。

ワグナーとスタンバーグの暗黙知尺度は、優れた心理学者（Wagner［1987］）、営業職、軍隊リーダー（Sternberg & Horvath［1999］）などを明らかにするために、同じ手続きを用いて作成され、同様の三つの因子、タスク管理、他者管理、自己管理が見出されている。これは、三つの因子が領域普遍的な暗黙知の構成要素であることを示唆している。

ところで、従来の日本で管理職の適性を測定するために用いられてきたテストには、管理者適性検査NMAT（Management Aptitude Test, リクルートマネジメントソリューションズ［二〇一〇］）や、マネジメント特性診断PASCAL（産業能率大学［二〇一〇］）などがある。前者は、知的能力検査と性格検査、役職タイプ別指向性検査からなり、後者は行動傾向の自己評価を行う診断ツールである。これらとスタンバーグの尺度の違いは、繰り返しになるが、管理者の能力を暗黙の知識やスキルとして扱う点である。つまり、スタンバーグの実践知や暗黙知の測定は、従来の知能とは異なる第二の知能を、心理テストで測定しようとする試みでもあった。しかし従来の知能テストと同様に、テストの内容の網羅性や現実性などに限界がある。したがって、スタンバーグの暗黙知尺度は、簡便な方法で、実践知を支える暗黙知の構造を解明したり、自己理解を深めるためのツールとして位置づけることが適切であろう。

第4節 まとめ――熟達者の実践知とそれを支えるもの

仕事の熟達者（エキスパート）とは、優れた仕事のパフォーマンスを発揮する人である。本章では、そのパフォーマンスを支えているのは、経験から獲得した実践知であり、それは構造化されたスキルや知識からなるが、中には言語化できない暗黙知の場合もあることを述べてきた。

第**2**節**3**ではマネジャー（管理職）の仕事の遂行を支える実践知として、カッツに基づき、タスク遂行を支えるテクニカルスキルと人間関係の維持・発展を支えるヒューマンスキルがあり、その上位に組織のビジョンを立てるコンセプチュアルスキルを位置づけることができた。第**3**節**2**では、ワグナーとスタンバーグの暗黙知の理論に基づいて、調査研究を行い、仕事のノウハウに関わる「タスク管理」、同僚・上司などとの関係づくりのノウハウに関わる「他者管理」、自分の動機づけのコント

図 1-4　仕事の実践知を支える 4 つのスキルと暗黙知

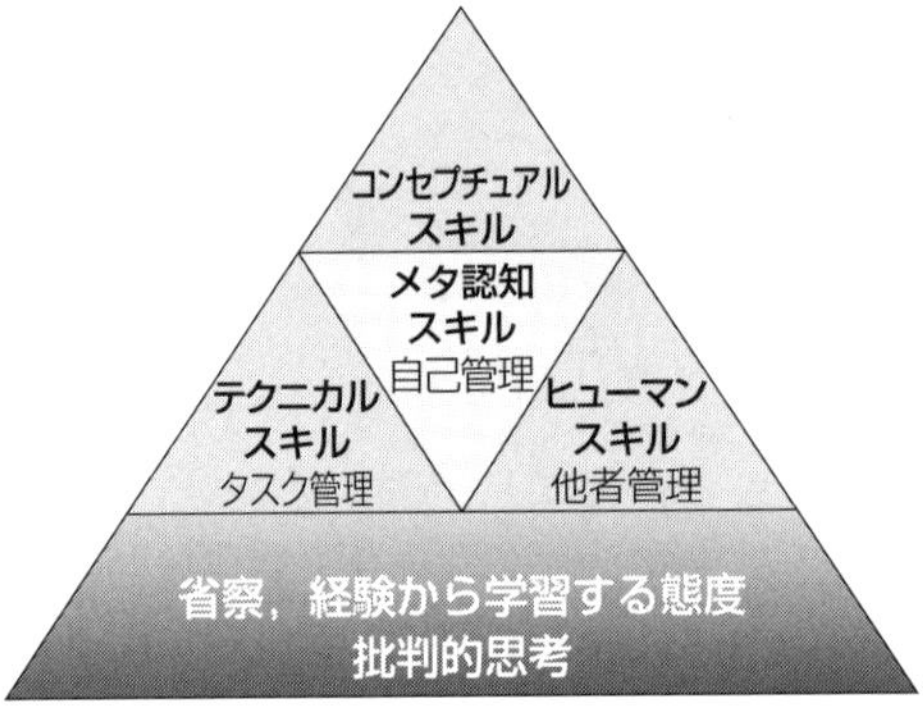

ロールや自分を組織の中で活かすノウハウに関わる「自己管理」の三つの暗黙知の因子を見出した。

このように実践知に関しては多くの研究者がさまざまなアプローチで解明を試みてきたが，それらをまとめると**図1-4**のような図式を導くことができるだろう。第**1**節で述べたメタ認知スキルも加えて，カッツの三つのスキルと三つの暗黙知の関係をまとめると，**図1-4**のように対応していると考える。タスク管理の暗黙知は，効率的な仕事の遂行を支えるテクニカルスキルが対応する。そして，他者管理の暗黙知はヒューマンスキルと対応する。また，自己管理の暗黙知は，第**1**節で述べたメタ認知の自己モニタリングや省察を行うメタ認知スキルが対応する。そして，ルーチン的なタスク管理の上位にある問題解決やビジョンの立案はコンセプチュアルスキルが対応する。

これらのスキルと暗黙知は，第**2**章**3**節で述べる批判的思考によっても支えられている。批判的思考は，職場をめぐる状況変化を明確化し，問題解決を導く。これは暗黙知による直観的思考と相補的に働く。このことについては，第**2**章で詳しく述べる。

引用・参考文献

Chi, M. T. H. [2006] Two approaches to the study of experts' characteristics. In K. A. Ericsson, N.C. Charness, P. J. Feltovich & R. R. Hoffman (Eds.) *Cambridge Handbook of Expertise and Expert Performance*. Cambridge University Press.

Cianciolo, A. T., Matthew, C., Sternberg, R. J. & Wagner, R. K. [2006] Tacit knowledge, practical intelligence and expertise. In K. A. Ericsson, N. C. Charness, P. J. Feltovich & R. R. Hoffman (Eds.) *The Cambridge Handbook of Expertise and Expert Performance*. Cambridge University Press.

Clancey, W. J. [2006] Observation of work practices in natural settings. In K. A. Ericsson, N. C. Charness, P. J. Feltovich & R. R. Hoffman (Eds.) *Cambridge Handbook of Expertise and Expert Performance*. Cambridge University Press.

Ericsson, K. A. [2006a] An introduction to Cambridge Handbook of expertise and expert performance: Its development, organization, and content. In K. A. Ericsson, N.C. Charness, P. J. Feltovich & R. R. Hoffman (Eds.) *Cambridge Handbook of Expertise and Expert Performance*. Cambridge University Press.

Ericsson, K. A. [2006b] Protocol analysis and expert thought: Concurrent verbalizations of thinking during experts' performance on representative tasks. In K. A. Ericsson, N. C. Charness, P. J. Feltovich & R. R. Hoffman (Eds.) *Cambridge Handbook of Expertise and Expert Performance*. Cambridge University Press.

Ericsson, K. A. & Lehmann, A. C. [1996] Expert and exceptional performance: Evidence of maximal adaptation to task constraints. *Annual Review of Psychology*, **47**, 273-305.

Gardner, H. [1983] *Frames of Mind: The Theory of Multiple Intelligence*. Basic Books Inc.

Gardner, H. [1999] *Intelligence Reframed: Multiple Intelligences for the 21st Century*. Basic Books Inc.（松村暢隆訳［二〇〇一］『ＭＩ——個性を生かす多重知能の理論』新曜社）

Goleman, D. [1995] *Emotional Intelligence*. Bantam Books.（土屋京子訳［一九九六］『ＥＱ——こころの知能指数』講談社）

波多野誼余夫［二〇〇一］「適応的熟達化の理論をめざして」『教育心理学年報』第四〇集、四五―四七頁。

Hill, H. C., Rowan, B. & Ball, D. [2005] Effects of Teachers' Mathematical Knowledge for Teaching on Student Achievement. *American Educational Research Journal*, **42**, 371-406.

Katz, R. L. [1955] Skills of an effective administrator. *Harvard Business Review*, **33** (1), 33-42.

子安増生［二〇〇五］「芸術心理学の新しいかたち——多重知能理論の展開」子安増生編『芸術心理学の新しいかたち』誠信書房。

楠見孝［一九九九］「中間管理職のスキル、知識とその学習」『日本労働雑誌（日本労働研究機構）』四一巻十二号、三九―四九頁。

楠見孝［二〇〇二］「中間管理職における経験からの学習能力を支える態度の構造」『ホワイトカラーの管理技能を探る（その二）』（日本労働研究機構資料シリーズ、一一〇号）一五―二八頁。

楠見孝［二〇〇九］「暗黙知――経験による知恵とは何か」小口孝司・楠見孝・今井芳昭編『仕事のスキル――自分を活かし、職場を変える』北大路書房。

楠見孝［二〇一〇］「大人の学び――熟達化と市民リテラシー」渡部信一編・佐伯胖監修『「学び」の認知科学事典』大修館書店。

楠見孝［二〇一四］「ホワイトカラーの熟達化を支える実践知の獲得」『組織科学』四八巻二号、六―一五頁。

楠見孝［二〇二〇］「熟達したホワイトカラーの実践的スキルとその継承に関する課題」『日本労働研究雑誌（日本労働研究機構）』六二巻十一号、八五―九八頁。

野中郁次郎・竹内弘高（梅本勝博訳）［一九九六］『知識創造企業』東洋経済新報社。

大浦容子［一九九六］「熟達化」波多野誼余夫編『学習と発達』（認知心理学、第五巻）東京大学出版会。

Polanyi, M. ［1966］ *The Tacit Dimension*. Peter Smith.（佐藤敬三訳［一九八〇］『暗黙知の次元――言語から非言語へ』紀伊國屋書店）

リクルートマネジメントソリューションズ［二〇一〇］「管理者適性検査NMAT」http://www.recruit-ms.co.jp/service/service_detail/org_key/A004/（二〇一〇年七月時点）

Ross, K .G., Shafer, J. L. & Klein, G. ［2006］ Professional judgments and “naturalistic decision making.” In K. A. Ericsson, N. C. Charness, P. J. Feltovich & R. R. Hoffman（Eds.） *Cambridge Handbook of Expertise and Expert Performance*. Cambridge University Press.

産業能率大学［二〇一〇］「マネジメント特性診断 PASCAL」http://www.hj.sanno.ac.jp/cp/page/5713（二〇一一年一〇月時点）

Simonton, D. K. ［2006］ Historiometric methods. In K. A. Ericsson, N. C. Charness, P. J. Feltovich & R. R. Hoffman（Eds.） *Cambridge Handbook of Expertise and Expert Performance*. Cambridge University Press.

Sternberg, R. J. ［1985］ *Beyond IQ: A Triarchic Theory of Human Intelligence*. Cambridge University Press.

Sternberg, R. J. & Horvath, J. A.（Eds.）［1999］ *Tacit Knowledge in Professional Practice: Researcher and Practitioner Perspectives*. Erlbaum.

Sternberg, R. J., Forsythe, G. B., Hedlund, J., Horvath, J. A., Wagner, R. K., Williams, W. E., Snook, S. A. & Grigorenko, E. L. ［2000］ *Practical Intelligence in Everyday Life*. Cambridge University Press.

Sternberg, R. J. & Wagner, R. K. ［1986］ *Practical Intelligence: Nature and Origins of Competence in the Everyday World*. Cambridge University Press.

Sternberg, R. J. & Wagner, R. K. [1992] Tacit knowledge: An unspoken key to managerial success. *Creativity and Innovation Management*, **1**, 5–13.

Sternberg, R. J., Wagner, R. K. & Okagaki, L. [1993] Practical intelligence: The nature and role of tacit knowledge in work and at school. In H. Reese and J. Puckett (Eds.) *Advances in Lifespan Development*. Erlbaum.

Wagner, R. K. [1987] Tacit knowledge in everyday intelligent behavior. *Journal of Personality and Social Psychology*, **52**, 1236–1247.

Wagner, R. K. [1991] Managerial problem solving. In R. J. Sternberg & P. A. Frensch (Eds.) *Complex Problem Solving*. Lawrence Erlbaum Associates.

第 2 章

実践知の獲得

熟達化のメカニズム

楠見 孝

第1節　人はどのように熟達していくのか

人が、経験を通して実践知を獲得し、初心者から熟達者（エキスパート）になる長期的な学習過程を熟達化という。熟達化は仕事をはじめ、スポーツ、芸術などさまざまな領域において行われるが、その獲得メカニズムには共通する部分がある。そこで、本章の第1節では、熟達化のプロセスとメカニズムとして、実践知獲得のための時間と段階について述べる。第2節では実践知獲得の学習の種類について述べる。第3、4節では、実践知獲得を促進する要因について、個人差要因とそれを取り巻く状況要因について述べる。そして、第5節では、実践知の獲得のモデルについて述べる。

1● 一〇年ルール

仕事のうえで、一人前さらに熟達者になるためには、通常一〇年以上にわたる長期的な学習が必要である。エリクソン（Ericsson［1996］）は、仕事に限らず熟達化における高いレベルの知識やスキルの獲得のために、およそ一〇年にわたる練習や経験が必要であるとして、「一〇年ルール」を提起している。たとえば、週に四〇時間働くとすると一〇年で二万時間である。エリクソンは、最も才能のある人たちでさえ、練習を開始してから国際レベルのパフォーマンスに達するまでの年月として、水泳一〇年（開始四・五歳、パフォーマンスのピークは一八〜二〇歳）、テニス一〇年強（開始六・五歳、ピーク一八〜二〇歳）、チェス一四年（開始一〇歳、ピーク三〇〜四〇歳）、ピアノ一七年などをあげている。こうしたスポーツ、楽器の演奏では、熟達化の高い水準に達するためには、一〇代あるいはそれ以前から訓練を重ねることが重要である。こうしたスポーツのような身体的なスキルが大きな役割を占める仕事（たとえば熟練工や職人）にも同様のことがいえる。一方、ホワイトカラーは青年期以降に仕事に入り、課長に昇進するのは、三〇～四〇代、さらに役員として経営陣に加わるのは五〇代以降が多い。そして六〇代において経営トップとして力を発揮する。日本のホワイトカラーの管理職は、欧米に比べると長い年月をかけて、多様な職場と職務を経験することが求められており、ピークが遅い領域と考えられる。

こうした一〇年以上にわたる熟達化の段階を、ここでは**図2-1**の横軸（時間）のように大きく四段階に分けて、次の**2**以降で説明していく。これは先行研究（波多野［二〇〇二］、平田・楠見［二〇〇五］）をふまえたうえで、定型的、適応的、創造的という三種類の熟達化と、次の段階に進む壁を想定したものである。なおチィ（Chi［2006］）は一般的熟達化を六段階に分け、ベナーは看護の熟達化（第**5**章 ***Expert 5-2***）を五段階に分けている。

2 ● 初 心 者

初心者には、新しく仕事の集団（仕事場、職場）のメンバーになって、ほとんど経験のない段階（novice）と、仕事とその集団に慣れるイニシエーション（加入儀礼）を経て、入門的な指導を指導者から受けている段階（initiate/beginner）がある。およそ一年目の段階である。そして、入門期を終えて、高いレベルの学習を、指導者のもとで見習いをしながら学ぶ段階（apprentice/advanced beginner）

がある。初心者には、言葉による指導よりも実経験が重要である。ここでは、指導者からコーチングを受けながら、仕事の一般的手順やルールのような手続き的知識を学習し、それを実行する手続き的熟達化が行われる。最初はミスが多いが、手続き的熟達化によって、しだいに状況が見えるようになり、手際よく仕事ができるようになる。ここから次の段階の一人前になるには、最初の壁があり、離転職してしまう者もいる。

3 ● 一人前における定型的熟達化

一人前（competent/journeyman）の段階は、初心者が経験を積むことによって、指導者なしで自律的に日々の仕事が実行できる段階である。およそ三～四年目で到達するとされる。仕事についての手続き的な実践的知識を蓄積することによって、定型的な仕事ならば、速く、正確に、自動化されたスキルによって実行できるようになる。これは、定型的熟達化（routine expertise）ともいうことができる。したがって、新奇な状況での対処はうまくいかないことがある。仕事のうえで、スキルや知識を一通り覚えてから、それ以上は伸びなくなるキャリアプラトー（coreer plateau）が生じることは多い。プラトーは高原を意味し、**図2-1**の点線で水平に伸びる軌跡は、パフォーマンスの進歩が止まっている状態を示す。そして次の段階に進むには一つの壁がある。たとえば、多くのアルバイトはモチベーションや勤続期間の限界があるため、この段階にとどまる、あるいはやめてしまうことが多い（楠見［一九九五］）。

4 ● 中堅者における適応的熟達化

中堅者（proficient）は、柔軟な手続き的熟達化によって、状況に応じて、規則が適用できる。さらに、文脈を越えた類似性認識（類推）ができるようになり、類似的な状況において、過去の経験や獲得したスキルを使えるようになる。この段階を特徴づけるのは適応的熟達化（波多野［二〇〇一］）である。仕事に関する手続き的知識を蓄積し構造化することによって、仕事の全体像を把握でき、スキルの使い方が柔軟になる（第Ⅱ部の看護師やデザイナーの事例 *Expert 5-2, 6-7* を参照）。中堅者は、仕事において、実践知による直観を使って事態を分析・予測し、適切に対応できるようになる。領域によって異なるが、六〜一〇年くらいで到達する段階である。この段階で成長が停滞する四〇歳半ばのキャリアプラトーがあり、このレベルで熟達化がとどまる人も多い。次の段階に進むには大きな壁がある。

5 ● 熟達者における創造的熟達化

中堅者のうちで、領域およびその下位領域の膨大な質の高い経験を通して、特別なスキルや知識からなる実践知（とくに言葉にはできない暗黙知）を獲得した者が、熟達者である。これは、すべての人が到達する段階ではない。熟達者は、高いレベルの完璧なパフォーマンスを効率良く、正確に発揮でき、事態の予測や状況の直観的な分析と判断は正確で信頼できる。また、難しい問題解決状況にも対処できる段階である。この段階を特徴づけるのは創造的熟達化（creative expertise）である（平田・楠

図 2-1　熟達化の段階とパフォーマンス

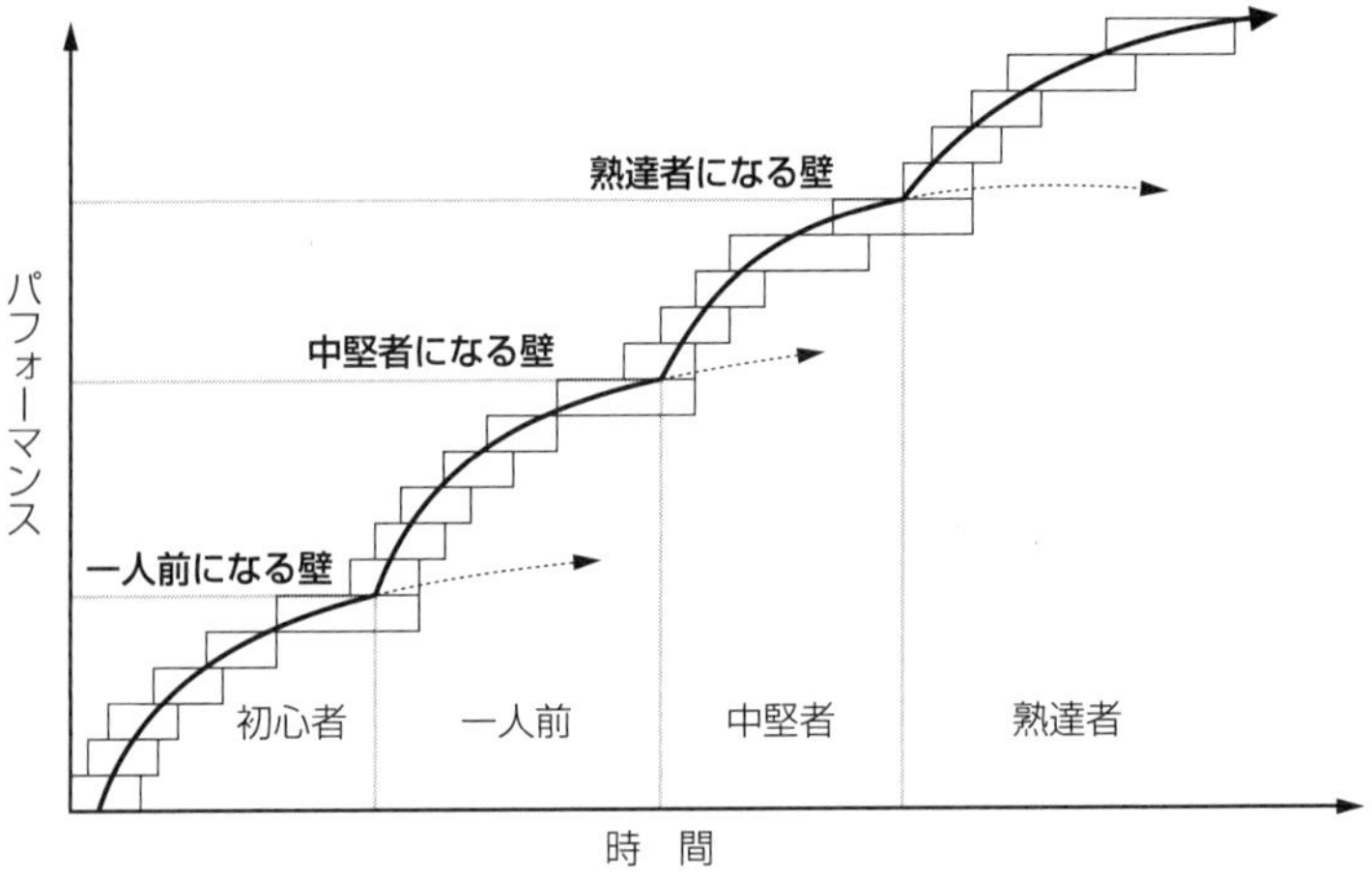

（注）長方形は熟慮された練習などの質の高い経験によってある段階のスキルや知識が獲得されることを示す。

見［二〇〇五］）。一部の熟達者がさらに豊かな経験を重ねることによって、暗黙知を獲得し、状況の深い分析と、状況に応じた新たな手順やルール、そして技を創造できる領域に達した限られた者が、達人、名人（master）である。

図2-1に示すように、各段階内で熟達化が進行しており、ここには第**2**節**3**で述べる熟慮を伴う練習（長方形で示す）が不可欠である。そして、段階間の移行には壁を乗り越える形での質的に大きな熟達化の進展がある。

6 ● 叡智——生涯発達の理想的到達点

青年期までにピークがある実践知は、スポーツのようなスキルのパワーやスピードが重視される領域におけるものである。そして成人期以降にピークがある仕事における実践知は、経験によって獲得されるバランスやコントロール重視の実践知であるといえる。バランスやコントロールは、青年期後期以降、人生の長い経験を通して獲得される叡智（wisdom）に結びつく。叡智は生涯発達の理想としての到達点である。熟達化が仕事の場という限定された領域での実践知の獲得に基づく高いパフォーマンスの発揮であるのに対して、叡智は仕事場を含む幅広い人生経験に基づく深く広い知識と理解に支えられた知性である。また、そのパフォーマンスは仕事の場に限らない汎用性をもっている。叡智は、経験によって獲得した実践知を、個人や企業のためのパフォーマンスの発揮ではなく、そうした利害を越えたところにある幸せ（well-being）、美徳（virtue）、社会の公益（公共善、common good）の実現のために適用するものとして位置づけられている（Baltes & Smith [2008], Sternberg [1998]）。

バルテスら（Baltes & Smith [2008], Kunzmann & Baltes [2005]）は、叡智を人生で遭遇する困難な問題を解決するための「人生に関する根本的、実践的考慮についての熟達化」（expertise in the fundamental pragmatics of life）として定義している。叡智は高い水準と価値を実現した知性であるため評価は難しい。そこで、バルテスらは人生に関わる問題解決課題（たとえば、自殺を考えている友人からの電話、一四歳の家出を考えている少女など）について答えさせ（たとえば、何を考え、何をすべきか）、その回答を、次の五つの規準（criterion）によって評価し、叡智に関連する知識の特徴を見出している（**図2-2**）。

① 人の性質や人生、社会規範、対人・世代間関係、アイデンティティなどについての豊富な知識をもつこと

② 人生の意思決定、問題解決、人生設計のための豊富なノウハウ（手続き的知識）をもつこと

図 2-2　人生の熟達者のもつ卓越した知識のシステムとしての叡智

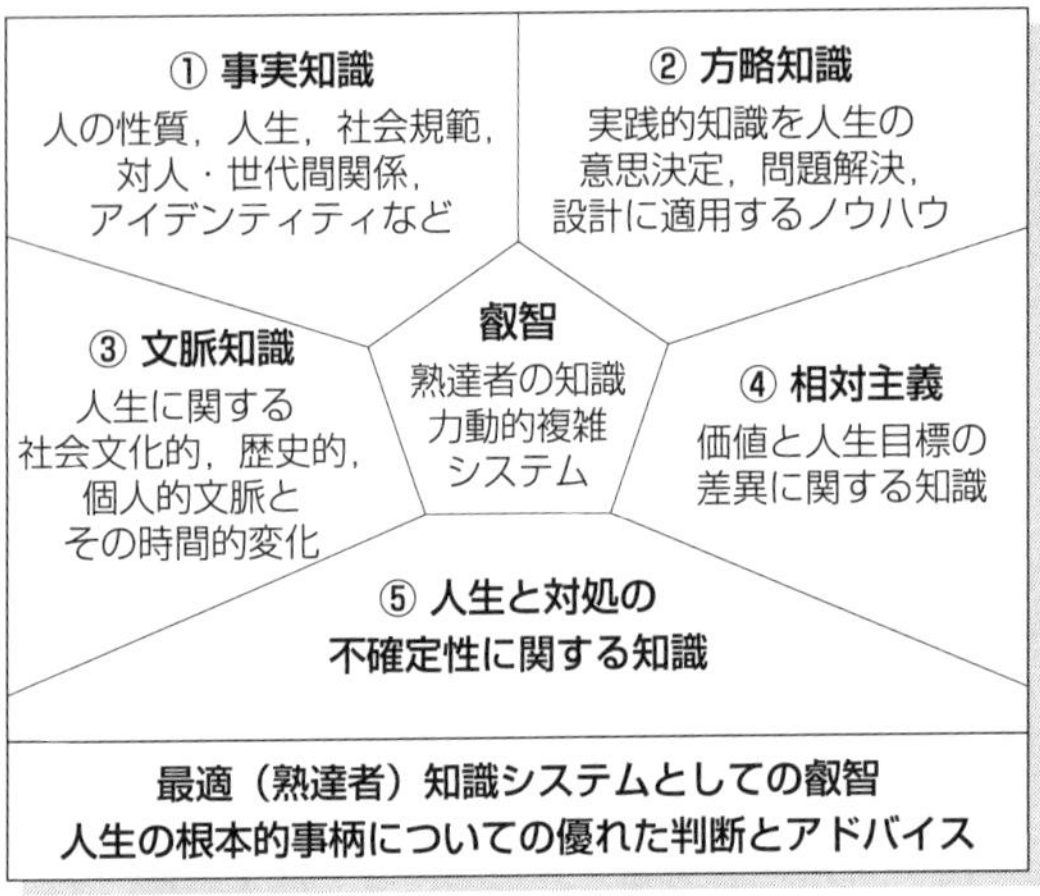

（注）①〜⑤の5つの規準は叡智を特徴づけるものであり，叡智に関連する知識や行動の評価に用いられる。
（出所）Baltes & Smith［2008］を改変。

③　人生の多様な文脈（社会文化的、歴史的、個人的など）の理解に基づく判断をすること

④　個人・社会・文化における価値や人生目標、優先順位の差異の理解に基づく相対主義的な考慮をすること

⑤　個人の知識の限界をふまえた人生とその対処の不確定性を考慮すること

このように、叡智を熟達化によって獲得する知識として位置づけることによって、仕事における叡智に関わる知識、スキル、態度を明確化することができる（楠見［二〇一八］）。そして叡智の獲得のためには、自分の経験を省察すること（第**1**章**4**節参照）が重要である（鈴木［二〇〇八］）。

第2節 実践知はどのように獲得されるのか

第1章でもまた前節でも述べたように、熟達者のもつ能力は生まれつきのものではなく、自らの意思によって良い経験を通して学習し、実践知を獲得することで身につけられる。仕事の場における実践知獲得のための学習にはさまざまな形があるが、ここでは大きく五つに分けて説明する（楠見［二〇一〇a］）。

1 ● 観察学習

観察（社会的）学習は、スキルや態度などの獲得に関わる。初心者が、仕事場において、意図的にモデルとなる先輩、熟達者を選択し、そこに注意を向け、その行動を記憶内に保持し、適切なときに、自らを動機づけることによって、実行することである。

また、先輩から直接教わらなくても、心酔する先輩の態度を模倣したり、熟達者を観察して、教えてくれない仕事のスキルを盗んだり、トラブル処理の仕方を身近に学んだりする。たとえば、デザイナーの卵は、先輩の雑用（デザイン画の整理、道具の発注、取引先との電話、サンプルの保存など）を通して、仕事で必要な実践的な知識やスキルを学んでいる（**Expert 6-1** 参照）。

2 ● 他者との相互作用

仕事における実践知は、職場の同僚や上司、顧客など他者との相互作用における対話や教えあい、情報のやりとりによっても学習される。学習者は、仕事場の実践コミュニティに参加することを通して、他者、道具などのリソースを利用し、スキルや知識を獲得していく（Brown et al.［1989］）。このプロセスは、熟達者がここで初心者のためにモデルとなって、優れた実践活動を示し、初心者が模倣し、それに対して熟達者が結果の知識としてフィードバックを与え、初心者が修正するという観察学習とコーチングからなる。ここでは、熟達者は徐々に支援を少なくして、初心者を独り立ちさせるような段階的な足場かけ（cognitive scaffolding）を用意することが大切である。さらに、初心者は、仕事の場という実践のコミュニティに、最初は見習いなどの周辺的役割から参加し、熟達するに従って、中心的なメンバーへと参加の度合いを深めていく。これを正統的周辺参加という（Lave & Wenger［1991］）。このようにして、熟達者が初心者を導く状況学習を認知的徒弟制とよぶ。伝統的徒弟制が、親方のもとでの弟子の身体的スキル獲得が中心であるのに対し、認知的徒弟制は、認知的なスキルや知識の学習をも含んでいる。認知的徒弟制においては、先輩は新人へ仕事の内容を調整しつつ与える。こうしたプロセスは、本書ではデザイナー（*Expert 6-1*）や芸舞妓（*Expert 6-2*）において典型的に見られる。

3 ● 経験の反復

仕事の場におけるスキルの獲得には、意図的な経験の反復による練習と無意図的な経験の反復によるものがある。初心者の練習においては、指導者や同僚が、望ましい行動をほめたり、（目標の達成度などの）結果の知識が得られるようなフィードバックを与えることが重要である。一方、指導者がいない練習であっても、学習者自身が自分の行動をモニターし、コントロールすることはできる（たとえば、結果を振り返って、自分をほめたり、行動を修正したりする）。こうした練習において大切なことは、単純に練習を反復することではなく、熟慮を伴う練習（deliberate practice）をすることである。これは、事前に達成に向けて長期的計画を立て、日々の努力と適切な結果のフィードバックをもとに、学習者自身が結果の省察（振り返り）を行うことである（Ericsson et al.［1993］）。

なお、狭い領域の単なる反復練習で獲得したスキルでは現実の課題で行き詰まることもある。そのためにも、省察の結果に基づいて新たな課題に挑戦するための練習が、広範な熟達化のためには必要である。ここでは、省察を行うのみならず、新たな挑戦をするなどの態度が、経験から学習するための鍵となっている（本章3節）。

一方で、無意図的な経験反復による学習は潜在学習（implicit learning）とよばれる。潜在学習とは、学習したという意識なしで複雑な情報を偶発的に学習することである。ちなみに心理学で潜在記憶とは、学習したときの出来事を思い出すことなしに利用される情報の記憶である。これは言語的な知識ではなく、暗黙知に対応すると考えられる。熟達者が発揮する高度な技や直観には、質の高い経験を反復する中で自然に会得されるものもある。

4 ● 経験からの帰納と類推

経験の反復による学習がスキルや知識の蓄積であるのに対して、帰納は、蓄積したスキルや知識、事例を類似性に基づいてカテゴリ化し、その共通性やルールを抽出（帰納）することである（楠見［二〇〇二］）。ここでは、類似性だけでなく、時間的空間的な近接性、すなわち周囲の状況や時間的に前後して起こった出来事の情報も利用して、カテゴリ化やパタン、規則を帰納する。このように、職務の広がりや高度な仕事の達成によって得た経験を、これまでの経験や知識を用いて意味づけることによって、より難しい状況や類似した状況に転移（類推）できる知識となる（第**3**節**1**参照）。

チェスプレーヤー、スポーツや音楽の熟達化には、比較的狭い領域における特定の概念的知識や知覚・運動的な手続き的知識（スキル）の獲得や優れた記憶能力が関わる。それに対して、仕事、とくにホワイトカラーの管理職は、複数の職場での経験によって、複数領域の概念的知識やスキルを身につけたジェネラリストとして熟達化する必要がある。そのためには、異なる領域に、もっている知識やスキルを転移して活用する類推による学習が重要な役割を果たしている。

5 ● メディアによる学習

メディアによる学習とは、書物、雑誌、テレビ、インターネット、マニュアル、内部資料、研修などのメディア（媒体）を通した学習である。これらは学校を卒業してから、最新の知識を入手したり、新しい分野の学問知（形式知）を体系的に学んだり、過去の蓄積を学んだりするために行う意図的な学習である。たとえば、ITエンジニアは最新の高度なITスキルを獲得し続けていく必要があるため、書籍、専門雑誌からの意図的な学習を行っている（*Expert* **4-3**）。

以上述べた五つの主な学習のタイプは、実践知の内容によって用いられ方が異なる。楠見［二〇〇九b］は第**1**章**2**節で述べた三つのスキルがどのような学習方法で獲得されるのかをホワイトカラーにアンケート調査をした。その結果、実践知の学習方法として、テクニカルスキルは、上司・同僚から観察学習をしたり、自分自身の経験からがそれぞれ六九%、六四%と多い。それ以外にも、担当分野の専門知識やマネジメントの知識は、研修や書籍・雑誌からも獲得していた。それに対して、ヒューマンスキルの獲得は、自己経験と上司・同僚からがそれぞれ七六%、六七%と多い。とくに、ヒューマンリソースの中でも人間関係形成や葛藤解消についての、過去の人間関係での成功失敗経験がヒューマンスキル獲得のリソースとなっていた。一方、コンセプチュアルスキルは、自己経験や上司・同僚、研修や書籍雑誌など多様な方法で獲得していた（**図2-3**も参照）。

第**3**節　なぜ個人差が生じるのか

同じ職場に同じ期間働いている人の間でも、仕事の業績上での差が生まれることは多い。熟達者になるまで一〇年かかるという一〇年ルールは、すべての人が一〇年たてば熟達者になれることを意味していない。経験から実践知をどれだけ多く獲得できるかが、熟達化の段階を規定し、仕事の業績の差異を生み出すと考えられる。そこで本節では、第一に、実践知の獲得における個人差を生み出す要因のうち、経験から学習する態度として新しい状況への挑戦性、類推、省察（refrection）が重要であることを述べる。さらに、実践知の活用においては、批判的思考と類推が必要であることを論じる。第二に、実践知の獲得に影響を及ぼす状況要因（文脈）としては、学習者を取り巻く実践のコミュニティや社会的ネットワークが重要な役割を果たしていることについて述べる。

1 ● 経験から学習する態度

実践知を獲得するには、経験から学習する態度が重要である。学習に関わる態度や傾向は個人差要因としてこれまで研究されてきた（楠見［二〇〇二］、Spreitzer［1987］など）。これらを整理すると以下の四つに分けることができる。

① 挑戦性――新しい経験に対して開かれた心、成長しようとする能力や達成動機、ポジティブな学習に向かう冒険心である。それは、挑戦的（ストレッチ）課題、つまり能力を少しだけ越えた課題へのチャレンジという行動に現れる。

② 柔軟性――環境への適応能力であり、ほかの人の意見や批判に耳を傾けて、新しい考え方や視点を取り入れたり、相手に応じた柔軟な対応をすること、誤りから学習することも含まれる。これは**2**で述べる省察や**3**の批判的思考態度とも結びつく。

③ 状況への注意とフィードバックの活用――職場の環境を理解するために状況に注意を向けて、フィードバックを探索するというモニタリング活動をさす。状況への注意（situation awareness）は、初心者は注意容量や作業記憶の限界のため、負荷が大きく、その注意は不完全でエラーを伴

う。さらに、初心者は情報処理のコントロール方略が乏しいため、情報収集や重要な情報の検出が劣り、経験から適切な学習ができないことになる（Endsley [2006]）。

④　類推――類推には、新しい状況の問題解決において、過去の類似経験を探索し利用する側面と、部下や同僚に類似した状況の過去経験を伝達する側面がある。

このなかでとくに重要な学習態度とは、①の挑戦性や②の新しい経験や考え方に対する柔軟性、そして、④の類推を利用伝達する態度である。楠見［二〇〇二］は、社会人二二八人（一般職四七人、係長級四二人、課長級五三人、部長級四〇人、その他四六人）、学生四三三人に調査を行った結果、課長以上の管理職群は、「挑戦性」が高く、「柔軟性」は、とくに部長級が高いことが明らかになった。さらに、楠見［二〇一四］はある事務機器メーカー一五二人の調査において、挑戦性、柔軟性、類推（仕事の実践知を支えている）、暗黙知尺度得点を算定し、四〇代で管理職に昇進した人、昇進していない人、および、三〇代で人事担当者から昇進を期待されている人、そうではない人の差異を見た。その結果、四〇代で管理職になった人は他者管理の暗黙知尺度得点が高かった。三〇代で期待されている人は挑戦性が高く、また類推に基づいて類似経験を検索・利用し、周囲に伝達しようとする傾向が高かった。すなわち、期待されている人は類推的思考と経験から学習する態度をもっており、昇進している人はこれに加えて他者管理の暗黙知得点が高いことが明らかになった。

まとめると、有能な管理職の特徴として、四〇代で管理職に昇進した人は、上司、同僚、部下と上手くやっていくノウハウをもっている。三〇代で管理職への昇進を期待されている人は、挑戦性が高く、類推的思考を行っていることがわかった。

こうした学習態度をもつことによって、働く人は、仕事においてさまざまなことがらを経験し、そこから学習することができると考えられる。

2●省　察

経験から教訓を引き出し、実践知を獲得する際には、省察が重要な役割を果たしている（第3章、中原・金井［二〇〇九］）。経験からの学習における省察には、二つの時間的方向がある（van Maanen [1995]）。

第一は、振り返り的省察（retrospective reflection）であり、過去の体験に意義や意味を解釈して深い洞察を得ることである。たとえば、仕事が終わった後、あるいは一週間ごとに、振り返ることは、経験から学び、教訓を得るためにも重要である。

第二は、見通し的省察（anticipatory reflection）である。これは、未来に向けて、実践の可能性についての考えを深めることである。とくに、失敗から学ぶ場合は、第一の振り返り的省察に基づいて、プランを修正し、行動を改善することが重要である。また、自己に対する洞察を深め、経験によって成長した自分の姿を思い描き、今後の活動に生かすことも有効である。

さらに、両者の中間である行為の中での省察（reflection in action）もある。これは行為をしている間に、状況をモニターして注意を向け、行動を適切に調整することである。

伊東ほか［二〇〇六］の研究では、営業担当者に商談場面のビデオを視聴させて、登場人物の不適切な行為を見つけた際には、「何が不適切か」「自分であればどう振る舞うか」を報告させる実験を行った。熟達した高業績の営業担当者は、平均的業績の営業担当者に比べて、商談の流れをコントロールしたり、情報に基づいて適応的に商談を設計する傾向が高いことを見出している。これは行為の中での省察に当たる。

仕事の場のような動的に変化する複雑な状況においては、省察しながら柔軟に対応する省察的実践（reflective practice）が重要である（Schön［1983］）。省察的実践とは、実践を進めながら、意識的、体系的に状況や経験を振り返り、行動を適切に調整して、洞察を深めることである。たとえば、熟達した教師は、省察的実践家として、授業中の出来事を解釈して対応策を講じることができる（*Expert 5-1*）。

3 ● 批判的思考

批判的思考は、人が仕事において、状況を適切に分析し、実践知を獲得し活用する際に重要である。批判的思考とは、規準に基づく合理的（理性的・論理的）で偏りのない思考である。「相手を批判する思考」とは限らず、むしろ自分の推論過程を意識的に吟味する省察的思考である（楠見［二〇一一］）。

人は、情報を判断する際に、論理的な正しさよりも自分の信念に当てはまるかどうかで判断してしまう信念バイアスにとらわれてしまうことがある。経験が豊富なベテランが、過去の状況と現在の状況が大きく異なるにもかかわらず、経験にとらわれて判断を誤ることがある（たとえば、新奇な危険な兆候を見逃してしまう）。すなわち、ベテラン特有のバイアス（ベテランバイアス）とは、自分の経験や信念に合致した情報だけを得て判断してしまうことである。同様に、十分経験を積んだ熟達者が、暗黙知を使って直観的に判断する場合、素早く適切な判断を導くことが多いが、一方で間違う危険性もある。そこで、熟達者にとっても、新しい状況では実践知に基づく直観的思考と合わせて、形式知に基づく熟慮的な批判的思考との両立が重要になる。たとえば、新規事業を検討する際に、その反対者との議論によって、多角的な吟味ができ、新規事業を十分な計画に基づいて実行することが理想である（たとえば、金井ほか［一九九四］で紹介されている飛行船事業）。

批判的思考は、目標指向的であるため、常に働かせるというよりも、仕事のうえでの重要な意思決定や問題解決をするために、情報の証拠を吟味したり議論をしたりするときに働かせることが重要である。また、批判的思考は、他者の発言やマスコミの報道などに対して発揮するだけでなく、自分の思考や行動に対しても行うことが肝心である。

批判的思考の構成要素（Ennis［1987］，楠見［二〇一〇b］）としては、大きく次の三つがある。

①　明確化――問題解決や意思決定に先立って、問題を発見したり、主題、仮説、前提に焦点を当てそれらを明確化する。さらに、他者の主張であれば、結論や理由を同定し、用語の定義や事例を求めたりする。

②　判断の基盤の検討――情報源の信頼性や、調査内容の妥当性や価値を評価する。

③　判断――背景事実、結果、選択肢に基づいて、演繹や帰納による判断、およびバランスや重要度などの価値判断もふまえて行動決定する。

これらの三つの要素を、実践知の獲得と活用において実行するだけでなく、次のような批判的思考の態度（平山・楠見［二〇〇四］）をもつことが大切である。

①　明確な主張や理由を求める「論理的思考態度」

② 状況全体を考慮し、開かれた心をもち、複数の選択肢を探す「探求心」
③ 信頼できる情報を活用する「客観性」
④ 証拠や理由に立脚する「証拠の重視」

これらは、**1**で述べた経験から学習する態度とも一部重なる。

仕事を取り巻く環境が変化する時代においては、決まり切った仕事を忠実にこなすだけでなく、環境の変化に対応することが求められている。環境変化に起因する問題を同定し、解決するためには、専門的な知識・スキルとともに、批判的な思考による問題解決を行う実践知が重要である。ここでは、状況全体を考慮して、従来と異なる視点や多角的な視点をとって、創造的に問題を解決し、さらに組織を変革することが必要になる場合がある。そのためには、次に述べる組織特性や職場環境が重要である。

第4節 実践知の獲得を促進する組織特性や職場環境

いくつかの職業の例から、実践知の獲得を促進する組織特性や職場環境を考えてみたい。まず、営業職、事務職などホワイトカラーの熟達者として管理職の成長を促進する要因についてである。先行研究（Dechant［1990］, McCauley et al.［1994］）をまとめると以下の三つを指摘できる。

① 異動に伴う困難（新たな責任、能力を周りに示す必要性）
② 仕事の特徴（変革の創造、重い責任、仕事の多様性、負担の大きさ）

③　仕事上の障害（困難な状況、サポートの欠如、難しい上司）

これらは、第**3**章で取り上げられているキャリアにおける重要な出来事、一皮むけた経験と対応する。営業職では、これらに関わる職務の広がりや高度な仕事の達成経験が実践知の獲得を促進し、業績を高めていた。さらに、業績を上げようとする目標達成志向の信念は経験からの学習と業績を促進し、顧客の信頼を得るために誠意を尽くす顧客志向の信念は顧客のための問題解決を通して実践知の獲得を促進し、将来の業績を高めるとしている（*Expert* **4-1**, 松尾［二〇〇六］参照）。

ほかの仕事の例としては、教師では、初任時のメンタリングや、研究授業後の協議会、現職研修などの教師コミュニティが実践知の獲得を促進していた（*Expert 5-1*）。また、看護師の事例では、プリセプターシップというチーム全体で新人を育てるＯＪＴ（on the job training）によって、柔軟な知識伝達をしていた（*Expert 5-2*）。

第**2**節で述べたように、職場は共通の専門スキルや仕事へのコミットメント（熱意や献身）によって結びついた集団である実践のコミュニティである。ここでは、初心者が、単なる経験ではなく、長期的計画に基づいて、周辺から中心参加に仕事が進歩していくような経験の機会が与えられ、熟慮を伴う練習ができることが重要である。さらに、周囲から結果のフィードバックが適切に得られ、学習者自身が結果を省察（振り返ること）ができることが、熟達化を支える場として必要である。このコミュニティが、初心者に、最初の一〇年間で、質の高い経験の場を用意することが重要である。

また、第**3**節**3**で述べた批判的思考力を育成するには、職場において、職階の上下にとらわれず、批判的思考ができるクリティカルコミュニティにする必要がある。しかし、実際には、上司への批判的意見を許す環境ではない場合もある。そうした場合に批判的思考を実行するときには、たとえば、自分の意見を言いつつも、相手の意見を聞き入れ、皆を満足させるようなヒューマンスキルが必要である。

第5節 まとめ——実践知の獲得モデル

本節では第**1**章と第**2**章のまとめとして、仕事の場における実践を通して、人がどのようにして、どのような実践知を獲得し、熟達者になるかのモデルを示す。

図2-3に示すように、実践知の獲得の大きなリソースは経験からの学習である。それは自分自身の経験のこともあるし、先輩・同僚との相互作用や先輩・同僚の経験からの類推によって学ぶこともある。これらはまずエピソードとして知識に蓄えられる。また、実践知の中でもヒューマンスキル（他者管理の暗黙知）は経験から獲得する部分が大きい。一方、本・研修と経験の両方のリソースから獲得されるのが、テクニカルスキル（タスク管理の暗黙知）とコンセプチュアルスキルである。これらは、理論や手続き的知識として蓄えられる。こうした蓄積された経験は、メタ認知の働きによる省察によって、実践に埋め込まれた知識やスキルに注目しつつ自分のものとして内面化することが重要である。さらに、言葉に表したり、本などで学んだ形式的知識と結びつけることによって、経験から得た暗黙知は、形式知として、人に伝えたり、文書として表出化して、職場内で共有することができる（**図1-3**参照）。たとえば、教師の実践知は、暗黙知的で、エピソード的（文脈づけられている）で、

図 2-3　仕事の実践知の獲得モデル

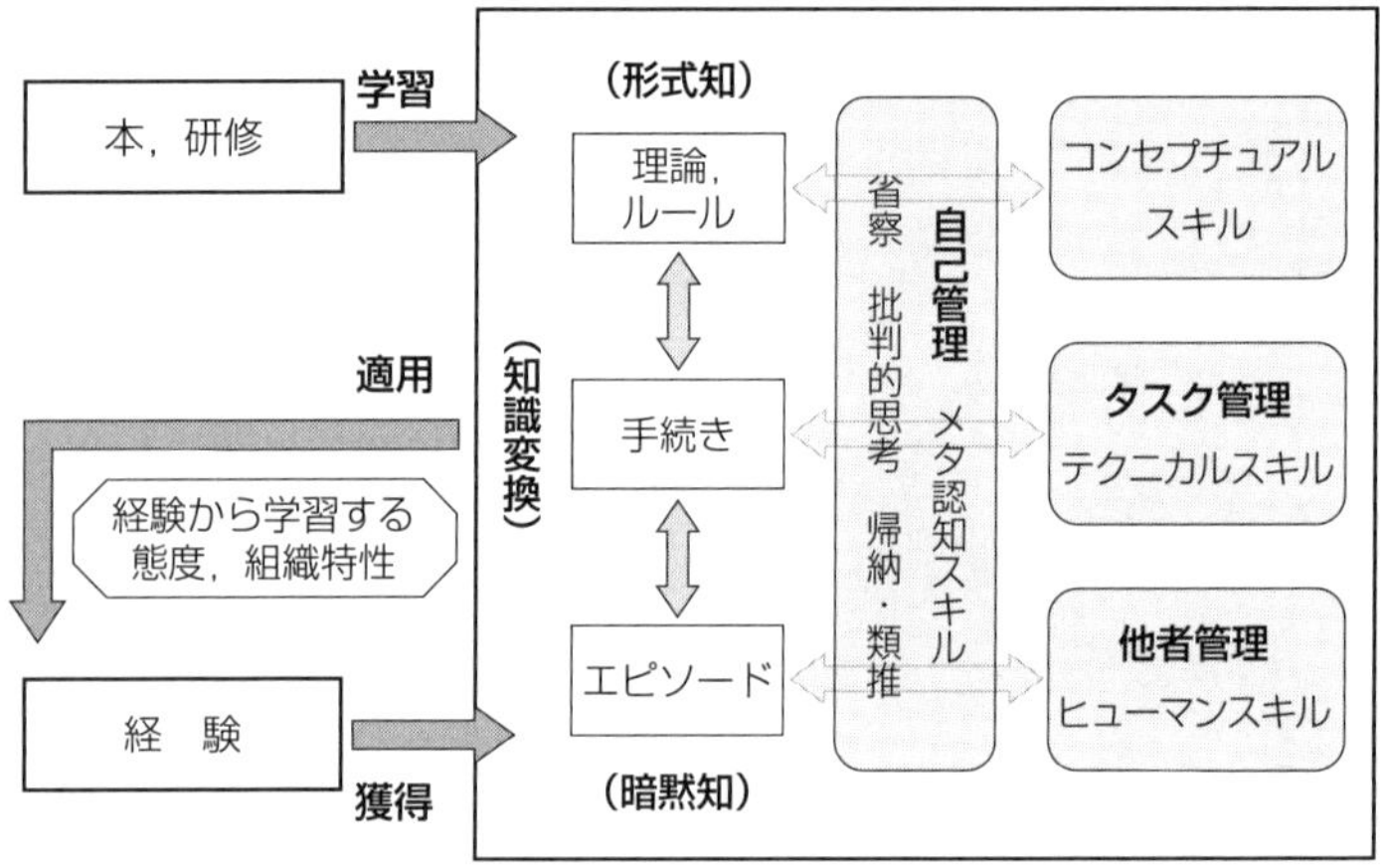

（出所）　楠見［2009a］，Sternberg et al.［2000］に基づいて作成。

個人史的性質をもつ。そして，言語化されるときにはメタファーや金言によって語られることも多い（*Expert 5-1*）。

なお，経験から獲得したエピソード的知識は蓄積されることによって，そこから，手続き，さらに，ルールとして帰納されたり，持論が導かれたりする（第**3**章参照）。逆に理論やルールから手続きが導かれたり，エピソードが意味づけられたりすることがある。エピソード的知識が手続きやルールに帰納されたり，理論からルールやエピソードが意味づけられたりすることは，メタ認知スキルと結びつく省察の働きによる。

メタ認知スキルは自己管理の暗黙知と結びつき，知識獲得や仕事の遂行の過程をモニターしている。これは，批判的思考や帰納・類推と密接に結びついている。また，自己管理の暗黙知は，人を動機づけて，新たな目標に移行するために挑戦する自己制御を支えている。

経験から学習する態度は、経験からの知識獲得や新たな経験への適用を促進する。また、経験から学習する態度は、本や研修からの学習においても、形式知を経験から獲得した知識と結びつけることを促進する。ここでは、批判的思考が、状況をふまえた適切な獲得と実行を支えている。そして、類推によって異なる領域へ拡張したり、他者のケースへ応用したりするなどの新たな経験への適用が可能になっている。

実践知は、個人の力だけで獲得されるものではなく、先輩・同僚など周囲の人との相互関係を築く中で獲得されるものであり、働く人に、良質な経験を提供し、経験からの実践知獲得を支える体制は組織特性や職場環境に依拠している（松尾［二〇〇六］）。それをさらに他者に伝えることは、第**3**章で述べる実践知の組織的な継承のメカニズムと関わる。

第**1**、**2**章では、熟達者のもつ実践知の獲得を、認知心理学の立場から取り上げたが、実践知が、仕事の場でいかに獲得され、継承されるかを考えるためには、次の第**3**章で述べる経営学・組織論における理論的枠組みや方法論が重要である。仕事の熟達化は、こうした新しい学際的な学問研究として位置づけることができるからである。

引用・参考文献

Baltes, P. B. & Smith, J. [2008] The fascination of wisdom: Its nature, ontogeny, and function. *Perspectives on Psychological Science*, 3 (1), 56–64.

Brown, J. S., Collins, A. & Duguid, P. [1989] Situated cognition and the culture of learning. *Educational Researcher*, 18, 32–42.

Chi, M. T. H. [2006] Two approaches to the study of experts' characteristics. In K. A. Ericsson, N. C. Charness, P. J. Feltovich & R. R.

Hoffman (Eds.) *Cambridge Handbook of Expertise and Expert Performance*. Cambridge University Press.
Dechant, K. [1990] Knowing how to learn: The "neglected" management ability. *Journal of Management Development*, **9** (4), 40–49.
Ennis, R. H. [1987] A taxonomy of critical thinking dispositions and abilities. In J. B. Baron & R. J. Sternberg (Eds.) *Teaching Thinking Skills*. Freeman.
Endsley, M. R. [2006] Expertise and situation awareness. In K. A. Ericsson, N. C. Charness, P. J. Feltovich & R. R. Hoffman (Eds.) *Cambridge Handbook of Expertise and Expert Performance*. Cambridge University Press.
Ericsson, K. A. (Ed.) [1996] *The Road to Excellence*. Lawrence Erlbaum Associates.
Ericsson, K. A., Krampe, R. T. & Tesch-Romer, C. [1993] The role of deliberate practice in the acquisition of expert performance. *Psychological Review*, **100** (3), 363–406.
波多野誼余夫［二〇〇一］「適応的熟達化の理論をめざして」『教育心理学年報』第四〇集、四五—四七頁。
平田謙次・楠見孝［二〇〇五］「問題解決における実践知の構造化（二）——状況知の創造」『日本心理学会第六九回大会発表論文集』。
平山るみ・楠見孝［二〇〇四］「批判的思考態度が結論導出プロセスに及ぼす影響——証拠評価と結論導出課題を用いての検討」『教育心理学研究』第五二巻、一八六—一九八頁。
伊東昌子・平田謙次・松尾睦・楠見孝［二〇〇六］「有能営業担当者と非有能担当者の初回商談にむけた準備行為と商談行為」『人間工学』第四二巻、三〇五—三一二頁。
金井壽宏・米倉誠一郎・沼上幹編［一九九四］『創造するミドル——生き方とキャリアを考えつづけるために』有斐閣。
Kunzmann, U. & Baltes, P. B. [2005] The psychology of wisdom: Theoretical and empirical challenges. In R. J. Sternberg & J. Jordan (Eds.) *Handbook of Wisdom: Psychological Perspectives*. Cambridge University Press.
楠見孝［一九九五］「青年期の認知発達と知識獲得」落合良行・楠見孝編『自己への問い直し——青年期』（講座　生涯発達心理学、第四巻）金子書房。
楠見孝［二〇〇一］「中間管理職における経験からの学習能力を支える態度の構造」日本労働研究機構編『ホワイトカラーの管理技能を探る（その二）』（日本労働研究機構資料シリーズ、第一七巻）日本労働研究機構。
楠見孝［二〇〇二］「類似性と近接性——人間の認知の特徴について」『人工知能学会誌』第一七巻、二—七頁。
楠見孝［二〇〇九ａ］「暗黙知——経験による知恵とは何か」小口孝司・楠見孝・今井芳昭編『仕事のスキル——自分を活かし、職場を変える』北大路書房。
楠見孝［二〇〇九ｂ］「ホワイトカラーの実践知の獲得過程とリソース——知識変換モードと批判的思考態度との関連」『日本認知

心理学会第七回大会発表論文集』。
楠見孝［二〇一〇ａ］「大人の学び――熟達化と市民リテラシー」渡部信一編・佐伯胖監修『「学び」の認知科学事典』大修館書店。
楠見孝［二〇一〇ｂ］「批判的思考と高次リテラシー」 楠見孝編『思考と言語』（現代の認知心理学、第三巻）北大路書房。
楠見孝［二〇一一］「批判的思考とは――市民リテラシーとジェネリックスキルの獲得」楠見孝・子安増生・道田泰司編『批判的思考力を育む――学士力と社会人基礎力の基盤形成』有斐閣。
楠見孝［二〇一四］「ホワイトカラーの熟達化を支える実践知の獲得」『組織科学』第四八巻二号、六―一五頁。
楠見孝［二〇一八］「熟達化としての叡智――叡智知識尺度の開発と適用」『心理学評論』第六一巻三号、二五一―二七一頁。
Lave, J. & Wenger, E. [1991] *Situated Learning*. Cambridge University Press.（佐伯胖訳［一九九三］『状況に埋め込まれた学習――正統的周辺参加』産業図書）
松尾睦［二〇〇六］『経験からの学習――プロフェッショナルへの成長プロセス』同文舘出版。
McCauley, C. D., Ruderman, M. N., Ohlott, P. J. & Morrow, J. E. [1994] Assessing the developmental components of managerial jobs. *Journal of Applied Psychology*, **79** (4), 544-560.
中原淳・金井壽宏［二〇〇九］『リフレクティブ・マネジャー――一流はつねに内省する』光文社。
Schön, D. A. [1983] *The Reflective Practitioner: How Professionals Think in Action*. Basic Books.（柳沢昌一・三輪建二訳［二〇〇七］『省察的実践とは何か』鳳書房）
Spreitzer, G. [1987] Early identification of international executive potential. *Journal of Applied Psychology*, **82**, 6-29.
Sternberg, R. J. [1998] A balance theory of wisdom. *Review of General Psychology*, **2**, 347-365.
Sternberg, R. J., Forsythe, G. B., Hedlund, J., Horvath, J. A., Wagner, R. K., Williams, W. E., Snook, S. A. & Grigorenko, E. L. [2000] *Practical Intelligence in Everyday Life*. Cambridge University Press.
鈴木忠［二〇〇八］『生涯発達のダイナミクス――知の多様性 生き方の可塑性』東京大学出版会。
van Maanen, M. [1995] On the epistemology of reflective practice. *Teachers and Teaching: Theory and Practice*, **1**, 33-50.

第 3 章

実践知の組織的継承とリーダーシップ

金井壽宏・谷口智彦

第1節　はじめに

1●個人の視点から組織の視界へ

熟達化とは、改めて簡単にいえば、今までできなかったことができるようになることである。そこに至るまでに試練があり、そこに至ると喜びがある。熟達化の過程は、ただそのことがいっそううまくできるというだけではなく、人の発達とも関係している。生涯にわたる人の発達のプロセスで、人が直面する発達課題は、それまでできなかったことができることでもある。たとえば、世話をしてくれる人（ケアギバー）にうまく頼っていただけの乳幼児は、次第に自分でできることが増えてくる。自律への第一歩。学童期に入れば、勉強でも、スポーツでも、楽器演奏でも頑張ればできるし、うまくなっていけることを学ぶ。

成人してからも、この過程は続く。もしも、人が学校にいるときだけ学ぶのであれば、卒業後の長い期間はいったいどのような時間になることか。幸い、仕事の世界に入っても、ある仕事の担当者として専門を極めることもできる。さらには、キャリアのある段階からは、自分がすべて行うだけでなく、ほかの人々を通じてことを成し遂げるマネジメントや、自ら構想を描き、その実現のために、人々を巻き込むリーダーシップに入門する。つまり、実践知という概念は、個人という枠だけに収まらず、他者との関係も含めた組織という、より広い視界からとらえる必要性がでてくる。加えて、組織が将来に向けて持続・発展していく過程では、うまくリーダーシップを発揮できるようになった人が、どのようにして、次世代のリーダーを育むのか、という継承の課題が重要となる。

組織とは、企業だけに限らない。本章の筆者らは、経営学の分野に属するが、学校、病院、行政組織、政治の世界、コミュニティ、スポーツ、財団、NPOなどさまざまな組織においても誰かがリーダーシップを発揮する必要がある。そして、誰かが、リーダーの中のリーダーになる。あらゆる分野において、何か目的を共有した人々が集まれば、自然とリーダーが必要になり、そこにはリーダーシップという現象が立ち現れる。ここでは定義の問題に拘泥するつもりはないが、「リーダーシップとは、集団もしくは組織における諸活動や諸関係を導き、形作り、促進するように、ある人によって、ほかの人々に対して意図的に影響力が行使される過程からなっている」(Yukl［1998］p. 3) という標準的定義を一つあげておこう。この定義にもある通り、人を導くということは、ほかの人々に影響を与えることにほかならない。

本章では、現代社会を代表する組織として、企業を前提におきながら、リーダーシップにまつわる実践知を、経営者、経営幹部、管理職、現場の指揮官において、どのように体系化し、加速することができるのかについて、経験からの学習で得た教訓を分析した「一皮むけた経験」(quantum-leap experiences) 研究をもとに、記述していく。

2 ● この章での主張の骨子

ここでさっそく強調しておきたいことは、次の四点に要約される。結論を先取りするようだが、①

リーダーを育て、育成の仕組みをつくるのはリーダーの役割の一つということと、②リーダーは、研修だけで育つのではなく、自分を鍛えてくれたリーダー（育ての親リーダー）の薫陶を受けながら経験からリーダーシップを学ぶということ、③その学びは、育ての親リーダーが自分なりのリーダーシップの持論を言語化し、それと言行一致した行動をとるときに最も促進されるということである。もう一つこの章で注目するのは、④研修以上に、②の経験と薫陶が大事だという点である。これらから明らかになることの一つは、人事と教育を結びつける必要性である。人事とは、誰のもとでどのような経験をさせるのかという人事異動の問題と関わっている。研修などフォーマルな教育の場に、誰のもとでどのような経験をくぐった人に参加してもらい、受講後すぐにではなくても、次に誰のもとでどのような経験をさらに「一皮むける」ためにくぐってもらうかが、リーダーを育てるうえで重要となる。経験にもタイプがあり、上司の薫陶にもタイプがある――厳しいけれど育成上手な人、丁寧に教える人、任せ方がうまい人など。

これまでリーダーをイメージするときに、われわれは、トップの孤独という言葉にとらわれすぎた感がある。ソニーの井深大と盛田昭夫、パナソニックの松下幸之助と高橋荒太郎、ホンダの本田宗一郎と藤沢武夫など、偉大な創業者たちを思い浮かべても、リーダーシップは共有されているものだ。そして、これらの企業で次世代を引き継いだ人々も、創業者たちからリーダーシップを学び、リーダーシップを共有する。組織は常にダイナミックに動いており、組織の存続のためには、リーダーシップを共有し連鎖する仕組みが必要である（金井［二〇〇八b］）。また、そのためにはリーダー自身の実践知をうまく伝え、継承する仕組みを体系化する必要がある。これまでの実践知研究は、基本的には個人の問題を扱ってきた。しかし、われわれの生きる集団、組織、社会の活力を考えるときに、リーダーシップのような分野で、個人を越えて世代間で継承される仕組みができれば、それに越したことはない。

第2節 実践知としてのリーダーシップ持論

1 ● 持論とは何か

組織のリーダーは次のリーダーを育てる役割も担っている。ティシーとコーエン（Tichy & Cohen [1997]）は、勝利をおさめた強い組織では、あらゆる階層でリーダーを育てており、優れたリーダーが自らの経験をもとに後続する人材をリーダーとなるように教えていると述べている。その際、TPOV（teachable point of view）という、「リーダーシップについて、自分の経験や観察を通じて、人にそれを教えようと思えば教えられる、自分なりの考え、見解」を語りながら教育することが、次のリーダーを育てる取り組みに必要であると指摘している。つまり、これは優れたリーダー自身が実践で獲得した知識や考え方（実践知）、すなわち持論を、次世代のリーダーに教え伝え、継承していくことにほかならない。

リーダーシップを長年にわたり日々実践してきた人には、その経験から導いた持論がある。たとえば、ヤマト運輸を創業した小倉昌男は、一〇箇条からなる経営リーダーの条件を言語化している（小

表 3-1　偉大なリーダーの持論

ジャック・ウェルチのリーダーシップ持論
① 自らが活力に満ちあふれていること（Energy）
② 目標に向かう周りの人々を元気づけること（Energize）
③ タフな問題に対しても決断ができること（Edge）
④ 言ったことをとことんまで実行していくこと（Execute）

小倉昌男のリーダーシップ持論	
① 論理的思考	⑥ 政治に頼るな，自助努力あるのみ
② 時代の風を読む	⑦ マスコミとの良い関係
③ 戦略的思考	⑧ 明るい性格
④ 攻めの経営	⑨ 身銭を切ること
⑤ 行政に頼らぬ自立の精神	⑩ 高い倫理観

松下幸之助の語る指導者の条件		
1 あるがままみとめる	35 自問自答	69 天命を知る
2 いうべきをいう	36 衆知を集める	70 徳性を養う
3 怒りをもつ	37 出処進退	71 独立心
4 一視同仁	38 小事を大切に	72 とらわれない
5 命をかける	39 仁愛の心	73 努力する
6 祈る思い	40 信賞必罰	74 長い目でみる
7 訴える	41 人事を尽くす	75 なすべきをなす
8 落ち着き	42 辛抱する	76 人間観をもつ
9 覚悟を決める	43 信用を培う	77 人情の機微を知る
10 価値判断	44 信頼する	78 熱意をもつ
11 過当競争を排す	45 好きになる	79 ひきつける
12 寛厳自在	46 すべてを生かす	80 人の組み合わせ
13 諫言をきく	47 誠実である	81 人をきたえる
14 感謝する	48 責任感をもつ	82 人を育てる
15 カンを養う	49 世間に従う	83 人を使う
16 気迫をもつ	50 説得力	84 人を見て法を説く
17 きびしさ	51 世論をこえる	85 人を求める
18 決意をつめよる	52 先見性	86 日に新た
19 権威の活用	53 先憂後楽	87 広い視野
20 原因は自分に	54 即決する	88 不可能はない
21 謙虚である	55 率先垂範	89 方針を示す
22 権限の移譲	56 大義名分	90 包容力をもつ
23 見識	57 大事と小事	91 ほめる
24 公平である	58 大将は内にいる	92 まかせる
25 公明正大	59 大将は大将	93 見方を変える
26 志をもつ	60 大所高所に立つ	94 みずから励ます
27 心を遊ばせない	61 正しい信念	95 無手勝流
28 こわさを知る	62 ダム経営	96 命令する
29 最後まであきらめない	63 調和共栄	97 目標を与える
30 自主性を引き出す	64 使われる	98 持ち味を生かす
31 私心をすてる	65 適材適所	99 勇気をもつ
32 指導理念	66 敵に学ぶ	100 乱を忘れず
33 自分を知る	67 天下の物	101 理外の理
34 使命感をもつ	68 天地自然の理	102 再び謙虚と感謝

（出所） Welch & Byrne［2001］p. 158，小倉［1999］，松下［1975］より。

倉［一九九九］）。パナソニック（前・松下電器産業）の創業者松下幸之助は『指導者の条件』の中で、一〇一個もの原理・原則をリスト化している。それを絞り込むと、より少数の原理原則からなる指導者の心得、経営者の心得となる。また、この二人と併せて、**表3-1**に示すように、リーダーシップの持論をわかりやすく言語化している例としては、GE（ゼネラル・エレクトリック）の元CEOジャック・ウェルチをあげることができる。彼が四つのEの頭文字からなる持論 4E's（Energy, Energize, Edge, Execute）を全社レベルで実践したことは有名である（Krames［2005］）。

2 ● 実践家の持論VS科学者の公式理論

こうした優れた実践家が実際に実践の場で使用している持論（practical theory-in-use）は、学者が検証することを目的に科学者としての手続きをふまえて構築した学術的な公式理論（academic formal theory）とは、内容的にはオーバーラップしても、そのできあがり方の性質は異なっている。科学者の検証した公式理論は、学問領域における問題提起から仮説を立て、それを検証する論理的プロセスとその結果を学術論文という形で公表し、その後反証や追試を繰り返しながら、強固な理論へと集大成していく。それに対して、実践家の持論は、日常の中で「前回はうまくできなかったが、こうすればうまくいった」などといった個別の実践に根づいたもので、個人の省察（ときにはほかの人々との対話）を繰り返すことで、経験に基づいた確信として記憶され、実践の中で参照される。実践家の持論は、実際に実践の場で使用されているが、自己流で的外れだったら困るというリスクがつきまとう。一方、学者の理論は、科学的に検証されているが、実践にまったく役立たなかったら空しい。空理空論を望む実践家はいない。ましてや，リーダーシップに入門したからには，それに熟達したいと思っている次世代リーダーには，実践に使えるセオリーこそが貴い。

3 ● 実践家の持論の特徴

それでは，実践家の持論にはどのような特徴があるのだろうか。

第一に，実践家は，意識せず暗黙のうちに持論を活用している。アージリスとショーン（Argyris & Schön [1974]）は，ある状況のもとでどう振る舞っているのかたずねられればこう答えるという理論（espoused theory，うわべの持論，もしくはタテマエの持論）と実際に信じて使用している理論（theory-in-use，ホンネの持論）が異なっていることを提示した。使用中の理論（theory-in-use）を明らかにするには，単にたずねるだけでは簡単に明らかにはできず，実際にその理論と首尾一貫した行動をとっている姿を示すことが望ましい。もしそうでなければ，本人が表面的に繕ってそう回答しているだけのうわべの理論の可能性がある。

持論は，自分がうまくできている実践について自分の頭でよく考えることができる省察的実践家でなければ，言語化されない。だからといって，ごく一部の人だけが持論のもととなるような経験をもっているわけではない。人は誰も，言葉にできるより多くのことを知っており，それをもとに行動している（Polanyi [1967]）。つまり，実践家の持論は，言語化されることがなければ，日常の実践における暗黙知でもある。自ら自覚し，他人に伝えるためにも，もっているはずの知識が少しでも言語化されていくことが肝心なのである。そのためには経験と合わせて，省察，対話が大切になってくる。

このような観点から見ると、人を感化し、教え導く薫陶とは、ただやみくもに「鍛える」というのではなく、「経験をさせて、その経験の意味を本人にも省察させつつ、対話の相手になる」ということである。

だから、一方で実践の世界において、暗黙知を解読する試みが、リーダーシップを伝承したいと思う「リーダーを育むリーダー」(leader-developing leader) には必要になってきた。「リーダーシップは曰く言い難し」ですませてはいけない。他方で、研究者の側も、学者として公式な理論を構築するだけでなく、聞き出せなかった実践家の持論を聞き出すという調査も必要になってきた (一例としては、池田・金井 [二〇〇七])。研究者の側も抽象的で実践に活用しづらい理論を構築するよりも、優れた実践家の持論を丹念に聞き出すこと自体を、研究課題の一つにすべきである。

第二に、実践家の持論の背景には、豊富な実際のストーリーが埋め込まれている。ブルーナー (Bruner [1986]) は、人が使用する二つの様式として、論理―科学の様式と物語の様式を取り上げている。論理―科学の様式とは、カテゴリー化ないしは概念化を用いて、諸カテゴリーが確立され、例証され、理念化され、互いに関係づけられて、一つの体系を形成するように進める思考様式であり、われわれは理論や論理的証明などに適用している。これに対し、物語の様式とは、経験を個別例として時間と場所の中に位置づけ、時間軸上で出来事をつなぐ思考様式であり、人の心をひきつけるドラマ、信じるに足る歴史的な説明をもたらす。われわれは、一般的にストーリーに経験をプロットすることによって自分たちの人生に意味を与えている (White & Epston [1990])。実践家の持論は、個々の経験に個別例としての特殊性を与え、時間に沿ってプロットできる物語の様式によって構築されている。

第三に、省察や対話によって実践家は持論を導くことができる。使用中の理論である実践家の持論には、確かに行動を客観的に観察することでしか明らかにできない暗黙知的な面があるが、自ら経験を深く省察したり、ほかの人々との対話を通じて言語化することができる。また、優れた実践家は、そうした言語化を意図的に行っている（金井ほか［二〇〇七］）。

以上のように、持論の特徴は、暗黙知であること、経験と経験の物語に根づいていることであり、加えて、それ自体が暗黙知で物語に支えられているなら、持論そのものが言語化されることが不可欠となる。

4 ● 持論をもったリーダーが薫陶を通じて次世代リーダーの連鎖を生み出す

経験と実践的な持論を結びつける試みが、個人的にも、さらにいえば、組織的にも可能である。

持論の言語化は、ラインマネジャー一人ひとりの意識が高ければ個人的にもできることだが、皆がそうとは限らないし、また、これからリーダーシップに本格的に入門（あるいは、再入門）する、より若い世代のためには、組織的、体系的な熟達支援の取り組みが必要となる。たとえば、管理職、さらに経営幹部になる頃には、自分のリーダーシップの持論を言語化するように促す。個人的に自分なりの考えを言語化するのが上手な人もいるが、皆がそうとは限らない。組織的に、その言語化を促す機会が要る。また、せっかく持論をなんとか言語化したとしても、その持論の中身がひとりよがりにならないように、自分の持論を研修などの場で仲間と話しあい、共有することが大切で、これには組織的な取り組みが必要である。そのような取り組みとして、研修の場にしかるべき経験をくぐってきた人がうまく選ばれ、研修の場で、優れた実践家の持論を学び、学者の理論からも裏づけを得ることができれば、リーダーシップについての自分の持論に自信をもてるようになる。そのうえ、信じている持論通りに本人が振る舞えば、言行一致しているので、部下たちもそれにならって、自分なりのリーダーシップの持論をより若い頃からもつようになればしめたものである。

このように、右腕になってほしい部下が、経験と薫陶をふまえ、よい形でリーダーシップに入門するようになれば、上司（いわば、親リーダー）は、「リーダーを育むリーダー」となる。また、右腕となった部下（いわば、子リーダー）が、さらに自分より若手の中から、リーダー候補（いわば、孫リーダーとなる）を見つけ出し、その人に対して、「リーダーを育むリーダー」になっていけば、組織の中にリーダーシップの連鎖が生まれるようになる。そうなるともとの親リーダーは、孫リーダーまで見据えると、「『〈リーダーを生み出すリーダー〉を生み出すリーダー』を生み出すリーダー」となる。これを、リーダーシップのパイプラインとも、リーダーシップの連鎖ともいう。

5 ● 持論を聞き出す方法

先に述べたTPOV、つまりリーダーシップ持論の源泉となるリーダーシップの経験とそこから学んだ教訓を分析した研究として、「一皮むけた経験」（後述）研究が海外だけにとどまらず、日本でも蓄積されてきた。この研究は、Center for Creative Leadership（以下、CCL）という機関の研究者らが中心となって、一九七〇年代頃から展開してきた研究調査で、仕事上で生じた印象的な経験を聞き出し、その経験と学んだ教訓の内容を抽出するというものである（McCauley [1986], McCall et al. [1988], McCall [1998]）。その研究方法は、企業の成功した経営幹部に、自分自身のリーダーシップやマネジメントに影響を与えたと思われる印象的な過去の経験と、そこで学んだ教訓を語ってもらい、主にそれらを質的に分析し、経験と教訓のカテゴリ化を進めるというものである。

実際に経営者から経験を聞き出し、そこからリーダーシップの持論を聞き出す作業は、おおよそ次のようなステップで行われる。

筆者らが、優れた経営者のリーダーシップの持論を、暗黙知の海の中から、形式知の場にすくい上げるために、行う手順としてよく利用しているのは、次のようなシークエンスである。

①　経営者から、今日のようにうまくリーダーシップを現実に発揮できるようになるまでにくぐってきた一皮むけた経験を、少なくとも三つ以上聞き出す。注意点としては、話が抽象論にならないように、いつ、どのような立場で、誰とともに、いったい何を成し遂げたのか、できる限り、具体的なイベント（出来事）として聞き出す。

②　それぞれの経験からどのような教訓を得て、（可能なら）それをその後のキャリアでどのように活かしているかを、省察して語ってもらう。

③　経験からの教訓のすべてが、リーダーシップの持論を形成するわけではないので、経験からの教訓のうち、どれがどのように、現時点で発揮できているリーダーシップのもとになっているか、選んでもらう。

④　教訓のうちリーダーシップに関わると思われるものが、その経営者のリーダーシップの持論で

あることを、確認する。

⑤ それぞれの経験をくぐったときに、どのような上司、または（社長やトップ直轄プロジェクトならば）上司よりさらに上層の人、さらに、（共同研究や共同開発などの場合には）社外の関係者から、リーダーシップという観点からどのような薫陶を受けたかについても、具体的な出来事を通じて聞き出す。それが反面教師にあたるような上司などの場合でも、その人から薫陶を受けたことが、④の持論とどのように関わっているか聞く。

⑥ 研修が一皮むけた経験になることは稀であるが、受講した研修やセミナー、あるいは自己啓発で読んだ経営学やリーダーシップの書籍から学んだことが持論の内容に、どのように関わっているかも、最後に確認する。

以上のようなプロトコル通りにうまく実践家のリーダーシップ持論が聞き出せるとは限らないが、比較的うまくいった例としては、資生堂の現社長、ハウス食品の前社長、タマノイ酢の現社長に筆者らが行ったインタビューの記録などを参照されたい（前田［二〇〇七］、小瀬［二〇〇七］、播野［二〇〇六］。役職はいずれも当時）。なお、薫陶については、ヤマトホールディングスの社長となった瀬戸薫氏が、三代目宅急便課長としてクール宅急便を開発したときに、当時社長だった小倉昌男氏から、直接薫陶を受けたことがわかる（瀬戸［二〇〇七］）。

6 ● 省察を通じた持論の言語化

スポーツの実況中継を見ているときに、元選手で監督経験者でもある解説者が、「今のはセオリー通りのプレーですね」と解説することがしばしばある。そのセオリーとは、監督経験のある解説者が自分の野球観、自分の指導者観からして、スポーツの世界において信じているセオリーのことをいう。実践に使っていないが知っている理論とは違って、実際に実践の場で使用している理論——これが、この章で持論とよぶものである。野球のプレーについて持論があるなら、野球のコーチ、監督についても持論がある。監督としての持論は、プレーヤーとしての「熟達の持論」と異なり、それと両立はするが、「監督の持論」すなわち「リーダーシップの持論」となる。

同様のことが会社でも起こる。工学部出身で研究所に勤務することになった開発エンジニアを例にあげよう。担当者として開発のスターとなれば、名ショートが守備について持論をもつようになるのと同様に、画期的な開発につながる研究を担当者として実現するための持論を抱くようになるだろう。その開発のスターが、やがて研究グループのリーダー、研究所のリーダー、開発本部長というリーダーになれば、開発の世界でうまく技術開発するための持論だけでなく、開発の世界をうまくリードするための持論を抱くようになる。ちょうど、「生涯一捕手」と言った野村克也が、捕手の持論、情報野球という持論から、指導者としての持論を、『野村ノート』（野村［二〇〇五］）で披露できるようになったように、言語化する機会があれば、研究開発の名リーダーも、経験をふんだ教訓のノートが書けるはずである。

リーダーシップを学びたいと本気で思ったら、そのような素材に事欠くことはない。そこかしこに、担当者として頑張り通した人が、やがて指導者に転じたときに、指導者としての持論も、少なくとも、暗黙にはもち始めている。大事な次のステップは、それを言語化して、明白知、形式知にすることである。そのためには、経験をくぐった後、経験の意味を省察し、省察したことを、ほかの人々（省察的実践家、Schön［1983］）と対話して、持論を言語にし、さらにそれが、見当外れの持論にならないように、ほかの優れた実践家の持論、そして、研究から出てきた理論の裏づけを得ることが肝要である。

この章の筆者の一人が勤務する大学で、ＭＢＡ（実務家向けの経営学修士）のプログラムを導入して、二〇年にもなる。われわれは、経験豊かなＭＢＡの院生に、組織行動論の授業で、経験を省察してもらうレポートを課し、そのレポートの内容を共有し、議論する機会をもってきた。そこから持論が見つかりそうになることは多く、そのような機会を尊重してきた。それでも、驚いたことに、ＭＢＡ院生のほとんど皆が理論も大いに学びたがっている。それは、経験から生まれた持論に、理論の裏づけが得られたら、自分の持論にいっそう自信をもてるからであろう。

リーダーシップの達人である経営者（親リーダー）は、将来を期待する経営幹部（子リーダー）がリーダーシップという観点から適切な行動スタイルがとれるようになったとき、野球のような実況放送はなくても、「今のはセオリー通り」とつぶやくかもしれない。とくに、自分もまた持論（実践にしようしているセオリー）を言語化している人なら、口に出さなくても、そういう観点から後進の者に接しているだろう。

第3節　継承のために持論をどのように導くか

——「経験、省察、対話、理論」の役割

われわれは経験から非常に多くのことを学んでいる。森有正は、経験と単なる体験は違うと主張したものだが（森［一九七八］）、経験という言葉を辞書で紐解くと、「人間が外界との相互作用の過程を意識化し自分のものとすること」（広辞苑第六版）と記されている。この言葉通り、われわれは周りの環境から意識的に見聞きしたり、環境に働きかけたりしながら、実際の体験を通じて自らの知識を体系化している。卓越した省察的実践家であれば、聞き手がいなくても持論を言語化している可能性が高いが、大半の実践家の場合、聞き手がいて、先に述べたような手順で持論を聞き出してもらう必要がある。偉大なリーダーでも、もし省察力に欠けていたらそれは同様である。前節1で紹介した松下幸之助やジャック・ウェルチ、さらには小倉昌男のように、書籍などを通じて、自分の持論を公言している人なら、**表3-1**で見たように、すでに持論が箇条書きにまとめられている。このような人なら、経験や経験からの教訓、ほかの人から受けた薫陶などを聞き出さなくても、即座に明白知、形式知として、自分のリーダーシップ持論を、語ることができるだろう。

ベニス（Bennis［2003］）は、優れたリーダーたちのインタビュー分析から、リーダーシップの素地は誰にでもあり、どこでも経験できることを指摘している。そして、偉大なリーダーたちは、自分の経験を十二分に活用し、そこから学んでいると述べている。さらに薫陶を授けながら、次世代リーダーを育てるためには、学んできたことを上手に持論として言語化しなければならない。そのうえで、

持論と言行一致した姿を示し、また、持論に言及するときに自分のくぐってきた経験の物語をうまく、次世代に伝えていく。これが、「リーダーを育むリーダー」になるための課題となってくる。

1 ● 経験、薫陶、研修のウェイトは七〇 対 二〇 対 一〇

これまでの調査結果から、リーダーシップを育むのに有益であった出来事（イベント）の調査によれば、その内訳は、仕事を通じた経験が七〇％、人を介した気づきである薫陶が二〇％、最後の一〇％が正式な教育訓練であるとの指摘がある（Lombardo & Eichinger [2002]。この二名が、ロミンガー〔Lominger〕という人材育成の企業を創設した）。二〇〇六年に、リーダーシップ育成に体系的な仕組みをもっているアメリカ企業のフィールドリサーチを実施したときに、訪ねた全企業において、ロミンガーの「七〇 対 二〇 対 一〇の経験則」への言及があった。もちろん、これは科学的な法則というよりも、ただ帰納的に、リーダーシップ発揮に役立った出来事を、結果的にうまくリーダーシップを発揮している経営幹部に聞くと、出来事の分布が、「経験」対「薫陶」対「研修」＝七〇 対 二〇 対 一〇の比率だったというわけである。筆者らも、これまで日本の産業社会における会長、社長、経営幹部から、その立場に至るまでの一皮むけた経験について、アカデミックな調査、ならびに研修の機会を通じて、おびただしい数のデータを収集してきた。たとえば、一例をあげると、前出のヤマトホールディングスの瀬戸薫氏の場合、ヤマト運輸の三代目宅急便課長として、クール宅急便という新事業を開発した経験のウェイトが七〇％なら、その仕事上の経験をしているときに、当時社長であった小倉昌男氏の薫陶を受けた重みが二〇％ということになる。研修のウェイトはわずか一〇％だが、その

研修の場で、これまでの経験を省察し、その経験をくぐっているときに薫陶を受けた人からの教訓を言語化する努力をすれば、研修は単なる座学から趣きを変えていく（インタビュー時に、どのような経験のストーリーにおいても、「誰のもとでその経験をしましたか」という問いをはさめば、薫陶の比率は、二〇%よりもだいぶ高くなるはずである）。すべての経験がリーダーシップの涵養《かんよう》に役立っているわけではない。しかし、一皮むけたという高度なレベルの経験から得た教訓についていうなら、そのかなりの部分は、後に発揮するリーダーシップに関わっていることが多い。たとえば、リスクある場面で腹をくくった、困難に直面する場面であきらめずに最後までやりきった、大きな構想を描いた、反対者がいたがうまく説得できた、というような経験からの教訓がそのまま、リーダーシップの持論の言語化に役立っていく。

2 ● 経験の教訓に関する研究

それでは、持論を効果的に導くうえで、何が重要な役割を果たすのであろうか。まず、実際の経験そのものが、持論の大きな源泉となる。ミンツバーグによれば、「有能なマネジャーは、説明し、説得し、決断を下すだけではない。オフィスを飛び出して物事の渦中に首を突っ込み、ほかの人間を動かすことによって結果を生み出す。自分で直接、物事を見て感じ、経験し、試す」（Mintzberg［2004］p. 52, 訳書七四頁）。

企業でキャリアを歩む際に出会う実際の経験とそこからの学びを体系的に分析した研究として、先ほどからふれてきた一皮むけた経験研究がある。先に持論を聞き出すためのインタビューの手順を示したが、それもこの研究が示唆するアプローチに基づいている。具体的には、成功したマネジャーやリーダーたちに対し、過去の印象的な出来事（イベント）をたずね[1]、その出来事とそこから学んだ教訓を抽出しタイプ別に識別するというものである。その初期の成果として、リンドセイら（Lindsey et al. [1987]）やマッコールら（McCall et al. [1988]）は、一九一名のリーダーたちを調査することで六一六個の経験と一五四七個の教訓をまとめ、分析している。具体的には、職務課題もしくは配属（job assignment）、修羅場（hardship）、他の人とのつながりなど（other people）、その他重要なイベント（other significant events）という四つの大きなカテゴリに、一六種類の経験を分類している（Lindsey et al. [1987][2]，**表3－2**）。

一〇〇年間のリーダーシップ研究の歴史は、生まれつきのリーダーがもつ資質の研究、学ぶことができるリーダー行動の研究、リーダーがおかれた状況と行動の間の適合性の研究、変革を起こすリーダーの特徴に関する研究、リーダーシップを身につけるのに有益な経験の研究と推移してきた。リーダーシップの研修の効果の研究は、古くは一九五〇年代から存在するが、リーダーシップの育成には、研修以上に、経験が大切だと気づき、ようやく「経験の研究」がリーダーシップの育成・熟達という目的を念頭に開始されたのは、一九八〇年代末からのことである。

日本においても、同様に複数の研究が実施され、アメリカでの調査とほぼ同様の結果を得ている。[3]また、経験を通じて学んだ教訓のほとんどにおいて、大分類では「自己」「他者」「仕事」にまつわるものが占めていた（Douglas［2003］，**表3－3**）。これらの分類からうかがえることは、多数のマネジャーやリーダーたちが、キャリア上で遭遇する仕事や対人関係を通じて、自己の内面も含めたそれらの

表 3-2　先行研究でまとめられた重要なイベントの分類

キーイベント	タイプの分類	定　義
課　題	・ゼロからのスタート ・立て直し ・プロジェクト／タスクフォース ・視野の変化 ・ラインからスタッフへの異動	・何もないところから何かを作り上げる ・失敗している事業を立て直す／安定させる ・独立したプロジェクトや個人，チームとしての一時的課題 ・管理する人数，予算，職域の数の増加 ・ライン業務からスタッフの役割への異動
他の人とのつながり	・役割モデル ・価値観	・（良きにしろ悪しきにしろ）際立った資質をもった上司 ・個人や企業の価値観を示す一連の行動のスナップショット
修羅場	・事業の失敗や間違い ・降格／逃した昇進／ひどい仕事 ・部下の業績の問題 ・逸脱 ・個人的なトラウマ	・失敗したアイデアや取引 ・希望した仕事につけなかった，左遷されたなど ・深刻な業績問題を抱える部下と直面する ・現在の仕事に対する不満に応じて新たなキャリアに挑戦する ・離婚，病気，死などの危機やトラウマ
その他	・コースワーク ・初期の仕事経験 ・最初の管理職経験 ・個人的経験	・公式な研修 ・初期の非管理的な仕事 ・初めて部下を管理する ・仕事以外の経験

（注）・イベントとは，自分自身のキャリアについて振り返るとき，心に残っている変化を導いた特定の出来事を指す。
・McCall［1998］では，初期の仕事経験および最初の管理職経験は「課題」に分類されている（訳書 110 頁）。
（出所）　McCall［1988］の表 1「16 の経験」（p. 3）を引用。

対処法を具体的な経験の物語とともに教訓として蓄積していたということである。本人の経験とつなげずに、リーダーシップの話は無力であると気づき、かつリーダーシップ・パイプラインを整備したいと思っている会社は、自社の経営幹部とその候補から得た良質なデータで、リーダーシップをその会社で涵養するのに適切な経験のインベントリーを作成するよう

表 3-3　先行研究でまとめられた重要なレッスンの分類

カテゴリ	項　目	概　要
対自己	・自己の気づき	・自己発見／自信／自分自身の気力に対する信頼／より深まった自信
	・価値観と（行動）指針の醸成	・適切で，倫理的な，思慮あるマネジャーとしての行動指針や価値観
	・自己のキャリア管理	・自分のキャリアをうまく管理すること
対他者	・部下への対処	・直属の部下やチームを効果的に導く方法を学ぶ
	・上司への対処	・上級役員（マネジャーとその上司も含む）とのよい関係の構築方法を学ぶ
	・周囲への対処	・直接のレポートラインから外れる人たちとのよい関係の構築方法を学ぶ
	・多様な価値の気づき	・人種，性別，年齢，技能，態度，スタイルの違いが職場に価値をもたらしていることを学ぶ
	・組織内政治と組織文化への理解	・組織内での政治と組織文化に対する理解とその対応を学ぶ
対仕事	・仕事とマネジメントのスキル開発	・効果的に仕事に対処できる知識やスキルの開発
	・さまざまな困難なことへの対処	・効果的な行動をとり，仕事上の試練に立ち向かう方法を学ぶ
	・変革への対処	・変革に対する努力と意思決定の影響に対処することを学ぶ
	・不信感	・特定の経験から，結果として学んでしまった悲観主義，不信感

（出所）　Douglas［2003］を参考に筆者作成。

になっている（ここでは社名をあげるのは控えるが、日本でも、このような試みがリーダーシップ育成に先進的な会社ではなされつつある）。

3● 省察的実践家

ここに罠が一つある。経験で身につくのなら、OJTでいいのだといって、OJTだけですませて思考停止してしまうことである。問題は、OJTという美名のもとに、意図的な経験学習がなんら促進されていなかったら、何もしていないに等しいということである。単に経験するだけでは，有効な持論を導くことはできず，後で述べるような組織的継承につながらない。ワインを熟成させるように，経験を省察する（reflect）ことが必要である。

ショーン（Schön［1983, 1987］）は，建築デザイナーや臨床心理の専門家，都市計画プランナー，企業マネジャー，音楽家などのエキスパートを対象に分析を進める中で，「省察すること」について，意義深い独自の主張を行ってきた[4]。彼は，専門家たちは暗黙のうちに「行為の中の知」（knowing-in-action）を基盤にしているとした。これは，ある行為の中で（一つのイベントの中の行為，たとえば弁護士にとっての一つの訴訟など），実際に使用する知識であり，専門家はそれをもとに実践している。そして，専門家たちが自分の「行為の中の知」を知り，実践の創造性や革新につなげるために，省察（reflection）という概念を用いて説明している。

4 ● 省察の三層

ここで，省察について大きく三つの分類を示しておきたい。一つは，「行為の中の省察」（reflection-in-action）である。われわれは，実際にある行為を行っている最中であっても考えることがよくあり，行為の最中に驚き，それが刺激となって行為について振り返ることもあれば，行為の中で暗黙のうちに知っていることを振り返ることもある（Schön［1983］p. 49，訳書五〇頁）。ショーンはジャズミュージシャンの例をあげながら，行為の中の省察では「自分が今行っていることをプロセスの中で考え，自分の行為を進化させている」（Schön［1983］pp. 55–56，訳書五七頁）と述べている。このように行為の中の省察は，専門家の知の生成に重要な役割を担っている。

これとは別に、われわれは行為そのものを事後に省察することがあるが、それを「行為に関しての省察」(reflection-on-action)とよび、「行為の中の省察」とは区別している。予期しない結果が生じたとき、行為の中の知をどのように活用すればよかったかを発見するために、行為に関して省察する。こうした行為に関しての省察は、事後の段階に静かな時間の中で行う場合もあれば、前述のように、行為の最中に少し立ち止まって考える時間をつくり、その中で行うかもしれない。「実践者は、自分自身の行為の中の知について振り返る。実践が終わったあとの比較的静かな時間に、自分が取り組んだプロジェクトについて、過ごしてきた状況について思いをめぐらし、事例を扱ったときにどのように理解していたのかを探求する。実践者はゆったりとしたムードで思索するかもしれないし、将来の事例に備えて意識的に努力する中で考えるかもしれない」(Schön [1983] p. 61, 訳書六四頁を一部変更)。つまり、行為に関しての省察とは、すでに終わった一つのイベントの経験を振り返ることだといえる。

最後は、メタ認知的な概念としての省察、つまり省察プロセス自体を省察するという、「行為の中の省察に関しての省察」(reflection on reflection-in-action)である。たとえば、ショーン(Schön [1983])におけるマネジャーの事例では、マネジャーたちは日常の実践の中で行為の中の省察を行ってはいるが、「行為の中の省察に関して省察すること」がめったにないと指摘している。そのため、「マネジャーがもつ〈わざ〉の決定的に重要な側面は個人的なものにとどまり、ほかの人が利用できないものとなってしまう」(Schön [1983] p. 243, 訳書二六〇頁)のである。

5 ● 省察に加えて対話

持論形成のうえで、この三つの省察に関連して、二つの観点から対話の概念を示すことができる。一つは、ショーンが指摘した「状況との対話」である。状況との対話は、行為の中の省察と深く関わっている。専門家たちが、ある状況で問題を設定した後、解決を試みたとしよう。もし、当初の設定通りに問題が解決できないような不確実な状況に出会うと、その状況と省察的な（自己）対話をし、問題の枠組みを再構成することで、新たな意味を引き出すよう試みる。この一連のプロセスが状況との対話である。もう一つは「他者との対話」である。行為の後、自らの経験について他者と対話することによってその対話者の省察は促進され、新たな発見を生み出すことがある（谷口［二〇〇八］）。それは、「行為に関しての省察」および「行為の中の省察に関しての省察」を言語化する際に、有効な対話といえる。

これらのプロセスを経て、われわれは個人の持論へと導くが、公式理論を参照することが持論形成に役立つことがある。それは、実践家の持論に確信を抱かせるきっかけになるかもしれないし、より洗練された持論へと導くかもしれない。こうした持論形成のプロセスについて、省察を含む複数の概念を整理したものが、**図3-1**である。

このように、持論の形成のうえで、最も重要なインプットは、経験であり、経営幹部を含む、優れた上司（その人自身が優れたリーダーである人）の薫陶を受けながら、良質な経験（本章で「一皮むけた経験」とよぶもの）を、節目、節目でくぐることが望ましい。ただし、どんなに経験が大事だといっ

図 3-1　持論形成のプロセス概念図

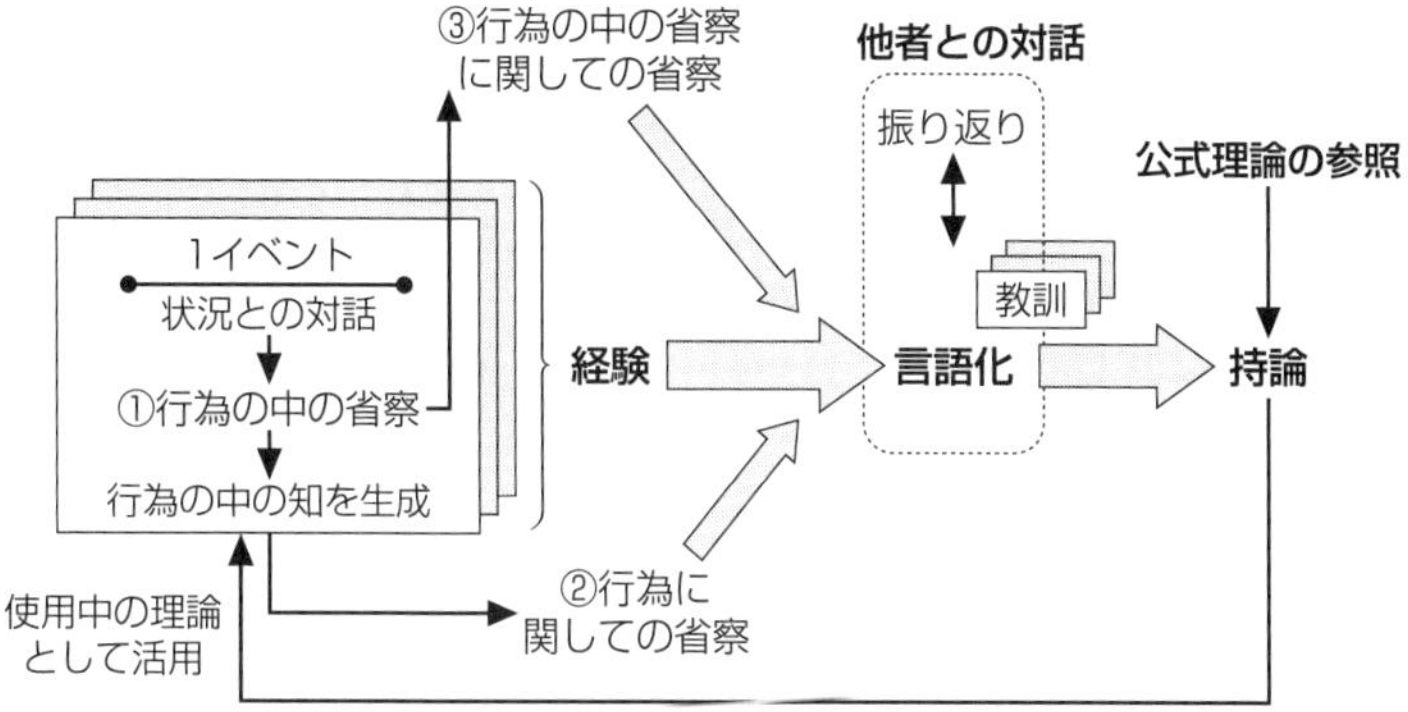

（注）　経験→言語化→持論という大きなプロセスがあり，そこには①，②，③の3つの省察が関係する。また，言語化に際しては他者との対話，持論には公式理論の参照が有効となる場合がある。

ても、モデル（手本）となる人物に教わること（薫陶）、その人の行動を観察し、その人の持論にふれることによって観察学習すること（モデリング）、自分自身の経験を省察したり、仲間や薫陶を受けた人と語りあうこと（対話）が必要であり、これらのことが実現しやすい場づくりも必要である。また、研修やセミナーのような場で学ぶ公式の理論も、経験や観察と合わせて参照されるなら、実践につながる形で（つまり、鑑賞するのではなく）学ぶことができるのである。大きな節目となる脱皮経験をくぐる度に、持論を改定していき、折りにふれ理論にもふれることがあれば、改定を重ねた持論は、かなり自信をもってもよい持論に進化していくだろう。

　専門職の中には、考えることが仕事である者もそもそも多いが、管理職（基幹職）もまた、自分の頭で考えることができなければ、省察的実践家になれないし、持論を言語化することもしないだろう。マネジャークラス以上で、省察できない人は問題である（中原・金井［二〇〇九］）。もちろん、この省察は、「省察のための省察」ではなく、「アクションにつながる省察」でなければならない。経験の省察から生まれた持論があり、ほかの実践家とも議論がなされ、理論の裏づけもあるとわかったら、持論のおかげで、アクションはより力強くなるばかりでなく、ぶれなくなる。

第4節　経験と持論を磨く場——継承を促すコンテクスト

効果的に持論を形成するためには、経験をする場や省察を促し、他者と対話をする場を効果的に設定する必要があることはすでに述べた通りである。これは、組織で次世代の経営幹部を体系的かつ加速的に育成するために必要なプロセスを整備することともいえる。そのためには、まず経験をくぐる舞台、すなわちコンテクストに注意を払い、組織的継承を促す育成にふさわしい舞台装置を理解しなければならない。先にふれた一皮むけた経験の研究や教育学における成人学習研究などでは、主に個人の経験学習の内容やプロセスにのみ焦点を当てており、初期の研究は日米を問わず、さまざまな企業で経営幹部としてリーダーシップを発揮する人々の一皮むけた経験の分析が中心であった（McCall et al. [1988], 金井・古野［二〇〇一］、古野・リクルートワークス研究所［二〇〇八］）。

大事なことは、経験は、真空の中で生じるわけではないということである。これまで欠けていたのは、同じ組織の中で、トップ、ミドル、現場に近いレベルのリーダーたちが、どのような経験をくぐってきたかの調査である。もし組織の中にリーダーシップの連鎖を仕組みとして築きたいのであれば、環境を同じくした人たちの経験の調査が必要となってくる。

成人学習研究の分野からも、ジャーヴィス（Jarvis［1987］）が指摘した通り、個人が常に環境と関わり、相互作用をしていることを考えると、個人とその周囲の状況、すなわちコンテクストについてより詳しく知る必要がある。ここでは、各社から経営者や幹部をそれぞれ一人ずつ調査した研究（古野・リクルートワークス研究所［二〇〇八］、金井［二〇〇二］）とは異なり、同じ大企業の中で切磋琢磨するリーダーたち（合計一六三名。うち、トップが一一名、ミドルが七九名、ロワーが七三名）に焦点を当てた研究（谷口［二〇〇六］）の調査結果にふれることにする。そのことを通じて、代表的な日本企業における複数の職能部門を取り上げ、コンテクストに焦点を当てた分析の含意を示したい。

企業において、個人の経験学習に影響を与えるコンテクストとしては、次の三つが重要である。第一に、企業全体に影響するコンテクスト、たとえば、合併・買収、新規事業の参入や撤退、全社的な合理化などである。こうした全社を揺さぶるイベントは、さまざまな部門や世代において多数の個人に新たな役割を与え、個人の学習に影響する。第二に、部門固有のコンテクスト、とくに、部門が個別に実施する戦略と部門内のキャリア構造である。たとえば、製造部門と営業部門を比較すると、それぞれの部門で個人のキャリアパスが、ある程度パターン化されていることがわかる。パターン化したキャリア構造は、特定のポジションをくぐることを通して、長期にわたって多くの部門人材の経験学習に影響を与える。また、部門の個別戦略（たとえば、営業戦略や製造戦略）が個人に新たな役割を与え、個人の経験を左右する。第三に、階層のコンテクストである。企業であれば当然のことだが、担当者（ロワー）レベル、ミドルマネジメントレベル、トップマネジメントレベルという階層の違いによって遭遇する状況は異なり、個人の経験学習に質的な違いが生じる。以下、各コンテクストについて詳しく説明したい。

1●企業全体に影響するコンテクスト

企業を大きな船にたとえると、大型船である企業全体に影響を与えるようなイベントによって、船員である個人の経験はさまざまな側面から影響を受ける。ここで、具体的な事例として、A社を取り上げよう（谷口［二〇〇六］一四五—三〇六頁）。A社は、日本の大手製造メーカーであるが、一九八〇年代以降、長期的な国内需要の減少に伴い、製造数量を抑えるべく断続的に工場の統廃合を実施してきた経緯がある。[5] とくに、この影響を受けた製造部門では、世代を越えて個人が特徴的な経験に遭遇していた。

第一に、工場の廃止に伴い人員整理が必要となったため、労働組合と調整する担当者が対人関係をうまく調整するイベントに遭遇し、それに関連する教訓を学んでいた。具体的な教訓としてあがった生の声として、次の例があげられる。

工場（会社側）の交渉責任者として、自ら部下に任せず直接工場の社員一人ひとりに合理化計画の必要性を繰り返し訴え、理解を求めた。これが大きな混乱もなく円滑に工場を廃止できた秘訣だと考えている。厳しいことは逃げないで自らそれに挑戦していくことを学んだ。〈M氏〉

①会社、組織は普遍ではないこと、必要なことは痛みを伴っても実行しなければならないこと、退職させ

ることの大変さ。②チームワークが大切なこと、普段の人間関係構築が大切なこと、極限状態で頼れるのは自分だけであること。〈I氏〉

一連の作業および労組との交渉の中で、労組への対応の仕方、上司との調整、同僚管理職とのコミュニケーションのとり方、配転の方法等について学ぶことができた。〈O氏〉

第二に、人員削減が進む中で、より若い世代は、先輩や上司の不足というイベントに遭遇していた。これは工場の統廃合が進むことで、特定のポジションに空きが生じ、その人員補充が行われないまま、下位のポジションの者が業務を負担するというものである。これは確かに平常の企業でも生じるケースと思われるが、こうしたイベントが複数の個人で取り上げられたことが特徴であった。そして、そこにいた個人は、本来の職責よりも幅広い職責を担うという経験に遭遇していたのである。

当時、ホワイトカラー余剰による希望退職で、七課長中五課長が退職されるなか、製品のケース化に伴う施策を行うこととなった。横断的な展開が必要とされたが、各セクションのリーダー役となる課長が不在のため、思うように進捗せず、焦る日々が続いた。進捗会議のなか、これ以上遅れると施策後の稼働に影響が生じると感じ、自らの判断で課長に代わり、施策事務局として進捗、問題点調整を実施することにした。しかし、組織的な認知、信用がなく、遅延を回復するため強硬な姿勢の私への協力はなく、調整するたび、できない理由を一〇も二〇も聞かされる日々だった。その後、施策以外の通常業務も課長代行に強いられる局面を迎え、目前の業務をやっつける日々が二週間くらい過ぎた頃から、徐々に施策進捗の遅れを回復する兆しが見えてきた。工事連休中も主要メンバーの協力を得て、また、人事による課長の配転もあり、約六カ月

間の施策プロジェクトを完了し、試運転にまで漕ぎ着けることとなった。〈Y氏〉

このように、企業全体に関わるイベントは、部門ごとのさまざまな施策を通じて個人の経験内容に影響を与えていることがわかる。それは、企業全体に影響するため、それぞれそのときの役割を担っている複数の世代に異なった経験を与えている。実際、ミドルマネジメントレベルは、人員削減を通じた組合交渉という経験に、担当者レベルは、人員削減によって空白になったポジションの代行的な役割を担うという経験に遭遇している。このような個人に影響を与えるケースとしては、ほかに新規事業の参入や撤退、組織の大きな変更、合併・買収などが当てはまり、こうしたイベントは個人の一皮むけた経験としても取り上げられるのである。

2 ● 部門固有のコンテクスト

企業全体のコンテクストに加え、部門固有のコンテクストによっても個人は影響を受けている。**図3-2**、**3-3**は、A社で、およそ同世代の製造部門の工場長クラスと営業部門の支店長クラスのキャリアと彼（女）らのくぐった経験をプロットしたキャリアコンター[6]を比較したものである。キャリアコンターとは、中心部分に部門のトップ（長）が据えられており、ここを部門階層におけるポジションの頂点として図表化したものである。部門のトップを中心に次の階層のポジションが周辺におかれているが、部門トップの次の同心円内のポジションがその候補となるように示されている。各ポジションに示された数字は、当該ポジションで各個人が一皮むけた経験として取り上げた数の合計値であ

図 3-2　製造部門のキャリアコンター

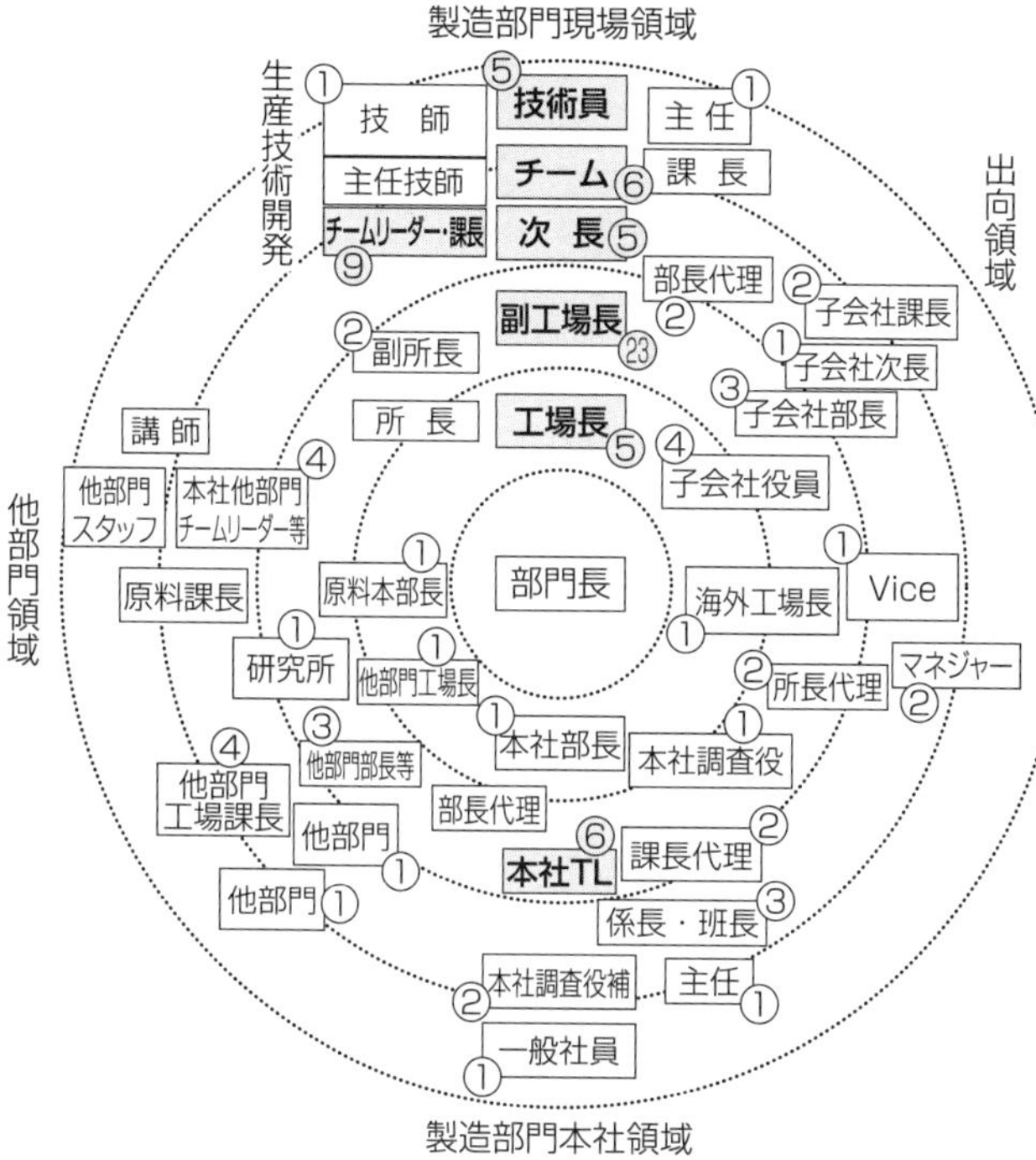

（注）　対象者は28名の工場長と本社部長クラスが8名の計36名。

る（なお、相対的に取り上げられた数が多いポジションがわかりやすいように網かけしている）。たとえば、製造部門の副工場長のポジションでは、そのポジションの経験者から一皮むけた経験として二三個の経験が取り上げられたことを意味している。

　まず、製造部門の特徴を示そう。製造部門では、入社当時から技術系の採用として製造部門に配属され、そのキャリアは、製造部門内での昇進が基本であり、現場である工場と本社のスタッフという部門内異動が

図 3-3　営業部門のキャリアコンター

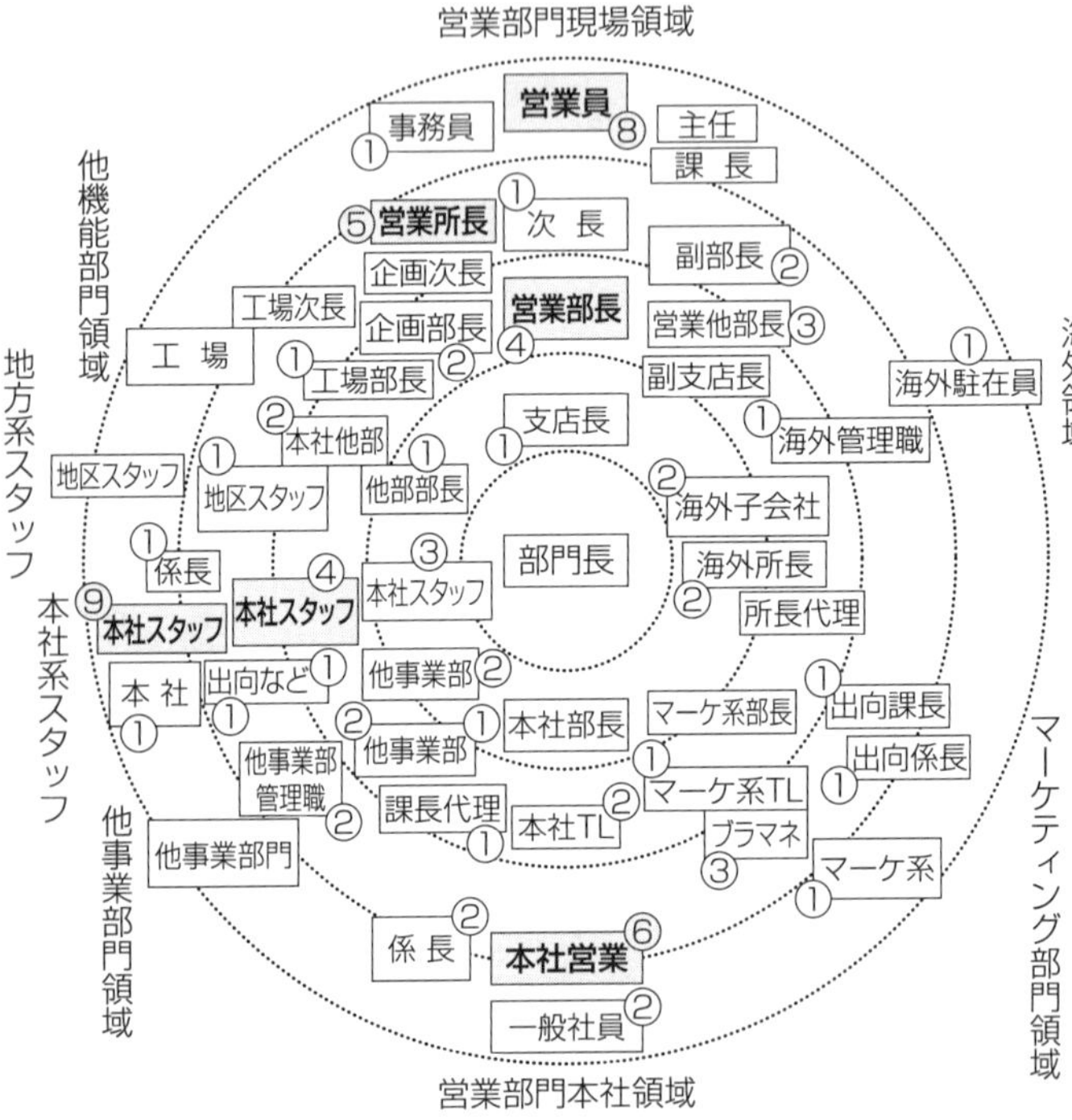

（注）　対象者は 30 名の支店長と本社部長クラス 1 名の計 31 名。

主となっていた。もちろん、キャリアコンターで示されている通り、子会社などへの出向や海外勤務経験、加えて若干の他部門経験を積んだ者もいた。主流である部門内異動に合わせる形で、一皮むけた仕事経験であがってきたのは多数の現場経験であり、しかも現場では管理職というマネジャーのポジションにおける経験から現場マネジメントについて多くの教訓を得ていた。

　これに対して、事務系が多数を占める営業部門では、多様なキャリアパターンの幅が存在していた。本社や地方のコーポレート（間接）スタッフ、工場など他機能部門、他事業部門、マーケティング部門、子会社などへの出向、海外勤務経験などである。こうしたキャリアの幅はそのまま一皮むけた仕事の経験にも関連し、営業部門以外の経験が半分以上を占めていた。とくに、その多くは本社などでのスタッフ経験であり、担当者レベルの経験が約三分の一となっていた。そこでは対外組織（他企業、官庁、組合など）との折衝や対応といった調整のノウハウを多く学んでいる。つまり、マネジャーになる以前の本社における多様な担当業務の経験が主要な学習の場となっていたのである。もちろん、マネジャーになった以降においても現場経験が存在し、製造部門と同様に現場マネジメントについて学んでいたが、それは多くを占めるものではなかった。

このように、部門によって、組織に占めるポジションの異動幅には違いがある。全社組織内の職能による役割分担の幅として長い期間をかけて構造化した結果、このような違いが生じたといえる。

3 ● 階層のコンテクスト

さらに、階層のコンテクスト、すなわち縦のキャリアである昇進に伴うコンテクストの変化が個人の学習に影響する。マッコールら（McCall et al.［1988］）などの先行研究では、「視野の変化」というイベントの中に昇進を含んでいたが、視野の変化にはいくつかのサブカテゴリーが存在するのである。

製造部門と営業部門の各階層で遭遇した役割と教訓を要約したものが**表3-4**、**3-5**である。両部門とも、担当者レベルでは、初期の仕事経験として基本的な役割が与えられ、仕事に対する姿勢など対自己を中心とした教訓が学ばれやすい。次に、初期管理職レベルでは、マネジメントをする立場と

表 3-4　製造部門マネジャーにおける役割変化と教訓

	主な役職名	平均年齢	(主に抽出された)役割のコンテクスト	教　訓
担当者レベル	担当者	32.1 歳	機械導入や機械開発を含むさまざまな役割	①自己の仕事に関する基本姿勢 ②技術やスキル
初期管理職レベル	現場課長，現場チームリーダーなど	37.0 歳，34.5 歳（現場）	①対立組織（労働組合）との交渉 ②システム・技術開発のプロジェクトリーダー ③部下との関係構築 ④仕事の進め方（マネジメント自体）	①敵対的な人間や集団との関係のあり方 ②リーダーとしての責任感，技術的知識 ③部下と信頼関係を築くノウハウ ④計画の立て方と進捗管理，課題対処法
中間管理職レベル	副工場長など	42.6 歳	①工場全体実績の改善 ②集団としての社員対応（モチベーション向上）	①方向性を示すこと ②遂行における行動や見せ方 ③集団に意味のある役割を与えること
拠点長レベル	工場長など	50.4 歳	実績改善や工場全体課題の対処といった漠然とした役割	中間管理職レベルと大きな差が認められなかった

（注）・平均年齢は経験時の開始と終了年齢における平均年齢としている。
・初期管理職レベルに平均年齢として現場管理職クラスの場合を参考までに挿入している。

して、部下あるいは他部門との調整、また自らがリーダーシップを発揮する機会に遭遇し、対他者の教訓が多く学ばれている。そして、より上位のマネジメント層に昇進すると、組織を見る視野の範囲が広がり、一つの完結した単位組織、工場や支店全体のマネジメントや組織全体の責任を負った対外交渉の経験からより視野の広い教訓を学んでいる。これは与えられる役割、とくに自らが責任を負う範囲が広がることによって、経験の質と学ぶ教訓が変化していくことを意味している。つまり、個人は組織上のポジションの階段を上がることを通じて、マネジメントのノウハウを学習し、組織のリーダー

表 3-5　営業部門マネジャーにおける役割変化と教訓

	主な役職名	平均年齢	（主に抽出された）役割のコンテクスト	教　訓
担当者レベル	担当者	34.1 歳	①本社コーポレートスタッフ ・対外交渉や対応 ・海外勤務や出向 ・社内調整 ②営業に関連したスタッフ ③営業部門本社スタッフ ・販売促進や企画 ・契約業務 ・その他 ④現場スタッフと営業員	①仕事や交渉の姿勢，自分自身の自覚，視野の広がり ②商品やモノづくりの全体観 ③仕事の姿勢，仕事の進め方，仕事に対する自己認識 ④セールスを通した仕事に対する姿勢
初期管理職レベル	他部署課長 営業所長など	39.9 歳	①他部署課長クラス ・商品企画立案・管理 ・本社コーポレートスタッフ ②営業所所長クラス	①マーケティング手法，長期的な視点からの仕事の進め方，顧客からの発想など ②リーダーシップと部下とのコミュニケーション
中間管理職レベル	他部署部長 支店部長など	42.5 歳	①他部署部長クラス ・事業や組織の立ち上げ ・トピックス的な課題への対処 ②支店部長クラス ・支店マネジメントと人材育成など	①・相手の尊重，組織構築のあり方，チームを起こすことの楽しさ，成果責任の重さ ・取り組む姿勢と実行，海外経験では異文化との接触など ②部下への対応など
拠点長レベル	支店長など	46.5 歳	①他事業部門責任者 ・事業拡大，立直し，閉鎖 ②本社部長クラス ・各部の役割に応じたトピックス ・海外事業所責任者 ③支店長 ・支店組織全体に関するもの	①事業に対する責任 ②交渉については粘り強い姿勢など ③組織マネジメント

（注）平均年齢は経験時の開始と終了年齢における平均年齢としている。

としての実践知を習得している。

4 ● コンテクストから見た実践知の習得

次世代の経営幹部を経営人材に育てるためには、企業と個人を取り巻くコンテクストに注意を払う必要がある。とくに、企業全体に関わるコンテクスト、部門固有の戦略やキャリア構造といった部門コンテクスト、そして階層のコンテクストが、組織的に経営人材を育てるうえで重要である。

企業全体に関わるコンテクストは、企業が遭遇する全社的なイベントと関連しており、さまざまな部門で個人に影響を与える。個人の経験から軸となる実践知を習得するためには、企業は全社的コンテクストを見極め、育成ポジションを明確化し、意図的な配置を心がけなければならない。

事業部門や職能部門が個別に実施している施策についても同様である。部門全体に影響するような戦略的施策が実施されるとき、部門内のさまざまなポジションで、個人にとって一皮むける経験が発生する可能性が高い。さらに、部門内で暗黙に構造化しているキャリアパスは、二つの点において注意を払う必要がある。第一に、キャリアパスそのものが個人の経験に影響するため、部門によって培われる個人の実践知がパタン化（固定化）している可能性がある。つまり、部門最適な人材形成が暗黙のうちに行われている可能性があり、それを変えることは意外に難しい。全社のトップリーダーを育てるには、部門の垣根を越えた育成ポジションを計画的に活用する必要がある。第二に、重要な鍵となるポジションの明確化と戦略的配置による部門最適の実践知習得である。大企業においてはすべてのポジションを経験することは不可能である。A社の事例からは、各部門ごとに重要な育成のキーポジションがあることが示唆されている。リーダーの実践知を効果的に学ぶためには、キーポジションを明らかにするとともに、適切な人材を配置し、部門内実践知を効果的に学習するために支援をする必要がある。

最後に、階層のコンテクストを意識した実践知の習得である。階層の上位になったときに、多くの人材が視野の広い経験を積むことで、組織全体のリーダーシップを発揮することを学んでいる。しかし、より効果的に実践知を習得するためには、視野の広い仕事を早期に与え、上位ポジションの訓練を積む機会を設ける必要がある。

このように、次世代のリーダーを組織的に効率よく育てあげるには、個人の経験だけを個別にとらえるのではなく、組織全体に視界を広げ、経験をくぐっている舞台であるコンテクストについても理解しておかなくてはならない。ここで示した三つのコンテクストは、さまざまな組織の舞台を通じて、個人が首尾よくリーダーとしての実践知を習得していくプロセスと密接に関係してくる。「リーダーを育てるリーダー」が全社レベル、部門レベルに配置され、階層レベルでは世代間で継承する仕組みを整備していくことが重要である。

第5節　日本型リーダーシップ・パイプラインをめざして

――リーダーシップという実践知の継承のために

担当者として、与えられた課題を徐々に一人前にこなせるようになる。担当者の英語表現は、**individual contributor**（個人として貢献できる人）であるが、一人前になるまでには、ともに仕事をする人々とのチームワークを意識して仕事ができるようになることが求められる。個人的貢献者からチームメンバーとしてうまく仕事を調整しながら遂行できるようになると、職制上は管理職にならなくても、リーダー格の仕事が任されるようになる。自分が動くだけでなく、ほかの人々を動かせるようになったら、今度は、職制上も公式に管理職となり、課長などの肩書きがつく。なった直後は、管理職としても担当をもって、個人として貢献するステージがあっても、成し遂げる仕事のレベルやスコープが高度化する。やがて、管理職になって数カ月もしくは数年後には、それ相応の数の部下をもつようになることもある。たとえば、ソフトウェアの開発を、担当者、チームメンバー、リーダー格としてこなしてきた人が、職制上管理職になって、半年後に、八〇名からなる開発チームを率いて、会社としての使命を帯びた短納期のプロジェクトに従事することになるかもしれない。そういう経験を積むうちに、今ある仕組みを壊してでも新しいことを打ち立てるような課題を与えられるか、自分で提案するようになると、マネジャーの域を越えて、変革型リーダーの境地にたどりつく。営業本部長として営業改革、工場長としてセル生産方式の導入といった変革やイノベーションを起こした人たちの中から、たとえば、事業部制やカンパニー制を敷く会社なら、事業部長やカンパニープレジデントになる人が出てくる。最終的には、事業部長、複数の事業を束ねる事業本部長、いくつかのカンパニーのプレジデントを経験した人から、次の最高経営責任者（CEO）が生まれる。これが、ある企業という一つの組織体の中におけるリーダーシップの旅である。もちろん、人によっては、ほかの企業に移ったり、起業したりする人もいる。

ところで、ある特定の組織に、もしもリーダーシップのエンジンが存在するとしたら、それはいったいどこにあるのだろうか。松下幸之助、本田宗一郎が元気なときの、パナソニック、ホンダに勤務した社員やマネジャーなら、それぞれの会社のリーダーシップのエンジンは幸之助や宗一郎だと答えたかもしれない。二〇年間もジャック・ウェルチがCEOとしてGEを牽引しているときに、GEに勤めた社員やマネジャーもまた、ウェルチこそがリーダーシップのエンジンだと思っていたかもしれない。

しかし、ある会社でリーダーシップをうまく回すエンジンが特定の個人なら、創業者も中興の祖も、いつかCEOを退くし、また、人間だからいつか亡くなる。その意味で、ある会社に、リーダーシップのエンジンが力強く回っているとしたら、それは、いくら偉大なリーダーを擁していても、そのリーダー個人ではなく、そのリーダーが次世代リーダーを、次世代リーダーが次々世代リーダーを生み出すリーダーシップ育成の連鎖が仕組みとしてできあがっているに違いない。リーダーシップ・エンジンというのは、ティシーとコーエン（Tichy & Cohen［1997］）の卓越した概念である。

ウェルチは **Energy, Energize, Edge, Execute**（4E's）というリーダーシップの持論を言語化し、多忙なCEOでありながらGEクロートンビル研修所に週に一日は訪ね、直接自分の思いを語った。そして研修に来た人は研修の場で、4E'sをウェルチ本人から、それを体現した行動の物語とともに、学ぶことができた。直接薫陶を受けた人、たとえば、ゲーリー・ウェントなら、GEキャピタルの経営者をしながら、さらにウェルチから直接の薫陶を受けることができた。このようにして、大元のリーダーが、自分なりのリーダーシップの持論を覚えやすく言語化し、それを反映したGEバリューは、ウェルチからCEOのバトンをもらったジェフ・イメルトが改定しつつ、ウェルチの考えを踏襲した。

今度は、「リーダーを育むリーダー」になったイメルトは、自分もそれをめざした。そうなるとウェルチは、「『リーダーを育むリーダー』を育むリーダー」となる。このように、リーダーシップの連鎖が仕組みとして尊重され、また人事制度と組織文化がその仕組みを支えるようになれば、リーダーシップのエンジンは、回り続ける。このような仕組みこそがエンジンというわけである。

こうした連鎖の仕組みは、一般には、先に一言ふれたが、リーダーシップ・パイプラインともよばれる（Conger & Fulmer［2003］）。このパイプラインという発想は、もともとプロダクト・パイプラインという発想があった製薬業の会社、たとえば、リーダーシップの育成に定評のあるイーライ・リリー社などから出てきた考え方である。製薬会社である同社にとっては、この考えは特別な響きをもっている。なぜなら、プロダクト・パイプラインという考えが製品開発にあり、これを経営人材のリーダーシップ開発に投影したときに、リーダーシップ・パイプラインという言葉が出てきたからだ。

新薬が上市されるまでのプロセスは息が長いうえに、投資額も大きく、成功確率も低い。一〇年かけて、数百億円を超す投資を伴うものも稀ではない。新薬開発の成功確率は、俗に千に三つといわれるが、実際には、最初に試された合成の数を分母にとるとはるかに低い確率だといわれている。開発のいくつかのフェーズを無事くぐり抜けて、薬効がありかつ安全な大型新薬として、世に導入されるまでの過程は長いがグローバルに通用する大型新薬への期待は高い。今いい新薬が出ているだけでなく、開発の各フェーズに、どれだけの新薬の候補が育ちつつあるかをケアするための合言葉がプロダクト・パイプラインだ。研修だけでリーダーシップが身につくわけではなく、誰のもとでどのような仕事をしているのかが大事なら、リーダーシップ研修もまた、このリーダーシップ・パイプラインとの関係で定義され、設計されるべきである。そして、誰がどの研修によばれるか、また研修後、どこへ配属されるか、という点に体系的な示唆を与えるのが、この仕組みである。

筆者らが二〇〇六年に、リーダーシップ育成に定評のあるアメリカ企業（ペプシ、3M、ホームデポ、ベストバイ、ファイザー、サントラストなど二二社）をフィールド調査したときに、ほとんどの会社から、ロミンガーの七〇対二〇対一〇の経験則とリーダーシップ・パイプラインという仕組みへの言及があった。しかし、ここで筆者らは、このリーダーシップ・パイプラインという、アメリカでよく使われる言葉を広めたいわけではない。もっと大事なことは、そのようなことが、パイプラインなど騒がずとも、うまくできてきたのが日本の伝統ではないかという点への注意喚起である。

成功した経営者が、次世代の経営者を育てることは、日本、とくに上方の商売の世界での伝統であった。暖簾分けができるような人材に育てること、次世代を育てることができること自体が、ビジネスパーソンとして成功している証でもある。そういう土壌を考えると、もともと、本章で検討したアイディアは、むしろ日本の側が元祖でもあり、欧米にはない視点であることを最後に強調しておきたい。よく知られていることだが、松下幸之助は、自分の成功の理由の一つに、自分が病弱であったことをあげている。だから、事業部制という組織であると同時にリーダー人材育成をも行える仕組みをつくったのであった。テレビ事業部が大きくなりすぎるとインチ別事業部をつくってまで、中小企業の経営者がもっているような経営マインドをもつリーダーを育てようとした。中でも創業以来の事業部の一つであった（中村前社長による経営改革のときに、とうとう姿を消したが）アイロン事業部は、はじめて事業部長になる人の最高の登竜門だと言われてきた。ジャック・ウェルチがリーダーシップ・エンジンという発想にたどりつく以前、それも半世紀以上も前のことである。GEは、ラリー・ボシディ（アライド・シグナル）、ロバート・ナーデリ（ホームデポ）、ジェームズ・マクナーニ（3M）など、ほかの産業のほかの会社でもCEOが務まる幹部を育成してきたともいわれる。しかし、それをいうなら、上方の商家における暖簾分けの伝統においては、数百年も前から、他社どころか、独立してもやっていけるぐらいの幹部を多数育ててきた点にこそ、再度注目すべきだろう。

人を大切にするということは、詰まるところ、人を育てることに行きつく。担当者として、たとえば、現場で営業のエキスパート、開発のエキスパート、ものづくりのエキスパート、本社でたとえば人事のエキスパートを育てるのももちろん大事である。変革が求められる時代には、そこからさらに、営業、開発、製造の仕組み、人事や育成の仕組みを大変革する職能分野ごとの変革型リーダーの体系的育成も望まれる。そして、職能分野でエキスパートでありリーダーになった人から、事業責任者が輩出され、CEO候補が滞ることなく育っている。筆者らがこの章の後半で、コンテクストにこだわったのは、そういう体系的育成が生まれやすい土壌の会社とそうでない会社があるから、会社ごとにリーダーシップ育成の連鎖を生み出す土壌がどうなっているのか、ぜひコンテクストを検討してほしいと願ったためである。

実践知における熟達化研究の射程内に、特定の分野のエキスパートが次々と取り上げられてきた中で、組織を率い、次世代の橋渡しをする経営人材もまた、その一つのテーマとして定着し、絶えず今後も意味ある研究が生まれることを祈って、この章の結びとしたい。

（注）

1 「あなたがマネジャーとしての自分自身のキャリアについて振り返るとき、あなたの心に残っている、変化を導いたある特定の出来事（以下、経験やイベントともよぶ）やエピソードが思い起こされると思います。あなたのキャリアの中で、現在のマネジメントに影響を与えた重要な出来事を少なくとも三つ語ってください。①そのとき何が起こりましたか、②そこから学んだものは何ですか（良きにつけ、悪しきにつけ）」。

2 その後も、CCLの研究者を中心に、グローバルなリーダー（McCall & Hollenbeck [2002]）や女性のリーダー経験（Morrison et al. [1987]）、多様な人種の人たちの経験（Douglas [2003]）など、研究対象は広がりを見せている。

3 日本での研究として、日本を代表する経営者や役員クラスについての研究（古野・リクルートワークス研究所［二〇〇八］、金井［二〇〇二］、関西経済連合会［二〇〇一］）や、部長やミドルクラスについての研究（守島ほか［二〇〇六］、リクルートワークス研究所［二〇〇一］）、一社での重層的調査研究（谷口［二〇〇六］）、女性の役員クラスについての研究（石原［二〇〇八］）などがある。

4 教育学の分野では、デューイ（Dewey [1933]）が古くから省察的思考（reflective thinking）の重要性を唱えてきた。デューイ（Dewey [1938]）は、省察的思考をより客観的で広い意味を包含している探求（inquiry）という語に置き換えているが、省察的思考＝探求の過程は、①経験的事態からの出発、②問題の感得、③資料の蒐集、④仮説の構成、⑤仮説の吟味、の五段階からなるとしている（Dewey [1938] pp. 134-135）。つまり、経験から課題を見つけ、それを吟味する過程を重視したのである。また、経験学習の端緒を開いたコルブ（Kolb [1984]）は、経験学習プロセスを示したモデルの中で、具体的経験から省察的観察を経て、抽象的概念化、能動的試みへと循環することで経験学習が進むことを示した。ここで、省察的観察とは、具体的な経験で得た多くの情報を、さまざまな観点から観察し、振り返る段階であり、簡潔で論理的な概念へと導くための重要なステップとなっている。

5 実際、国内のさまざまな場所に三〇カ所以上あった工場が調査当時一〇工場程度にまで減少していた。

6 キャリアコンター（career contour）という概念は、キャリアの等高線（contour）を意味している。それは中央の部門長を山頂として山の麓である入社初期から頂上へ向けて登る山登り的な意味あいを込めている。各部門によって役職のよび名は異なるが、階層レベルでは共通している点に注目し、階層に応じたポジションごとの経験を明示化するために作成した独自の概念である（詳しくは、谷口［二〇〇六］一八一頁）。

引用・参考文献

Argyris, C. & Schön, D. [1974] *Theory in Practice: Increasing Professional Effectiveness*. Jossey-Bass.

Bennis, W. G. [2003] *On Becoming a Leader*. Basic Books.（伊東奈美子訳［二〇〇八］『リーダーになる』増補改訂版、海と月社）

Bruner, J. [1986] *Actual Minds, Possible Worlds*. Harvard University Press.（田中一彦訳［一九九八］『可能世界の心理』みすず書房）

Conger, J. A. & Fulmer, R. M. [2003] Developing your leadership pipeline. *Harvard Business Review*, (Dec), 76-84.

Dewey, J. [1933] *How We Think*. Houghton Mifflin.（植田清次訳［一九五〇］『思考の方法』春秋社）

Dewey, J. [1938] *Experience and Education*. Macmillan.（市村尚久訳［二〇〇四］『経験と教育』講談社）

Douglas, C. A. [2003] Key Events and Lessons for Managers in a Diverse Workforce. Center for Creative Leadership.

播野勤（聞き手、金井壽宏）［二〇〇六］「〈エグゼクティブ・インタビュー〉『キラキラに魅せられて』（タマノイ酢株式会社　代表取締役社長　播野　勤）」『ビジネス・インサイト』第一四巻二号、七二―九二頁。

古野庸一・リクルートワークス研究所編［二〇〇八］『日本型リーダーの研究』日本経済新聞出版社。

House, R. C. & Baetz, M. L. [1979] Leadership: Some empirical generalizations and new research directions. In B. M. Staw (Ed.) *Research in Organizational Behavior*, 1, 341-423.

池田守男・金井壽宏［二〇〇七］『サーバント・リーダーシップ入門――引っぱるリーダーから支えるリーダーへ』かんき出版。

石原直子［二〇〇六］「女性役員の『一皮むける経験』――幹部候補女性を育てる企業のための一考察」『Works Review vol.1』二二一―二三五頁。

Jarvis, P. [1987] *Adult Learning in the Social Context*. Croom Helm.

金井壽宏［二〇〇二］『仕事で「一皮むける」――関経連「一皮むけた経験」に学ぶ』光文社。

金井壽宏［二〇〇五］『リーダーシップ入門』日本経済新聞出版社。

金井壽宏［二〇〇七］「リーダーシップ物語（ナラティブ）を通じての知識創造」『国民経済雑誌』第一九八巻六号、一―二九頁。

金井壽宏［二〇〇八ａ］「リーダーシップ論――七つの扉」『Diamond ハーバード・ビジネス・レビュー』第三三巻二号、三八―五二頁。

金井壽宏［二〇〇八ｂ］「実践的持論の言語化が促進するリーダーシップ共有の連鎖」『国民経済雑誌』第一九八巻六号、一―二九頁。

金井壽宏［二〇〇八ｃ］「『実践家の持論』教材とＢ-Ｃスクール連携」神戸大学大学院経営学研究科「Ｂ-Ｃスクール連携の仕組みづくりと高度専門職教材について――大学と企業における経営教育の相乗的高度化を目指して」（神戸大学大学院経営学研究科

ディスカッション・ペーパー・シリーズ二〇〇八・三一）www.b.kobe-u.ac.jp/paper/2008_31.pdf.
金井壽宏・尾形真実哉・片岡登・元山年弘・浦野充洋・森永雄太［二〇〇七］「リーダーシップの持（自）論アプローチ――その理論的バックグラウンドと公表データからの持（自）論解読の試み」（神戸大学大学院経営学研究科ディスカッション・ペーパー・シリーズ二〇〇七・一二）
金井壽宏・古野庸一［二〇〇一］「『一皮むける経験』とリーダーシップ開発」『一橋ビジネスレビュー』第四九巻一号、四八―六七頁。
関西経済連合会［二〇〇一］『豊かなキャリア形成へのメッセージ――経営幹部へのインタビュー調査を踏まえて』（社）関西経済連合会。
Kolb, D. A. [1984] *Experiential Learning*. Prentice Hall.
Krames, J. A. [2005] *Jack Welch and The 4E's of Leadership*. McGraw-Hill.（沢崎冬日訳［二〇〇五］『ジャック・ウェルチ リーダーシップ四つの条件』ダイヤモンド社）
Lindsey, E. H., Homes,V. & McCall, M. W. [1987] Key Events in Executives' Lives. Technical Report, 32. Center for Creative Leadership.
Lombardo, M. M. & Eichinger, R. W. [2002] *The Leadership Machine*. Lominger Limited.
前田新造（聞き手、金井壽宏）［二〇〇七］「〈トップ・インタビュー〉『美しい老舗』を変革した男の『波乱万丈』（株式会社資生堂代表取締役社長 前田 新造）」『ビジネス・インサイト』第一五巻三号、六六―八一頁。
松下幸之助［一九七五］『指導者の条件』ＰＨＰ研究所。
McCall, M. W. [1988] Developing executives through work experiences. *Human Resource Planning*, **11**(1), 1-11
McCall, M. W., Jr., Lombardo, M. M. & Morrison, A. M. [1988] *The Lessons of Experience*. Lexington Books.
McCall, M. W. [1998] *High Flyers*. Harvard Business School Press.（金井壽宏監訳／リクルートワークス研究所訳［二〇〇二］『ハイ・フライヤー』プレジデント社）
McCall, M. W. & Hollenbeck, G. P. [2002] *Developing Global Executives*. Harvard Business School Press.
McCauley, C. D. [1986] Developmental experiences in Managerial Work: A Literature Review. Technical Report, 26. Center for Creative Leadership.
Mintzberg, H. [2004] *Managers Not MBAs*. Berrett-Koehler Publishers.（池村千秋訳［二〇〇六］『ＭＢＡが会社を滅ぼす――マネジャーの正しい育て方』日経ＢＰ社）
森有正［一九八一］『旅の空の下で』（森有正全集、第四巻）筑摩書房。
Morrison, A. M, White, R. P., Velsor, E. V. & The Center for Creative Leadership [1987] *Breaking the Glass Ceiling*. Addison-Wesley.

守島基博・島貫智行・西村孝史・坂爪洋美［二〇〇六］「事業経営者のキャリアと育成――『BU長のキャリア』データベースの分析」一橋大学日本企業研究センター編『日本企業研究のフロンティア』第二号、有斐閣。
中原淳・金井壽宏［二〇〇九］『リフレクティブ・マネジャー――一流はつねに内省する』光文社。
野村克也［二〇〇五］『野村ノート』小学館。
小倉昌男［一九九九］『小倉昌男 経営学』日経BP社。
小瀬昉（聞き手、金井壽宏）［二〇〇七］「〈トップ・インタビュー〉世界のすべての「ハウス」へ届けたい（ハウス食品株式会社代表取締役社長 小瀬 昉）」『ビジネス・インサイト』第一五巻二号、六八―八九頁。
Polanyi, M.［1967］*The Tacit Dimension*. Routledge.（高橋勇夫訳［二〇〇三］『暗黙知の次元』筑摩書房）
リクルートワークス研究所［二〇〇一］「日本におけるリーダーシップ開発の現状」『Works』第四七号、三二―三七頁。
Schön, D.［1983］*The Reflective Practitioner: How Professionals Think in Action*. Basic Books.（柳沢昌一・三輪建二監訳［二〇〇七］『省察的実践とは何か――プロフェッショナルの行為と思考』鳳書房）
Schön, D.［1987］*Educating the Reflective Practitioner*. Jossey-Bass Publishers.
瀬戸薫（聞き手、金井壽宏）［二〇〇七］「〈トップ・インタビュー〉『クール宅急便』を生んだ新社長の得意技――天の時は地の利にしかず 地の利は人の和にしかず（ヤマトホールディングス株式会社 代表取締役社長 瀬戸 薫）」『ビジネス・インサイト』第一五巻一号、六六―八五頁。
谷口智彦［二〇〇六］『マネジャーのキャリアと学習――コンテクスト・アプローチによる仕事経験分析』白桃書房。
谷口智彦［二〇〇八］「一皮むけた経験におけるリフレクシヴ・インタビューの考察――ミドルにおける対話からの学習の可能性」『Works Review 2008』リクルートワークス研究所。
Tichy, N. M. & Cohen, E.［1997］*The Leadership Engine*. Harper Business.（一條和生訳［一九九九］『リーダーシップ・エンジン』東洋経済新報社）
Welch, J. & Byrne, J. A.［2001］*Jack: Straight from the Gut*. Warner Books.
White, M. & Epston, D.［1990］*Narrative Means to Therapeutic Ends*. Norton.（小森康永訳［一九九二］『物語としての家族』金剛出版）
Yukl, G.［1998］*Leadership in Organizations*. 4th ed. Prentince Hall.

第Ⅱ部

エキスパートの仕事場から

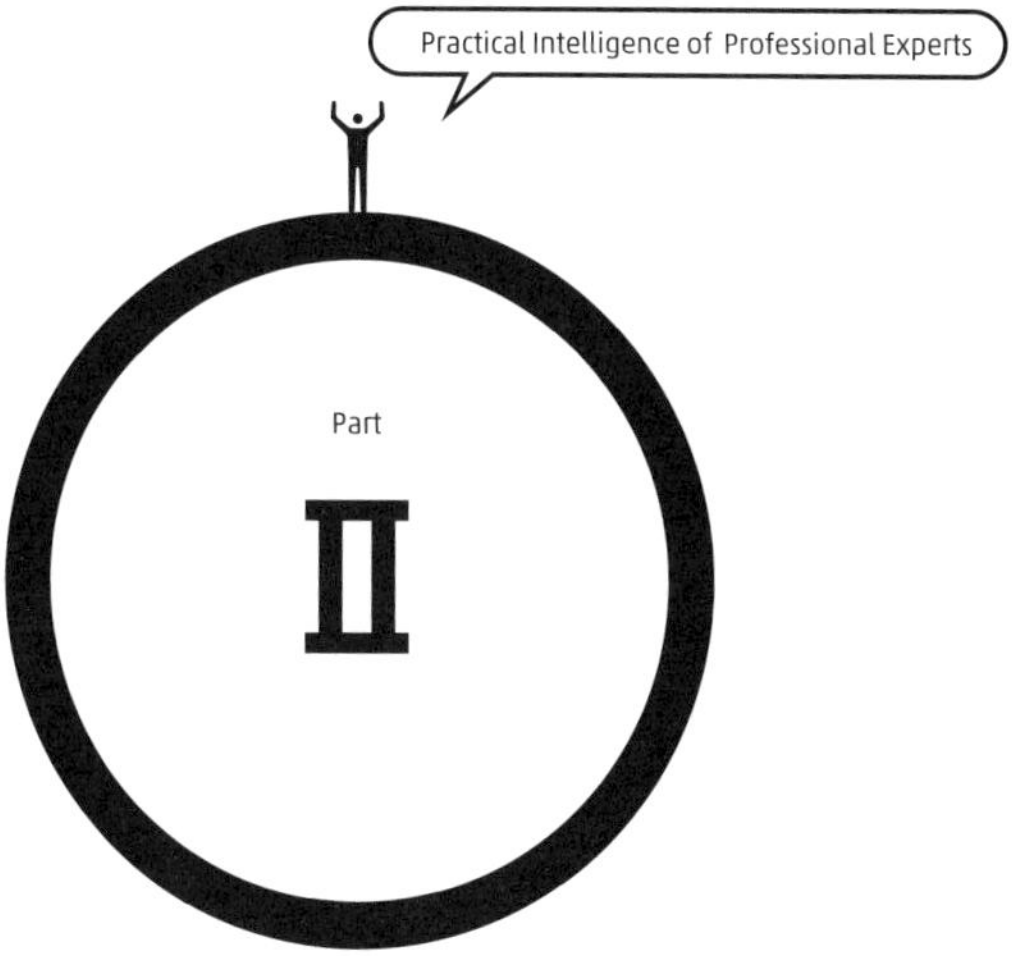

■第Ⅱ部のIntroduction■

第Ⅱ部は本書の事例編と位置づけることができる。

第Ⅰ部では、実践知の中身を理論的に定義づけ、その獲得と継承のモデルを論じた。

この第Ⅱ部では、「営業職」「管理職」「ＩＴ技術者」「教師」「看護師」「デザイナー」「芸舞妓」「芸術家」という、さまざまな領域（業種）のエキスパートたちを取り上げて、それぞれの仕事における実践知とは何か、その仕事のエキスパートといわれる人々がもちあわせている力とは何かということを具体的に明らかにしている。それぞれの仕事のエキスパートたちの生の声をひろいあげ、実践知をどのように獲得し成長をし、また継承していくのかに迫っている。

とくに本書では、エキスパートになるために「必要なコンテンツ（知識）」、いわゆる「模倣ですむ世界」だけではなく、エキスパートになるために「要求される活動」「プロセス」も描きだすようにした。その領域のエキスパートをめざす人にとっては、何が必要か、何を経験すべきかがわかるだろう。そして、エキスパートを育てる立場の人は、部下や初心者をどのように育て、導いていくべきか、そのヒントを得られることだろう。

また、さまざまな仕事から、それぞれの特徴を見出すだけでなく、広くどの仕事でも共通して大切なことも見えてくるだろう。どの仕事に携わっていても、人はエキスパートへの道を歩んでいて、そして必ずしも卓越したエキスパートにならなくても、生きていくうえで深いレベルで役立つこと、つまり「創造的教養」ともいうべきものまでを、エキスパートたちの声から読み取ってほしい。

第4章

組織の中で働くエキスパート

Expert 4-1

営業職

松尾　睦

1●はじめに――営業の特性

顧客ニーズが多様になり、企業間の競争が激化する中、自社と外部環境の境界に位置しながら両者を結びつけている営業担当者の役割はますます重要になっている。本稿では、大手不動産会社および自動車販売会社の営業担当者に対して実施した調査データを中心に、営業担当者がどのような知識・スキルをもち、それをどのように獲得しているのかについて解説する。

営業活動は、「特定顧客を対象とした、人的接触による取引の実施活動」と定義されている（田村［一九九九］）。つまり、人（営業担当者、販売員）がお客さんに直接働きかけて、取引（モノ・サービスの売買）を成立させようとする活動が「営業」である。顧客ニーズが多様化している現在、企業は顧客の要望に合わせて自社の製品・サービスを提案し、顧客満足度を高めなければならないが、その役割を担っているのが営業担当者である。アンダーソンとナルスによれば、優良な製造企業ほど、製品自体よりも付帯的なサービスを提供することによって収益をあげる傾向にあるという（Anderson & Narus［1995］）。

営業担当者は、組織の内部と外部をつなぐ「境界連結者」（boundary spanner）であることから、「職務が非定型的であるため、柔軟で革新的な対応が求められ」「対人コンフリクトに対処しなければならず」

「直接管理されることが少ないため，自己管理能力が必要になる」といわれている（Dubinsky et al. [1986]）。

もちろん，顧客の特性や取り扱う製品・サービスによって，仕事内容の複雑さは異なる。営業活動内容は，製品の配送や代金回収，受注・販売，製品の情報提供，苦情処理などの「定型的業務」と，顧客情報の収集，市場分析，提案やコンサルティングなどの「非定型的業務」に分けることができる。環境が複雑になるほど，提案やコンサルティングなど，非定型の営業活動を実施することが求められるのである。

2 ● 営業プロセスと知識・スキル

（1） 営業プロセス

営業活動のプロセスは，一般的に**図4-1-1**のように表すことができる。すなわち，①見込み客を識別し，顧客と出会う「準備／アプローチ」段階，②顧客の要望を聞きながら，商品・サービスの情報を提供する「コミュニケーション」段階，③製品・サービスを提案し，契約に結びつける「提案／クロージング」段階，④契約後に発生した問題点を解決し，再購買や紹介につなげる「アフターフォロー」段階である。

図 4-1-1　営業活動のプロセス

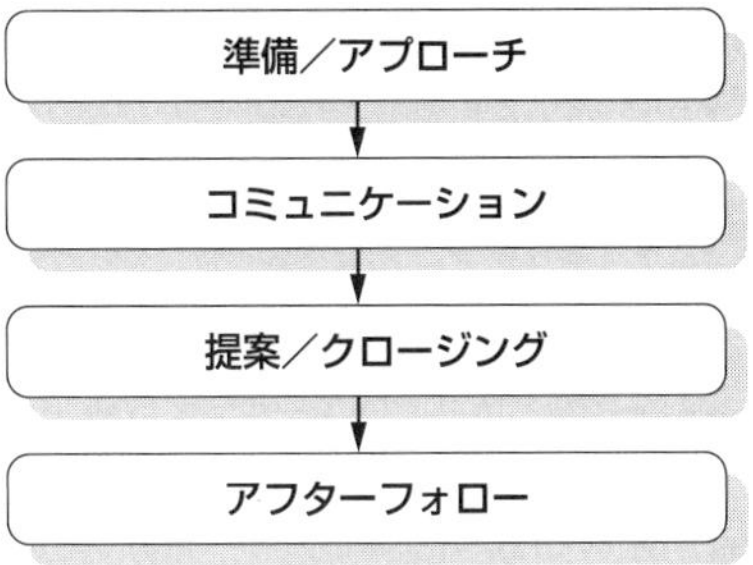

（出所） Busch & Houston［1985］をもとに作成。

（2） 営業の認知的研究

従来，営業はマーケティング論における人的販売（personal selling）の分野で研究されてきた。その中に、営業担当者のもつ「知識」に着目した認知的研究がある（Weitz [1981]）。この研究は、営業担当者の知識に焦点を当てることで、「がむしゃらに働く」ことから、頭をつかって「スマートに働く」ことへ転換することをねらいとしている（細井［一九九五］、Weitz et al. [1986]）。

営業の認知的研究では、認知心理学における知識区分である「宣言的知識」と「手続き的知識」という概念が応用されている。宣言的知識とは「AはBである」というような言語で表現可能な「事実に関する知識」であるのに対し、手続き的知識は言葉で表現することが難しい「方法、やり方、スキルに関する知識」である。営業活動に当てはめると、顧客の特性や販売状況を見極めるために使われているのが宣言的知識であり、そうした状況に対処する方法が手続き的知識である。認知的研究は、これら二種類の知識に焦点を当て、有能な営業担当者とそうでない担当者の知識に違いがあるかどうかを検討してきた。

営業担当者は、製品・サービスを売る前に、顧客が買ってくれるかどうかを見極めなければならない。そのために営業担当者は、年齢、収入、職業、家族状況、教育、商品知識、資金量、購買意欲などによって顧客を分類する。認知的研究では、こうした顧客の分類基準を宣言的知識と見なし、有能な営業担当者とそうでない担当者がもつ知識を比較分析してきたものの（Sujan et al. [1988], Macintosh et al. [1992]）、大きな違いは見つかっていない（細井［一九九五］）。

一方で、手続き的知識は、営業担当者がもつ「スクリプト」の観点から検討されてきた。スクリプトとは、演劇の台本のように時間軸上を一定の順序でエピソードが並んでいるような知識構造をさす。商談場面であれば「名刺を出す→天気の話をする→用件を切り出す→パンフレットを見せる→疑問点を確認する……」といったスクリプトを営業担当者はもっている。研究の結果、有能な営業担当者は、そうでない担当者に比べて「構造化された、ユニークなスクリプト」をもっていること（Leong et al.［1989］）、スクリプトの順番に違いがあることなどが報告されている（Macintosh et al.［1992］）。

（3）優れた営業担当者の知識・スキル

スクリプトは、商談という時間的にも空間的にも限定された場における知識であるため、営業活動全体に関して担当者がどのような知識をもっているかを分析するには適切な概念ツールとはいえない。そこで筆者は、営業プロセスごとに、営業担当者の売り方に関する知識・スキル（手続き的知識）を「活動」の側面から測定し、業績との関係を分析した。活動に着目したのは、人間が活動する際には必ず知識・スキルが存在すると考えられるからである。

分析対象者は、自動車販売の営業担当者（一〇八名）、および不動産仲介における営業担当者（九八名）である。ここでいう自動車販売の営業担当者とは、自動車の販売に携わっている自動車ディーラーに勤務する社員であり、不動産仲介の営業担当者とは、マンションや一戸建ての物件の売り買いを仲介する業務に携わる社員をさす。

表4-1-1は、一〇年以上の営業経験を積み、かつ高業績をあげている営業担当者のもつ活動を営業プロセスごとに示したものである。

この結果は二つのことを示唆している。第一に、自動車販売と不動産仲介というように領域が異なっていても、優れた営業担当者は、顧客ニーズを満たそうとする活動と売上目標を達成しようという活動の両方を実施しているという点である。たとえば、「お客様が安心して話せる雰囲気づくりをする」「顧客のニーズ・動機を把握する」「家庭・趣味について聞く」「希望の順位づけ、重点事項をはっきりさせる」といった顧客ニーズを明らかにする努力と同時に、「お客様に話を合わせながらこちらのペースに引き込む」「お客様の感情への働きかけを積極的にする」「顧客のポイントを突くセールストークをする」「スピーディな折衝を心がける」というような売上目標をあげるための活動を積極的に行っている。つまり、営業担当者は、顧客の立場に立って考え顧客満足を高める一方で、組織の一員として積極的に売上や利益を上げなければならず、組織の内と外のバランスをとることが求められているのである。この点は、領域を越えて普遍的な営業の知識が存在する可能性を示唆している。

表4-1-1が示す第二の点は、領域が異なると「鍵となる営業知識」が異なるという点である。自動車販売においては、提案／クロージング段階の活動が業績と関係しているが、不動産仲介においては、準備／アプローチ／コミュニケーション段階の活動が業績を高めていた。これは、先行研究（Glaser & Chi [1988]）が指摘するように、熟達化において領域固有の知識が存在することを示している。こうした領域固有性は、取り扱う製品・サービスの違いによって、次のように説明できるだろう。

自動車の販売においては、メーカーが違っても商品自体に大きな差がつくことは少なく、顧客がある程度の商品情報をもっているため、コミュニケーション段階での活動の重要性は高くない。このとき購買決定の鍵を握るのは、クロージング段階における顧客と営業担当者の交渉である。一方、マンションや一戸建てを購入するときには、物件が信頼できるものかどうかは一見したところでは判断できないことが多い。その際に重要となるのは、「この人だったら任せられる」という営業担当者への信頼である。そのため、不動産仲介の営業担当者の知識・スキルは、第一印象が決まる取引の初期段階（アプローチ／コミュニケ

表 4-1-1　高業績ベテラン営業担当者の活動

営業プロセス	自動車販売	不動産仲介
準備／アプローチ／コミュニケーション	・お客様が安心して話せる雰囲気づくりをする ・お客様のタイプを見極める ・家庭，趣味について聞く	・顧客に対し，すばやく反応する ・顧客のニーズ・動機を把握する ・希望の順位づけ，重点事項をはっきりさせる ・顧客の現在の状況を把握する ・物件の価格帯を絞り込む ・聞き上手になる ・第一次接客で顧客の方向性を示す ・自分を強く印象づけるようにアピールする
提案／クロージング	・自分の薦める商品には自信をもつようにする ・最後の不安，迷いを解消してあげる ・お客様の感情への働きかけを積極的にする ・お客様に話を合わせながらこちらのペースに引き込む ・お客様の言動から買いそうなタイミングを見逃さない ・できるできないの返事をはっきりする	・顧客のポイントを突くセールストークをする ・スピーディな折衝を心がける
アフターフォロー	・できるだけ店頭納車を薦める ・サービス入庫を確実にしていただく ・イベントがあれば来ていただく	

（出所）　松尾［2006］91-94 頁をもとに作成。

ーション段階）に集中するといえる。

3 ● 学習を促す経験

これまで、優れた営業担当者がもつ知識・スキルについて紹介してきたが、本項では、そうした知識・スキルがどのように獲得されているのかを説明する。

（1）一〇年ルール

従来の熟達研究によれば、特定の領域において高い業績を上げるためには約一〇年の準備期間が必要となるという「一〇年ルール」

が提唱されている。ただし、これは一〇年の準備期間が高業績を保証することを意味しているのではない。一〇年はあくまでも必要準備期間であり、高業績を達成するためには、工夫された練習（deliberate practice）を積む必要がある（Ericsson［1996］）。

筆者は、この一〇年ルールが営業の分野でも当てはまるかどうかを検証するために、上述した自動車販売と不動産営業のデータを分析した。具体的には、データを「営業経験一〇年未満の若手・中堅担当者」と「一〇年以上のベテラン担当者」に分けたうえで、営業知識と業績の関係を分析した。その結果、経験が一〇年以上のベテラン群において、営業知識と業績の関係性が強くなることがわかった。これは、営業に関する知識が自分のスキルとして定着し、業績に結びつくまでに一〇年という時間がかかっていることを示唆しており、一〇年ルールと一致するものである。

（2）業績を高める経験

では、営業担当者は、この一〇年の間にどのような経験を積んでいるのだろうか。次に、不動産仲介業の営業担当者（上記の企業とは別の企業の営業担当者）のデータをもとに、高い業績をあげているベテラン営業担当者がどのような経験から学習しているのかを紹介する。この分析では、一〇年以上の経験をもつ営業担当者に焦点を当て、彼（女）らの「過去一〇年間の経験」と「現在の業績」の関係を検討した。予備調査では、「職務の広がり」「高度な仕事の達成」「（顧客）紹介の増大」「顧客との相互作用」「先輩・上司との出会い」といった経験が抽出された。具体的な項目のサンプルは、**表4-1-2**に示した通りである。

これら過去一〇年の経験が、現在の業績にどのように結びついているのかを分析したところ、**図4-**

表 4-1-2　不動産営業における経験

経験カテゴリー	項目例
職務の広がり	・他店舗に異動して，業務の幅が広がった ・部下をもつようになり，責任を感じた ・営業目標が厳しくなった
高度な仕事の達成	・すべて自分で考える状況で仕事をこなした ・大きな仕事を任され，こなせるようになった ・高い目標を達成し自信がついた
（顧客）紹介の増大	・既成約者からの紹介が増えた ・特定のお客様から信頼され，多くの紹介を得た
顧客との相互作用	・お客様から叱られた ・お客様から感謝された ・お客様の難しい要求に応えることができた
先輩・上司との出会い	・尊敬できる先輩・上司にめぐりあえた ・尊敬できる上司に教育された

（出所）　松尾［2006］115-116 頁をもとに作成。

図 4-1-2　不動産営業における経験と業績の関係

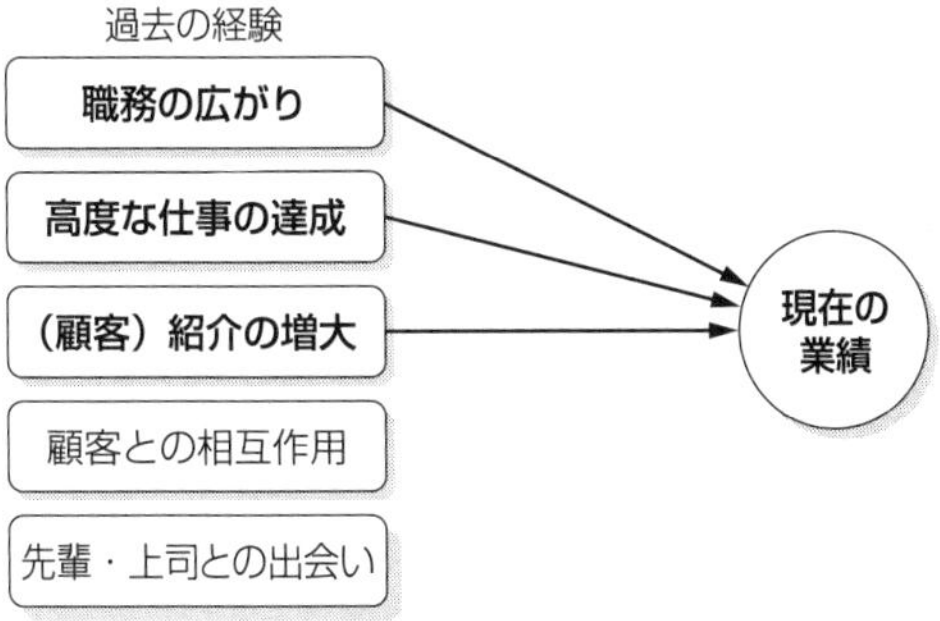

（出所）　松尾［2006］116 頁をもとに作成。

図 4-1-3　不動産営業における仕事の信念

目標達成志向の信念		顧客志向の信念
稼ごうとする意識を重視する 数字を上げる気持ちの強さが大事 一番になりたい気持ちを大事にする 目標をもつ 目標数字をクリアする 執着する気持ちを大事にする 営業は自分との戦いである	←→	顧客のために誠心誠意を尽くす お客様に喜んでいただく 顧客に信頼されるように努力する 最後まであきらめない 謙虚な気持ち，感謝の気持ちを忘れない お客様と同じ目線で考える 自分自身を売り込む

1-2に示すように、業績につながっていたのは、「職務の広がり」「高度な仕事の達成」「（顧客）紹介の増大」の三つの経験であり、「顧客との相互作用」「先輩・上司との出会い」は業績とは関係していなかった。

この結果は、不動産仲介の営業において、顧客や上司・先輩といった「他者との相互作用」よりも、異動や昇進による「職務の拡大や高度化」が熟達を促進することを示している。ただし、顧客や上司といった他者との相互作用が知識・スキルの獲得と無関係とはいえないだろう。なぜなら、拡大・高度化した職務を遂行するうえで、顧客や上司との関わりは不可欠だからである。他者との相互作用は、知識・スキルの獲得において間接的な影響を及ぼしていると考えられる。

4● 経験から学ぶ能力としての「仕事の信念」

さて、「職務の広がり」「高度な仕事の達成」「（顧客）紹介の増大」という経験を積めば、誰もが高い業績を上げることができるのだろうか。同じ経験をしても、伸びる人と伸びない人がいるように、経験から学習する能力にも個人差があると考えられる。筆者は、仕事をするうえでの価値観や哲学である「仕事の信念」が、経験から学習する能力に関係があると考えた。なぜなら、仕事の信念は、人間の認知的活動や行動を方向づけるメタ認知（高次の認知）として働くと考えられるからである。

前項**3**で紹介した不動産営業調査において、営業担当者の仕事の信念（営業活動をするうえで重視している考え方）を測定し、統計的に分析したところ、**図4-1-3**に示すような、「目標達成志向の信念」と「顧客志向の信念」という二タイプの信念が抽出された。なお、自動車営業調査データについても同様の分析をしたところ、やはり「目標達成志向の信念」と「顧客志向の信念」が見出されている。

目標達成志向の信念とは、「稼ぐ」「数字を上げる」「一番になる」「目標数字をクリアする」といった、自身の売上目標を達成することを重視する考え方である。これに対し、顧客志向の信念は、「顧客のために誠心誠意を尽くす」「顧客に信頼されるように努力する」「お客様と同じ目線で考える」というように、顧客を満足させ、顧客から信頼されることを重視する考え方である。

こうした信念をもっていることが、経験からの学びにどの程度影響を及ぼしているかを分析するために、対象者を、仕事の信念の「スコアが低い群」と「スコアが高い群」に分けたうえで、過去の経験と現在の業績の相関をとってみた。すると、**表4-1-3**に示すように、目標達成志向の信念

表 4-1-3　信念の高低による経験学習能力の違い

	スコアが高い群	スコアが低い群
顧客志向の信念	経験と業績の関係あり	経験と業績の関係なし
目標達成志向の信念	経験と業績の関係あり	

に関しては、信念が高い人も低い人も、経験と業績に相関が見られた。つまり、目標達成を重視する人もそうでない人も、経験から学習する程度には大きな差が見られなかった。しかし、顧客志向の信念に関しては、顧客志向の信念が高い群のみ、経験と業績の間に関係が見られた。つまり、顧客志向が強い担当者は、過去の経験が現在の業績に結びついているが、顧客志向が弱い担当者は、過去の経験が現在の業績につながっていなかったのである。この結果は、顧客志向の信念が、経験からの学習能力として機能していることを示している。

ちなみに、経験という要因を考えずに、これら二つの信念が現在の販売業績とどの程度結びついているかを分析したところ、目標達成志向の信念は業績と関係していたのに対し、顧客志向の信念は業績と関係していなかった。

以上を総合すると、目標達成志向の信念は、目の前の販売業績を高める力があるのに対し、顧客志向の信念は、現在の販売業績を高める力はないものの、経験から学習する能力を高め、将来の販売業績を高める力をもつ、と解釈できる。顧客志向の信念が学習を促進するのは、仕事で出会うさまざまな顧客の問題を解決するには常に新しい知識やスキルを獲得しなければならないためであると考えられる。これまでの筆者の研究では、営業担当者だけでなく、ＩＴコンサルタントや看護師も、顧客志向の信念と目標達成志向の信念をもっていることが明らかになっている。この事実は、自分のために働くことと、他者のために働くことを両立することが、エキスパートの成長につながることを示唆している。

5 ● 実践知の継承

ここで、営業の実践知がどのように企業内で継承されているかについての事例を紹介したい。ドイツの製薬会社の日本法人である日本ベーリンガーインゲルハイムでは、一〇名程度の営業担当者を管理するマネジャー（課長相当）が若手社員に営業のノウハウを伝える仕組みを整備している（早川［二〇〇七］）。具体的には、①営業担当者に必要な三つの基本行動（「多くの顧客に会う」「ターゲット顧客を選ぶ」「インパクトのある商談をする」）を定めたうえで、②優れた営業担当者の活動内容を抽出し標準化することで、育成ポイントを明確にし、③コーチングの研修を受けたディストリクトマネジャー（課長）が、月に一度以上、若手営業担当者に終日同行すること（ともに顧客を訪問すること）を通して、営業の実践的なスキルを伝承している。また、マネジャーを管理する支店長のミッションを「営業担当者を育成できる管理職を育成すること」とし、現場における教育体制を整えている。

6 ● おわりに

ショーン（Schön［1983］）は、自らの技術領域に安住することなく、新たに生じる困難な問題を、顧客（クライアント）とともに解決する専門家を「省察的実践家」（reflective practitioner）とよんでいるが、目標達成志向と顧客志向の知識・スキル・信念を兼ね備えているエキスパートこそ、省察的実践家といえる。また、プロフェッショナリズム研究においても、自らの技術を高めて自律性を確保すると同時に、社会貢献をすることがプロフェッショナルの条件として指摘されている（Lui et al.［2003］）。このように、内（自己）と外（顧客・社会）のバランスを保つことが、顧客と接するエキスパートがもつ実践知の基盤となっていると考えられる。

引用・参考文献

Anderson, J. C. & Narus, J. A. [1995] Capturing the value of supplementary services. *Harvard Business Review,* (Jan-Feb), 75-83.

Busch, P. S. & Houston, M. J. [1985] *Marketing: Strategic Foundations*. Irwin.

Dubinsky, A. J., Howell, R. D., Ingram, T. N. & Bellenger, D. N. [1986] Salesforce socialization. *Journal of Marketing*, **50**, 192-207.

Ericsson, K. A. [1996] The acquisition of expert performance: An introduction to some of the issues. In K. A. Ericsson (Ed.) *The Road to Excellence*. Lawrence Erlbaum Associates.

Glaser, R. & Chi, M. T. H. [1988] Overview. In M. T. H. Chi, R. Glaser & M. J. Farr (Eds.) *The Nature of Expertise*. Lawrence Erlbaum Associates.

早川勝夫［二〇〇七］「新たなワークプレースラーニングの仕組が営業生産性を向上」『日本教育工学会第二三回全国大会 論文集』

細井謙一［一九九五］「営業の認知理論――パーソナル・セリング研究における認知的アプローチ」石井淳蔵・嶋口充輝編『営業の本質』有斐閣。

Leong, S. M., Busch, P. S. & John, D. R. [1989] Knowledge bases and salesperson effectiveness: A script-theoretic analysis. *Journal of Marketing Research*, **26**(May), 164-178.

Lui, S. S., Ngo, H. & Tsang, A. W. [2003] Socialized to be a professional: A study of the professionalism of accountants in Hong Kong. *International Journal of Human Resource Management*, **14** (7), 1192-1205.

Macintosh, G., Anglin, K. A., Szymanski, D. M. & Gentry, J. W. [1992] Relationship development in selling: A cognitive analysis. *Journal of Personal Selling and Sales Management*, **12** (4), 23-34.

松尾睦［二〇〇六］『経験からの学習――プロフェッショナルへの成長プロセス』同文舘出版。

Schön, D. [1983] *The Reflective Practitioner: How Professionals Think in Action*. Basic Books.（佐藤学・秋田喜代美訳［二〇〇一］『専門家の知恵――反省的実践家は行為しながら考える』ゆみる出版）

Sujan, H., Sujan, M. & Bettman, J. R. [1988] Knowledge structure differences between more effective and less effective salespeople. *Journal of Marketing Research*, **25** (Feb), 81-86.

田村正紀［一九九九］『機動営業力――スピード時代の市場戦略』日本経済新聞社。

Weitz, B. A. [1981] Effectiveness in sales interactions: A contingency framework. *Journal of Marketing*, **45**, 85-103.

Weitz, B. A., Sujan, H. & Sujan, M. [1986] Knowledge, motivation, and adaptive behavior: A framework for improving selling effectiveness. *Journal of Marketing*, **50** (Oct), 174-191.

Expert 4-2

管理職

元山年弘・金井壽宏・谷口智彦

1 ● はじめに――管理職とは

企業に入社し、十分な経験を積むと、ある時点から管理職という役割を任されるようになる。社会経済生産性本部［二〇〇五］の調査によれば、管理職への標準登用年数は三七・八歳と、およそ四〇歳手前の時期にマネジメントの立場を経験し始めることがわかる。こうした管理職としての立場は、突然言い渡され任されるわけではない。大卒であれば、二〇代前半の時期からおよそ二〇年弱といった十分な仕事経験を経たうえで、管理職の立場へと移行していくのが通常である。

日本の管理職については、一般に次のように定義されている。「課長あるいは次長以上の職位を占める管理者またはその職位を管理職という。監督職が日本に特有の企業別労働組合の場合、組合員になる資格をもつのに対して、管理職は組合員になる資格をもたない点で、監督職と区別される。さらに、監督職が現場の作業者や事務職員を直接に管理する立場にあるのに対して、管理職は監督職または下位の管理者を管理する立場にあることを特色としている」（『経営学大辞典』一一一頁）[1]。日本での管理職数は、二〇〇二年においておよそ五五万人、管理職比率は二・〇％といわれている（大井［二〇〇五］[2]）。

管理職になることが一つの節目であるという自覚には、個人差がある。組合員ではなくなる点が象徴的である。ちょうど役員になるときには、社員ではなくなることによって、違う世界に入ったことを感知させるのと似ている。

管理職であるということは、現場の第一線監督者を除くと、経営者と経営や管理の責任をシェアするフロントラインに立つことを意味する。どうして組合をやめなければならないかというと、経営の側の一翼を担うからである。

仕事のやり方としては、職制上、管理職になる以前から、ほかの人をマネージしたり、リードする仕事にある程度携わっているだろう。しかし、自ら動くことによってではなく、部下たちを通じて、ことを成し遂げること（英語では、よくgetting things done through othersという表現が用いられる）に入門しているはずである。また、未知の領域に踏み込み、変革を起こすときには、自分が先頭を切って旗をもって歩かなければならないこともあり、管理職になるとマネジメントに入門するだけでなく、リーダーシップにも入門することになる。マネジメントとは管理の仕組みを通じて人に動いてもらうことであり、ここでは、「きちんと納期までにことが成し遂げられること」が基本となる。中にはマネジメントに驚きがあってはならないという人もいる。任せてうまくいっている限りは、マネジャーは、どんと構えていればいい。例外による管理（management by exception）といわれる通り、担当者や現場の監督者では対応できないような例外が生じたときに、マネジャーが介入する（ただし、日本では、アメリカと比べて、現場の作業者、担当者が、例外や異常事態に対応できていることが多い点に特徴がある）。これに対して、リーダーシップは、今ある仕組みをつぶして、途中で多少ギスギスしても、新しいものを生み出す、未知のものに挑戦することが主眼である。だから、マネジメントのキーワードが複雑性への対応であるのに対して、リーダーシッ

表 4-2-1　ミンツバーグによる管理者の 10 の役割

役　割	内　容	管理者研究から識別される活動
対人関係		
フィギュアヘッド	象徴的な長。法的・社会的性質をもった多数のルーチン責務を遂行する責任がある	儀式，肩書きに寄せられる要請，請願
リーダー	部下の動機づけと活性化に責任がある。人員配置，訓練および関連責務への責任がある	部下を引き込む管理活動のほとんど全部
リエゾン	好意的支援や情報を提供してくれる外部の接触や情報通からなる自分で開拓したネットワークを維持する	郵便物の受領通知，社外取締役の仕事，外部の人々と関わるその他の活動
情報関係		
モニター	組織と環境を徹底的に理解するため広範な専門情報を探索・受信する。組織内外の情報の神経中枢になる	主に受信情報に関連するものとして分類される郵便の処理と接触（定期刊行物，現場視察など）
周知伝達役	外部や部下から受信した情報を自分の組織のメンバーに伝える。事実情報もあり，解釈が入り組織の有力者がもつ多様な価値づけを統合した情報もある	情報のために郵便を組織に転送，部下に情報を流すことも含む口頭接触
スポークスマン	組織の計画，方針，措置，結果などについて情報を外部の人に伝える。組織の属する業種に関して専門家の働きをする	取締役会，外部の人への情報伝達に関わる郵便の処理と接触
意思決定関係		
企業家	組織と環境に機会を求め変革をもたらす「改善計画」を始動させる。特定プロジェクトのデザインも監督する	改善計画の始動やデザインに関係した戦略会議や検討会議
障害処理者	組織が重要で予期せざる困難にぶつかったとき是正措置をとる責任がある	困難や危機に関わる戦略会議や事後検討会議
資源配分者	実質的に，組織のすべての重要な決定を下したり，承認したりすることによる，あらゆる種類の組織資源の配分に責任がある	スケジュールづくり，承認要請，部下の作業の予算化や定型化に関わる全活動
交渉者	主要な交渉にあたって組織を代表する責任がある	交渉

（出所）　Mintzberg［1973］Table 2, pp. 92-93（訳書 151 頁を一部修正）。

プのキーワードは変革にほかならない。管理職になるとこの両面を，経営の一翼を担う人間として，より本格的に学んでいかなければならない（リーダーシップについては第**3**章を参照）。

これまで，管理職がどのような仕事を行っているか，あるいはどのような仕事をするべきかについては数多くの研究が蓄積されてきた。[3] その中でも，ミンツバーグ（Mintzberg [1973]）は，管理職であるマネジャーについて，対人関係の三つの役割（フィギュアヘッド，リーダー，リエゾン），情報関係の三つの役割（モニター，周知伝達役，スポークスマン），意思決定関係の四つの役割（企業家，障害処理者〔火消し役〕，資源配分者，交渉者）の一〇の役割を提示した（**表4-2-1**）。こうした管理者行動の研究をまとめたヘイルズ（Hales [1986]）は，管理職の職務が専門職的要素と管理的要素が含まれ，とくに外部との連結，人の管理，業務プロセスに対する責任に関係しており，口頭コミュニケーションによってほかの人を通じて成果を上げることに関わっていると述べている。つまり，管理職には非常にさまざまな役割が見られるが，（企業の目的を達成するために）人を通じてことを成し遂げる活動が主であると主張されてきた（Koontz & O'Donnell [1955]）。

では，こうした管理職としての知識やスキルはいつ，どのようにして習得するのだろうか。本稿では，管理職としての実践知の形成という側面について，管理職になる前と，なった後の移行過程に注目することで明らかにしたい。

2 ● 管理職の実践知とは

（1） 管理職への移行過程で生じる問題

管理職の実践知を明らかにするために、まずは「管理職になる」という移行過程で直面するさまざまな問題に注目してみよう。ここでは、元山［二〇〇八a］が実施した中堅管理職三三名の調査[4]（以下、管理職移行調査）をもとに記述していく。この調査からは、管理職の移行期における実際の業務遂行を通じて、諸問題へ対処するとともに、個人が発達していく様子が浮かび上がってきた。

まず管理職になったときには、ポジティブな反応とネガティブな反応の両方が共存する。ポジティブな反応としては、権限が与えられることによる魅力、また管理職に登用されたという評価、自身のキャリア目標が達成されたといったものがあげられる。一方、新たな役割を担うことに対する不安や責任の重さに対する不満といったネガティブな感情も同時に抱くことがある。ニコルソンは、仕事での役割移行に伴い、個人が準拠枠や価値観、アイデンティティを変化させたり、反対に役割に求められる要請を調整したりしながら適応していくことを指摘しているが（Nicholson［1984］）、管理職への移行過程では、相反するような複雑な情緒的感覚をもちながら、実際の管理職の役割へと移行していくのである。

管理職の仕事は、ほかの人々を通じて何かを成し遂げることであるが、その実践の中で新任管理職はいくつかの問題に直面する。第**1**章でも取り上げられているが、ワグナーとスタンバーグ（Wagner & Sternberg［1985］, Wagner［1987］）、また楠見［一九九八、一九九九、二〇〇二］では、中間管理職の業務における管理者としての認知的能力、知識、スキル、態度に注目して調査を行っている。その中で管理職がもつ実践知を次の三つに分類している（**図1-4**参照）。第一は、タスク管理である。これは、特定業務を遂行するためのノウハウや情報処理の効率化に関わるものである。第二は、他者管理である。これは、部下、同僚、上司などとの対人関係構築のノウハウである。第三は、自己管理である。これは、自分のモテイベーションをコントロールしたり、組織になじんだりするノウハウである。

新任管理職は、まさにこうした三つのカテゴリーに属する問題に直面する。その中でも、とくに部下の活用という面に特徴がある。たとえば、管理職になりたての頃は、部下に仕事をなかなか任せられないことがある。それは、部下の未熟さによる任せることの不安や自分の経験を重視することに起因する。また、部下に対する日常の仕事管理についても、的確な指示を出せず、放任や仕事の丸投げをしてしまうこともある。ほかにも、部下の育成や部下との信頼関係の構築は、これまでにはない重要なポイントである。もちろん、部下だけに限らず、他部門や上司、経営幹部といった他の者への対処が大きな問題になる。

これらの他者管理に加えて、自己管理上の問題も頭をもたげてくる。たとえば、管理職になることで現場から離れ、なじみがあった仕事から遠ざかることに慣れなければならない。また、責任の増大から私生活上の影響やさまざまな人々の要請に挟まれることによる精神的なストレス、さらには孤独感を背負う。管理職という役割に伴う心理的な負担、それを克服する自己管理の必要性が増加する。

ほかにも、タスク管理としては、方向性の提示という問題が生じる。管理職というより経営に近いポジションでは、経営的な視点、あるいは財務やコストの観点が必要になり、自ら意思決定を行うことで方向性を打ち出す必要がある。このように、管理職が直面する問題は、まさに管理職としての実践の中で生じ、部下を中心とした他者管理、心理的な葛藤をコントロールする自己管理、管理職の役割として方向性を提示するというタスク管理に関する実践知を育む土台となる。

このうち、とくにタスク管理と他者管理は、リーダーシップの基本次元と考えられてきた、タスク関連の行動と対人関連の行動（たとえば、オハイオ州立大学の尺度なら、「構造づくり」と「配慮」）に相当する。

一方、自己管理の基本には、筆者らが第**3**章でも注目したリーダーシップの持論があり、また、モチベーション研究のトピックでは、管理者自身のやる気の自己調整（self regulation）にも関係している。

（2）マネジメントとリーダーシップ――管理職の二つの側面

筆者らはここで、管理職の実践知について、マネジャーとリーダー、またマネジメントとリーダーシップという二つの側面からとらえておきたい。金井［一九九八］では、いくつかの先行研究（Zaleznik［1977］, Kets de Vries［1995］, Kotter［1999］）を取り上げ、マネジャーとリーダーの比較を行っている。ザレズニック（Zaleznik［1977］）によれば、マネジャーは問題解決タイプであり、ほかの人々を調整しながら、仕事をやりやすくするが、クールな側面があるとしている。一方、リーダーは、問題創出タイプであり、リスクをとって新しいアイディアを提案し、直接的また共感的にほかの人々と関わり、情緒的な側面があるとする。加えて、マネジャーとリーダーは、パーソナリティに始まり、モチベーション、思考法や行動など広範囲において根本的に異なっており、同一人物がマネジャーであるとともにリーダーであることは相容れないと指摘した。これに対して、ケッツ・ド・ブリース（Kets de Vries［1995］）は、マネジャーとリーダーを対比しつつも、優れた経営幹部には、混じりあい方は違ってもマネジャーとリーダーの両者の要素が混在しているのが現実であると述べている。実際、管理職移行調査によると、マネジメントとリーダーシップの両者が混じりあいながら習得されている。ただし、マネジメントができるようになったからといって、リーダーシップが自然に身につくわけではない。リーダーシップを身につけるためには、経験を生かしながら、上司などほかの人々からの薫陶、また研修を通じて統合的に学ぶ必要がある。

表 4-2-2　ケッツ・ド・ブリースによるマネジャーとリーダーの対比

マネジャー	リーダー
・現在にこだわる	・将来に目を向ける傾向がある
・安定性に心を砕く	・変化に備えている
・短期的に考えがち *	・長期的にものを考える
・ビジョンを欠き *，指図を受ける	・ビジョンがあって，ほかの人々を鼓舞する
・権限階層が権力基盤	・カリスマ性が権力基盤
・「いかに」にこだわる	・「なぜ」を問題にする
・戦術，構造やシステムを重視	・企業哲学，根本価値，共通目的の重要性を認識
・視野がぼやけていて，ものごとを複雑にしてしまう *	・使命やビジョンを語るにあたって，ごく簡単な言葉を使う ・鳥瞰図的な視点をもっていて，木を見て，なおかつ森も見ている
・ほかの人々をコントロール（統制）する	・ほかの人々をエンパワーする（力づける）
・論理にこだわる	・直観に頼る
・会社の利害がすべてになりがち *	・会社に関係しないことまで大きく考える

（注）　Kets de Vries［1995］pp. 7-8（訳書 29-30 頁）の記述より作成。ケッツ・ド・ブリースの真意は，このような二分法的対比を批判することにあり，この表の対比は，彼自身の考えというより，むしろ「当て馬」（ストローマン）であることに注意が必要である。* 印をつけた項目は，マネジャーについてのネガティブな言明であるが，マネジャーを生け贄にしないことが彼の主張である。

（3）管理職が身につける実践知とは

管理職への移行過程をふまえ，そこで身につける重要な実践知とは、次のようにまとめることができる。第一に、リーダーとしての主体的思考を伴う方向性の提示である。先に述べた通り、管理職への移行に伴う第一の変化として、経営や経営的成果に対する責任というものを意識した思考や行動ができるようになるということがあげられる。具体的には、より大きな組織目標を意識した戦略性や経営的バランス感覚（優先順位の明確化など）と同時にタフなプライオリティ感覚（資源の傾斜配分や切るべき事業は切るという決定など)、コストやリスクへの意識、経営的成果へのコミットメントなどが向上し、リーダーとして主体的に指示や方針を示すことができるようになる。

第二に、ほかの人々に依存していることへの理解である。管理職の仕事の成果は部下や他部門など自分以外の多くの人々に依存している。管理職は、自分一人でできない大きさの仕事に責任をもつので、部下たちのサポートや協力を得なければならない。そのために、管理職は、予算を握り、部下の評価権をもち、どの部下にどの仕事を与えるかの裁量ももっている。このことを理解し、そのためにはどうすればよいのかについての実践知を形成する。自分の担当していることだけをきちんとすませばよかった担当者のときと、ここが一番違う点である。

第三に、次の世代を担う人材に対し関心をもつことである。管理職になると何人かの部下をもち、彼(女)らの育成に責任を負うようになる。管理職は、育成を自分の責任として自覚し、若手をどのように一人前に育て上げるか、自分の次のリーダーをどのように育てるかについての実践知を形成する。また、このことは、ちょうど四〇代前後で管理職になるとすれば、その時期はエリクソン(Erikson & Erikson [1997])が示した中年期の発達段階と適合する。エリクソンによると、中年の頃の発達課題とは、次に続く世代の世話ができて、継承すべきものはきちんと継承し、次世代を育てる点にあると指摘されている。この年齢層のときに、管理職になるということは、生涯発達の文脈では、世代継承性(generativity)という課題をクリアすることに関わっている。

最後に、管理職の実践知の大きな特徴は、個々の管理職ごとに個性的でさまざまであるという点にある。これは、管理職の実践知が個人の持ち味や彼(女)らがおかれているコンテクストに根づいたものであることを示している。

（4）管理職の二つの役割とその教育

先にリーダーとマネジャーの違いについてふれたが、管理職の果たす役割としても、リーダーシップとマネジメントの間に違いがある。マネジメントは今ある仕組みをうまく使って、自分の権限のもとにいる人たちに動いてもらうことであり、そのためには、仕組みをうまく使える必要がある。大きな会社になると管理システムもそれなりに複雑なので、その複雑性に対応することがマネジメントである。マネジメントに対して、リーダーシップとは端的にいえば、変化に対応することがポイントであると、コッター（Kotter [1999]）はかねてから主張してきた。よくジョークめかしていうことだが、課長でも部長でも、管理職の人が、研修で一週間、職場をあけていても、うまく回っていれば、マネジメントがうまくできている証拠である。それに対して、新しい大きな絵を描いて、今あるシステムをつぶしてでも、その未知の課題に挑戦するときには、管理職はリーダーとして先頭を切って、率先垂範する必要がある。だから、一週間でもいなかったら、職場は大混乱になる。

管理職は、時間的なフェイズによって、ブレンド度合いは違うが、マネジャーの役割とリーダーの役割の両方を果たす必要がある。だから、一概にいえないが、留守にしていても、まったく何も普段と変わらなかったら、少し自分の役割を疑ってしまうだろうし、かといって留守にしただけで大混乱になっていたら、任せることも育成することも、うまくできていないことになる。

また、教育、伝授という点から述べるなら、新任の管理職に、管理職のなんたるかをマネジャーという側面について教育することは、リーダーという側面と比べて研修の場で少なくとも基本の部分を伝授できる部分が相対的に多い。実際に、ほとんどの企業で新任管理職（基幹職）研修が実施されているが、その大部分は「マネジメント」に関するものである。公式に部下をもち、その評価をはじめてすることになるから、考課者訓練を施したり、また、担当者のとき以上に発言において人権に留意が必要なので、部下を大勢預かる管理職という肩書きがつく日が近くなると、以前よりも軽はずみな発言がないようにするため、人権についても教育を受ける。これらのことは、研修からかなり学べる。しかし、肩書きやシステムゆえにではなく、管理職が描く大きな絵（ビジョンや戦略的な構想）ゆえに、人がついてくるというようなリーダーシップの獲得に至るまでには、それなりの経験がいる。先行研究によれば、マネジメントの基本は研修である程度伝授できても、第**3**章でもふれた通り、変革型のリーダーシップ育成には、研修だけで足りず、実際に変革を起こす経験を、できたら、変革型リーダーであるトップの薫陶を受けながら学ぶのがよいといえる。ただし、その場合にも、第**3**章でも述べた通り、経験から教訓を引き出し、そこから自分なりの持論をもつようになるためには、やはり研修の場が必要である。

3 ● 管理職の実践知はどのように獲得されるのか

管理職への移行過程を見てみると、管理職になる以前の担当者としての職務と管理職の職務との質的な差から生じる戸惑いや抵抗感が、実践知を学ぶうえで重要な学習機会として認識されている。すでに述べたように、その最たるものは、部下をもつことだといえるが、それ以外にも、たとえば、予算などの権限や責任の範囲が広がったり、経営的な視点をもった決断を求められたり、業績に対するシビアな評価を受けるなど、管理職としての役割に付与された職責に適応しなければならない（**表4-2-3**）。

表 4-2-3　新任管理者が直面する問題

<table>
<tr><th colspan="2">分　類</th><th>主な症例</th><th>原　因</th></tr>
<tr><td rowspan="4">管理職務の遂行にまつわる問題</td><td>日常のタスク管理</td><td>・部下に仕事を任せっ放しにしたり，丸投げしてしまう
・部下に対して達成圧力をかけられない</td><td>・担当範囲の広がりに対応できない
・人を管理することは居心地が悪い
・部下への遠慮
・面倒くさい</td></tr>
<tr><td>戦略やビジョンの設定</td><td>・長期的・戦略的な大きな絵が描けず，目先のことに終始してしまう
・部下に明確な目標を与えられない
・全体最適で考えられない</td><td>・これまでは自分の専門領域で，日常業務だけに専心していればよかった
・日常業務に追われて考える余裕がない
・決断する孤独感，恐怖感，重圧
・自信の欠如
・財務面や全社戦略の無理解</td></tr>
<tr><td>部下の活用や育成</td><td>・部下に対する過剰管理
・自分の仕事のやり方を押しつける
・部下の能力向上やキャリア形成に関する取組みができない</td><td>・部下に任せる不安
・自分でやったほうが早いという苛立ち
・気負いや意気込み
・担当者時代の経験や実績の自信</td></tr>
<tr><td>ネットワークの構築</td><td>・何でも一人でやろうとする
・上層部や他部門を巻き込むことができない</td><td>・他者依存性への無理解
・人間関係の機微への無理解
・管理職としての実績や信用の不足
・自己の能力への過信
・人に頼りたくない（見栄やプライド）</td></tr>
<tr><td rowspan="5">心理的な抵抗や障害</td><td>私生活への悪影響</td><td>・ワークライフバランスへの影響
・金銭面の不満</td><td>・雑務の多さや人員カットによる労働時間の増加
・超過勤務手当がなくなる</td></tr>
<tr><td>実務から離れる戸惑い</td><td>・現場を離れるのが寂しい</td><td>・実務への深いコミットメント
・管理業務が退屈
・現場で通用しなくなったという思い</td></tr>
<tr><td>不安</td><td>・管理者適性への不安
・業務達成への不安</td><td>・優秀な前任者の存在
・プレッシャー</td></tr>
<tr><td>孤独や憂鬱</td><td>・人の上に立つ孤独感や疎外感
・自己を抑制するストレス
・上と下に挟まれる辛さ</td><td>・部下との上下関係
・本音と建前を使い分けなければいけない局面</td></tr>
<tr><td>「管理職」への幻想</td><td>・リアリティショック（幻滅や失望）
・自分のアイデンティティや持ち味を見失う</td><td>・規範的な“あるべき姿”の過剰意識
・楽観的な管理職イメージ</td></tr>
</table>

（出所）　元山［2008b］79 頁，図表 1 を引用。

このような状況から上手に実践知を獲得するためには、管理職自身の学習への態度が大きく影響する。とくに、重要な態度としては、経験に対する省察的姿勢と学習への能動的な姿勢である。

省察的姿勢は、担当者としての役割から管理職としての役割に移行する際に、その不連続の部分を認識することに役立つ。たとえば、次の語りは、製造子会社の人事担当者から本社製造部門の管理職に昇進した人物の例であるが、担当者としての人材育成についての意識と、管理職として直属部下に対する育成責任とを比較することで、管理職としての人材育成に対する責任の大きさについて学習していることがうかがえる。[5]

「やっぱり、育成していかなきゃいけないとかって、人事担当者としては思ってるんですけど、実際に自分が管理職になってみたら、思ってる段階の度合いが違いますよね。だから、課長とか部長が次世代経営幹部育成って言ってて、それを担当者として聞いてるレベルと、実際いざ自分が管理職になって、部下もって、この人のっていうのになると、責任の度合いっていうか、関わり度合いが全然違いますね」

〈管理部門課長職〉

ほかにも、新任管理職は多くの職務上の失敗を犯すが、そのような失敗経験に対して省察的に向きあうことによって、そこから何らかの教訓を引き出している。次の語りは、優れた営業実績を評価されて管理職に昇進した人物のものである。昇進直後の彼は、自分の営業手腕への自信から、自らが営業活動に従事していた。しかし、それでは部下が育たず営業所全体の営業成績が向上することはない。また、部下も、上司が営業現場に過剰に関与することを快く思っていなかった。そのような失敗経験を振り返ることによって、管理職の役割が何であるかを認識している。

「私は（管理職に）なった当時は、今まで営業マンとして売ってきたんで、売ることに非常に自信があったので、自分がある程度売ろうと、現場に出てやろうという気でいたんですけど、それがふとね、これは自分の仕事じゃないというのに気づいて、これしてたら今の営業所全体が伸びることはないなということにどこかで気づいたんですね。とにかく自分で現場に出てやろうと、セールスも一緒について来いっていうふうにやってたときは、やっぱり距離はありましたね、セールスと。そこで葛藤があって、私自身も悩んで、どうしたらええんやと非常に考えた挙句、これ自分の仕事してないよな、セールスも私に対してそういう仕事求めてないんだということに気づいたと」〈営業部門課長職〉

このような省察的姿勢に加えて、経験に対して受動的に反省するだけでなく、学習機会を積極的に追求していくことも効果的な学習につながっていた。たとえば、ある管理職は、部下に対して自分の問題点を指摘するように依頼し、それを自分の行動に活かそうとしていた。次の語りに見られるような他者からのフィードバックを積極的に探索し、それが自分にとって批判的なものであってもオープンに受けとめる姿勢は、移行期の経験からの学習につながっている。

「部下に教えられますよ。だから、僕のナンバー2の彼女とは、二人で話をするときなんかでもね、もう率直に言ってくれと、僕も怒らないし、言ってほしいと。こないだもあることを言われましてね。しょうもないことと言ったらしょうもないんですけど、今もうメール社会じゃないですか。だから、僕は僕なりの理屈でね、メールで指示を出せばちゃんと文章として残るから、『確実にやること一、二、三』って書けるから、確実な指示ができるのと、文章に残るから忘れることがないっていうのがあって、僕は目の前に部下がいてもメールで指示を出すんです。で、彼女に言われたのがね、冷たいと。やっぱり目の前にいるんだから、声かけてくれと。それは私もね、そうだなぁと、それもコミュニケーションやなぁと。たとえば、女性やったら肩をポーンと叩いたらセクハラになるからあかんのですけどね、男性やったら肩をポーンと叩いて、『元気でやってるか？』って。『これやってほしいねんけど、大丈夫か？』って。本当はそれを望んでるんですよね。ところが（それをしないので）、彼らからすると、僕なんかターミネーターみたいなね、冷たいと。あの人は業務の指示をきちっと書いて、メールで送ってきよると。目の前におるのに。こんなことがありました。そういうのがね、やっぱり部下の人がいろいろ言ってくれるのがすごい勉強になってね。だからまぁ、誰も言ってくれなくなったら、もう終わりやなぁと思ってるんですけど」〈管理部門部長職〉

また、別の管理職は、管理職としての職務遂行に必要な知識を得るために、あらゆる努力を惜しまなかったという。そして、そのような能動的な努力があったからこそ、自信をもって意思決定できるようになったと振り返っている。

「（昇進して）はじめて管理職というのを意識して、とった行動は、とにかくわからないといかんということで、全テーマについて担当に聞いて、聞いて、聞いて、聞いて、聞きまくると。（中略）研究（部門）ですから、いろんな大学の、理系の先生なんかと一緒にやっとるんですけど、先生と会話もできないという状況だったんです。まったくの素人ですからねぇ。会話もできない状況だったら、『もうお前来てくれるな』ということになるじゃないですか。だからもう、一生懸命勉強して、担当者と一緒に打ち合わせなんかもして。（中略）（管理職になるのは）大変や、大変やっていうイメージで、やっぱり大変やったと。大変を解決するのは、やっぱり自分でほんまにわかって、自信をもって判断できるレベルに達することやと思いますね」

〈技術部門部長職〉

管理職自身が、実際の直接の経験において省察的姿勢および能動的姿勢をもつことだけが実践知形成に役立つわけではない。直接の経験でなくても、他者をモデルにしたり、他者の言動によって学ぶことができる。具体的には、手本となる人物の言動の模倣的試行や反面教師となる人物の言動を戒めとすることで管理職としての実践知を形成する。とくに、上司（元上司）や先輩は身近な存在であり、日常的にも頻繁に接しているため、観察して学ぶ絶好の対象となる。バンデューラ（Bandura［1971, 1977］）は、他者の行動やその結果を模範として観察すると、それを見ていた観察者の行動には変化が現れることを実証した。観察することは、新たな行動のレパートリーを増やすことにつながる。また、観察によって、「これはしてはいけないことだ」とわかると、すでに習得していた行動を抑制し、反対によいことだと確認すれば、行動が促される効果がある。さらに、モデルとなる上司が不在となったときには、上司の行動を思い出し、うまく対処できるようにもなれる。われわれは、観察から実に多くのことを学ぶことができる。もちろん、管理職になったときに限らず、とくに上司をモデル人物とする学び（観察学習もしくはモデリング）は、キャリアにおける一皮むけた経験研究でも多く報告されている（McCall et al.［1988］，金井［二〇〇二］、リクルートワークス研究所［二〇〇一］、谷口［二〇〇六］など）。バンデューラはまた、参照モデリングという観察学習の一形態を区別している。つまり、モデル（手本となる）人物の行動を観察しながら、その行動を学ぶときに、具体的な行動を参照しながら、その行動のコツに当たるもの、原理・原則が、覚えやすい言葉で要約されていると、参照モデリングを通じての観察学習が促進される。たとえば、ホームランバッターのバッティングをただ観察して学ぶだけでなく、そのモデル人物が「重心の移動」「タイミング」「ジャストミート（芯でとらえる）」などのコツをうまく要約したラベルとして言語化していると、観察学習がいっそう促進される。これを、要約ラベルつきの参照モデリングという（金井［一九八六、一九九六］）。

一口に、直接薫陶を受けた上司やトップがすごいリーダーなら、その人からリーダーシップの発揮の仕方を学べるというが、その観察学習の効果は、トップが持論をもっているかどうかで変わってくる。この上司やトップがリーダーシップの持論を、リーダーシップを学ぶ部下の管理職にも、わかりやすく、また、覚えやすい原理・原則として公言している場合には、はるかに学習がしやすくなる。

また、管理職の実践知の源泉を遡ると、管理職になる前の経験の中にも見出すことができる。たとえば、自分が部下だった際、上司に何を期待していたかを想起したり、プロジェクトでのマネジメントや仕事以外の活動でのリーダー経験から教訓を引き出すことなどがあげられる。管理職の実践知の学習は、管理職になってから始まるのではなく、管理職になる前からすでに始まっているといえる。

このように、管理職が実践知を獲得するには、単一の経験だけから学ぶのではなく、自分の中の経験の連鎖、薫陶を受けた上司、先輩、周りの人たちの経験の観察から学ぶこととの接合を通じて、学ぶ。つまり、新たな管理職としての役割を正しく認識するために、自分自身を見つめ直し、積極的に学習に努めるとともに、他者や過去を含むさまざまな学習の資源を活かし、統合的に学ぶことで、自らの管理職としての独自の持論へと高めるのである。

4 ● 管理職の実践知はいかに継承されるのか

管理職の実践知は、伝統芸能や職人の世界のように技能を脈々と受け継いでいくというよりも、個人の持ち味やその人がおかれている状況に即した形で、その人自身のものを形成していくという側面が濃厚である。それでも多くの管理職が上司やメンター的な人物に育てられたと感じ、また自分の次のリーダーを育てる責任を自覚している。つまり、リーダーが次のリーダーを育てるというプロセスが存在している。実際、管理職移行調査からは、管理職になると、部下をもち、関係他部門や経営幹部、さらには社外の取引先など、より幅広い関係性の中に位置づけられるようになり、より積極的に他者と関わりあうなど、視野の広がりが見られる。たとえば、次の語りは、その典型例を示している。

「複数の人間に対して、『これをやりましょう』とかを言う立場になってる。今までは一担当者だから、『私はこういうふうにやります』っていうように言ってたんで、主語が違ってきますよね。『私たちは』っていうのに変わりますよね。今までは『私は』っていうように一人称だったのが、『私たちはこういうふうにやりましょう』っていうように目線が変わりつつある。今も変わってる途中なんですけど、そんなことを感じます」 〈管理部門課長職〉

さらに、こうした他者を含めた視野の広がりは、部下育成や次世代への関心へとつながる。管理職という立場から人を預かり、人を育てるという意識が芽生えるのである。

「やっぱり人を預かるってことは自分の人生において重みのあることですよね。やっぱり考え方を変えると

表 4-2-4　リーダーシップにつながるキャリア発達の段階

担当者（individual contributor）レベル

・個人として与えられた課題を担当者としてきちんとこなす時期
・通常は，学校から会社などの組織に入ったときがここへの移行期
・「私は何になりたかったか」という**個人的夢（individual dream/my dream）**が問われる移行期

↓

マネジャー（manager）レベル――はじめて部下をもつ管理職になるとき

・管轄する組織単位に与えられた課題を（プレーイングマネジャーである度合いに応じて自分でもこなすが）基本的には部下を通じて実現していく時期
・通常は，はじめてライン長として部下をもつ管理職になったときがここへの移行期
・職場，組織単位として「われわれは何を実現したいか」という**集合的な夢（collective dream/our dream）**が 問われる移行期

↓

リーダー（leader）レベル――戦略発想で変革を起こす経営幹部になる頃

・所属する組織単位を越える人々を巻き込み，リーダーとしてより大きな夢を実現する時期
・管理の仕組みを使って，上から言われたことをマネジャーとして達成する段階を越えて，組織の公式の戦略とは両立するが自分なりの絵を描き，組織図と両立するが，自分なりに組織内外に創り上げた人的ネットワークを通じて，はじめて自らのイニシアティブによる変革を企図するときが，このレベルに向けて一皮むける移行期
・「われわれの夢」である点に変わりはないが，最も高度なレベルに達すると，「この変化を通じて，次の世代に何を残していきたいか」という**世代継承的夢（generative dream/dreams for the future generation）**が問われる移行期

（出所）　金井［2005］図表1「担当者から管理職への移行，さらにその先」を引用。

いうか、自分の変化を要求することだとは思います。自分のことだけやっていればいいわけじゃない。人を預かる、人を育てる、そういう責任があるんだっていう。その人の会社生活、その人の出世とかに自分が影響を及ぼす立場になるんで、そういうことを考えるようになりました」

〈管理部門課長職〉

金井［二〇〇五］は、管理職になるという節目は、個人レベルのビジョン（夢）から集合的な夢、

さらには世代継承的夢へと大きくステップアップする契機になることを指摘している（**表4-2-4**）。最初に管理職となり、まずマネジメントの基本をマスターした後は、力のあるミドルなら、さらに次のステージに進む。たとえば、営業ならまったく新しい営業のやり方、さらには、これまで自社になかったような新事業に着手し、実現していく人がいる。顧客にも自社にも、ひいては社会からも評価されるような、営業革新、画期的開発、新事業を立ち上げるといったように、自分がゼロから夢のある絵を描くようになる。ここに至ると、実務的には同じく管理職とよんでしまうが、その発達段階的には、主として仕組みで人に動いてもらうマネジャーから、描く絵の実現にフォロワーがついてくるという変革型のリーダーへの移行期をくぐる（その意味では、**表4-2-2**の中のマネジャーもリーダーも、機能面の理論的な区別から用いられている用語であることに注意されたい）。そのとき、夢となる大きな絵を描いて、夢実現のため大勢の人々を巻き込むリーダーシップが必要となる。そのリーダーシップの発揮から生まれたものが、自分（リーダー本人）にも納得のいくもので、わが社の社員だけでなくライバルも含め業界の発展に役立てば、「われわれの夢」（our dream）というのも超えることになる。さらに、今、周りにいる人たちだけでなく、次の世代にも意味のある販売方法、イノベーション、新事業を起こしたのなら、その夢は、「世代継承的夢」（generative dream）に近いものとなっていく。

リーダーが次のリーダーをいかにして育てるか、つまり管理職の実践知をいかにして継承するのか。この問いをめぐって管理職によって個性的な持論が語られることが増えることに期待したい。たとえば、部下がリーダーとして成長する場を与えることが重要だと考える人、自分があえて次世代のリーダーにとっての乗りこえるべき壁になることが大事だと考える人、自分の背中を見せることが大事だと考える人など、語られるコンテンツは多様である。

では、育成についての持論はいかにして形成されるのか。ある管理職は、自分がいかにして実践知を学んできたか、どのように育てられてきたかを参照しながら、自分の部下育成の持論を語っていた。つまり、自分がどのようにして育ってきたかが次世代リーダーの育て方に影響するということである。さらにいうと、実践知をうまく学習できた人だからこそ、部下をどう育てるかについても語ることができるのである。

5●まとめ

はじめての管理職に従事するときは誰もが最初は戸惑うが、その戸惑いこそが学びの源泉であるととらえて、学習に対して能動的に臨み、また経験を深く省察することで多くの教訓を引き出すことができる。管理職への移行は、非連続（不連続）な節目となるので、ここの節目をくぐるときに、戸惑ったり、もがいたりすること自体が、ノーマルだと知ることが大切である。

また、管理職の実践知は、その人の持ち味や状況に根づいたものであり、一般的に流布する管理職としてのあるべき姿に必ずしもとらわれる必要はない。大事なことは、自分なりのマネジメントやリーダーシップの持論を紡ぎ出すことである。とくに、リーダーシップについては、有効なスタイルは、リーダーがおかれた状況に依存することが明らかにされている。だから、自然科学では普遍的な理論が望ましいけれども、こと経営という領域における実践家の持論という意味では、リーダーシップ持論は、その人の持ち味にあっているという意味で、パーソナル、その人がおかれている状況に適合しているという意味でローカル、さらに、その人がリーダーシップを発揮しているフェイズや時期（安定期なのか、混乱期・変革期なのか）に応じてタイムリーなのがよい（金井［二〇〇五］）。もっとも、あまりに的外れな内容だと困るので、はじめて持論を言語化するときには、優れた経営者が自伝や伝記で表明している持論や、長く生き残っている理論が提示しているものを参考にしたほうがいいだろう。

さらに、管理職の育成や実践知の継承という観点からは、うまく実践知を身につけた管理職が次の管理職を育てるのであるから、そうしたサイクルをうまく循環させることが重要である。これは、第**3**章で、リーダーシップエンジン、リーダーシップパイプラインという言葉で言及したことにほかならない。

熟達化研究は、スポーツでも、楽器でも、仕事でも、特定の技能の熟達を扱うことが多いが、管理職としての熟達は、人を扱うことをマスターしていくという意味で、興味深い対象である。

プレーヤーとしてサッカーがうまくなるのと、監督、コーチとして、プレーヤーと接するのとは、どこに違いがあるのか。バーンアウト（燃え尽き症候群）の研究にヒントがある。ソーシャルワーカーやカウンセラーなど、人を扱うことを仕事の根幹におく職種から、バーンアウトが発見されてきたという事実である。管理職になるということは、分析もするし、計画もするし、理詰めに論理的思考もする。課題面の行動だけですめばよいが、実は、仕事の半分は、部下たちをはじめ、人との関係を扱うことが主となる。計画作りに頭を使ったときの疲れはむしろ心地よいことさえあるが、人との関係に気を遣った日には、燃え尽きるところまでいかなくても、ミニバーンアウトするであろう。

これが、スポーツの世界で選手から指導者になるときの節目、ここで取り上げているようなビジネスの世界で担当者から管理職になるときの節目をくぐるのを難しくする理由の一つである。筆者らが神戸大学で推進した**J**リーガーの現役引退後の適応に関する調査からも、いくつかの洞察があった。いつかプレーヤーとしては戦力外通知を受けても、そのあとは、指導者として、サッカー界に尽くしたいとは思っていても、プレーヤーから指導者への節目でつまずく。少なくとも苦労する。いつか指導者になりたいと思っていて、それを好きなサッカーの世界で行う人でもつまずき、移行期には苦労する。だとすれば、多くの人が働くビジネスの世界で、管理職になる節目で苦労することがあっても、それ自体をノーマルなことだと筆者らは思う。苦労はするが、この節目を越えることによって、人を動かし、人を育てることに入門する。だとすれば、苦労のしがいはあるだろう。何しろ、自分だけではできない大きなことを成し遂げることができる。また、部下たちが育つのだから。

これまでのビジネス界では、そして研究においてさえ、管理職になるという節目を、熟達、発達の問題としてとらえずに、単に昇進や出世の問題ととらえてきたきらいがある。この機会に、熟達、さらには人の生涯発達の観点から、キャリアを展望するような研究が、熟達の認知心理学からも、キャリア発達に関わる経営学からも、継続して生まれ、企業などでの実践に役立っていく時代はそう遠くないだろう。すでにその蓄積は始まっている。

(注)

1　管理職でも人事考課権がなく直接管理する部下がいないケースがある。社会経済生産性本部［一九九五］や八代［二〇〇二］は、人事考課権をもち、超過勤務手当の支払対象とはならず、規約上労働組合員になれない者を狭義の管理職とよび、それ以外で管理職と同等能力レベルにあるか、超勤支払対象ではないか、労働組合員になれないかのいずれかに該当する者を管理職相当職とよんでいる。なお、管理職と管理職相当職を含めた場合を広義の管理職としているが、本章では前者を管理職（マネジャー）として扱うこととする。なお、厚生労働省［二〇〇五］によると、部下の数は、課長ではおよそ一三人、部長だとおよそ三三人となっている。

2　なお、広義の管理職を含めた場合は、二〇〇四年現在でおよそ狭義の管理職の一〇倍の人数がいるとされている。

3　管理職の仕事については、古くから管理過程に関する研究（Fayol [1916], Gulick [1937]）、管理者行動の研究（Carlson [1951], Mintzberg [1973], Hales [1986]）、管理者のコンピテンシーの研究（Boyatzis [1982], Spencer & Spencer [1993]）などで議論されてきた。

4　本章で使用するデータは、次の二つの調査に基づいている。①多様な企業（製造業、商社、金融）に属する中間管理職九名へのインタビュー。職能の内訳は営業系四名、管理系五名。調査時期は二〇〇一年一〇月〜〇三年一二月。②製薬会社X社（調査時点での従業員約一二〇〇名、連結売上高約二五〇〇億円。東証一部上場企業）の中堅管理職二四名へのインタビュー。職能の内訳は、営業系一二名、製造／技術系四名、管理系八名。調査時期は二〇〇四年七月〜〇六年六月。いずれのインタビューも管理職になったときの様子を回顧してもらう形式で実施した。あらかじめ簡単なインタビュー項目を用意していたが、必ずしもそれにかかわらず調査協力者との自然な会話を重視した。総時間は、約六九時間。

5　本稿一三三頁以降の、かぎ括弧付きの〈管理部門課長職〉〈営業部門課長職〉〈技術部門課長職〉の発言は、元山［二〇〇八a］からの引用。

引用・参考文献

Bandura, A.（Ed.）[1971] *Psychological Modeling: Conflicting Theories*. Aldine–Atherton.（原野広太郎・福島脩美共訳［一九七五］『モデリングの心理学――観察学習の理論と方法』金子書房）

Bandura, A. [1977] *Social Learning Theory*. Prentice-Hall.（原野広太郎監訳［一九七九］『社会的学習理論――人間理解と教育の基礎』金子書房）

Boyatzis, R. E. [1982] *The Competent Manager: A Model for Effective Performance*. John-Wiley & Sons.

Carlson, S. [1951] *Executive Behaviour: A Study of the Work Lord and the Working Methods of Managing Directors*. Strömberg.

Erikson, E. H. & Erikson, J. M. [1997] *The Life Cycle Completed*. W. W. Norton & Company.（村瀬孝雄・近藤邦夫訳［二〇〇一］『ライフサイクル、その完結』増補版、みすず書房）

Fayol, H. [1916] *Administration Industrielle et Générale*. Dunod.（都筑栄訳［一九六四］『産業並びに一般の管理』風間書房）

Gulick, L. H. [1937] Notes on the theory of organization. In L. H. Gulick & L. F. Urwick（Eds.）*Papers on the Science of Administration*. Colombia University Press.

Hales, C. P. [1986] What do managers do?: A critical review of the evidence. *Journal of Management Studies*, 23 (1), 88-115.

金井壽宏［一九八六］「経営理念浸透のリーダーシップ」小林規威・土屋守章・宮川公男『現代経営事典』日本経済新聞社。

金井壽宏［一九九六］「経営の視点――経営理念の浸透と参照モデリング」『関西経協』第五〇巻一一号、一四六―一四八頁。

金井壽宏［一九九八］「リーダーの人物像とリーダーシップ機能――マネジャーの人物像とマネジメント機能との対比から見た『持論』」（神戸大学大学院経営学研究科ディスカッション・ペーパー・シリーズ一九九八・二）。

金井壽宏［一九九八］「リーダーとマネジャー――リーダーシップの持論（素朴理論）と規範の探求」『国民経済雑誌』第一七七巻四号、六五―七八頁。

金井壽宏［二〇〇二］『仕事で「一皮むける」――関経連「一皮むけた経験」に学ぶ』光文社。

金井壽宏［二〇〇五］「ライン・マネジャーになる節目の障害と透明――『なりたくない症候群』と『世代継承的夢』」『国民経済雑誌』第一九一巻三号、四三―六八頁。

金井壽宏［二〇〇九］「リーダー人物の語りとリーダーシップ現象の時空間――世代継承的夢の語り」金井壽宏・森岡正芳・高井俊次・中西眞知子編『語りと騙りの間――羅生門的現実と人間のレスポンシビリティー（対応・呼応・責任）』ナカニシヤ出版。

金井壽宏・古野庸一［二〇〇一］「『一皮むける経験』とリーダーシップ開発」『一橋ビジネスレビュー』第四九巻一号、四八―六七頁。

Kets de Vries, M. F. R. [1995] *Life and Death in the Executive Fast Lane: Essays on Irrational Organizations and Their Leaders.* Jossey-Bass.（金井壽宏・岩坂彰訳［一九九八］『会社の中の「困った人たち」――上司と部下の精神分析』創元社）

Koontz, H. & O' Donnell, C. [1955] *Principles of Management: An Analysis of Managerial Functions.* McGraw-Hill.（大坪檀訳［一九六五］『経営管理と経営計画』（経営管理の原則1）ダイヤモンド社）

Kotter, J. P. [1999] *John P. Kotter on What Leaders Really Do.* Harvard Business School Press.（黒田由貴子監訳［一九九九］『リーダーシップ論――いま何をすべきか』ダイヤモンド社）

厚生労働省［二〇〇五］『平成一七年版 労働経済の分析――人口減少社会における労働政策の課題』。

楠見孝［一九九八］「ホワイトカラーの熟達化と知識の構造」日本労働研究機構編『ホワイトカラーの管理技能を探る』（日本労働研究機構資料シリーズ、第八二巻）日本労働研究機構。

楠見孝［一九九九］「中間管理職のスキル、知識とその学習」『日本労働研究雑誌』第四七四号、三九―四九頁。

楠見孝［二〇〇一］「中間管理職における経験からの学習能力を支える態度の構造」日本労働研究機構編『ホワイトカラーの管理技能を探る（その二）』（日本労働研究機構資料シリーズ、第一一〇巻）日本労働研究機構。

McCall, M. W., Jr., Lombardo, M. M. & Morrison, A. M.［1988］*The Lessons of Experience: How Successful Executives Develop on the Job*. Lexington Books.
Mintzberg, H.［1973］*The Nature of Managerial Work*. Harper & Row.（奥村哲史・須貝栄訳［一九九三］『マネジャーの仕事』白桃書房）
元山年弘［二〇〇六］「管理者への職務適応を支える態度や行動」『六甲台論集』第五三巻三号、四七―六八頁。
元山年弘［二〇〇八ａ］「ライン・マネジャーへのキャリア移行に関する研究」『神戸大学大学院経営学研究科博士論文』。
元山年弘［二〇〇八ｂ］「管理職への移行における諸問題」『経営教育研究』第一一巻一号、七二―八四頁。
Nicholson, N.［1984］A theory of work role transitions. *Administrative Science Quarterly*, **29**(2), 172–191.
大井方子［二〇〇五］「数字で見る管理職像の変化――人数、昇進速度、一般職との相対賃金」『日本労働研究雑誌』第五四五号、四―一七頁。
リクルートワークス研究所［二〇〇一］「日本におけるリーダーシップ開発の現状」『Works』第四七号、三二―三七頁。
Spencer, L. M. & Spencer, S. M.［1993］*Competence at Work: Models for Superior Performance*. John-Wiley & Sons.（梅津祐良・成田攻・横山哲夫訳［二〇〇一］『コンピテンシー・マネジメントの展開――導入・構築・活用』生産性出版）
社会経済生産性本部［二〇〇五］『第八回 日本的人事制度の変容に関する調査』社会経済生産性本部。
社会経済生産性本部［一九九五］『「管理職の賃金制度に関する調査」報告書』社会経済生産性本部。
谷口智彦［二〇〇六］『マネジャーのキャリアと学習――コンテクスト・アプローチによる仕事経験分析』白桃書房。
Wagner, R. K.［1987］Tacit knowledge in everyday intelligent behavior. *Journal of Personality and Social Psychology*, **52**(6), 1236–1247.
Wagner, R. K. & Sternberg, R. J.［1985］Practical intelligence in real-world pursuits: The role of tacit knowledge. *Journal of Personality and Social Psychology*, **49**(2), 436–458.
八代充史［二〇〇二］『管理職層の人的資源管理――労働市場論的アプローチ』有斐閣。
Zaleznik, A.［1977］Managers and leaders: Are they different? *Harvard Business Review*, **55**(5), 67–80.

Expert 4-3

ＩＴ技術者

平田謙次

1● ＩＴ技術者の実践知とは

（1）二つの実践知

コンピュータやコンピュータシステム、あるいはコンピュータを動かすソフトウェアを開発する産業を、一般に情報技術（information technology，以下、ＩＴ）サービス産業とよぶ。最近では通信技術（communication technology）と一体化して利用することが多くなったことからＩＣＴサービスとよぶこともある。

このＩＴサービスにおける技術の根幹は、自然言語や曖昧な情報を、計算機言語に変換して、アルゴリズムを設計し、そのアルゴリズムに従って処理し、結果を再度人間が理解しやすい形で示すことにある。職務は、個人の知的能力の熟達に影響を及ぼす（Govier & Feldman [1999]）とされるが、ＩＴサービスにおける技術者（以下、ＩＴ技術者）の職務には論理的思考やリニア（線形）処理を展開する能力が必要となるという特徴がある。当然、彼（女）らは職務を通してこうした能力を高めて、エキスパートになっていく。

現在では、ＩＣＴを抜きにしてビジネスおよび私たちの日常生活も成り立たなくなってきているととももに、新たなサービスを創り出すことに関わる度合いが激増し、より高度な要求が突きつけられるようになってきている。要求が複雑で多様になるに伴い、技術的にレベルが高くなるばかりでなく、クライアント側も技術者側も、システムとして実現するべき要求そのものを明確にすることが困難になってきている。新しいサービスを創り出すのであるから、要求を明確に伝えきれないのは当然のことでもある。こうした要求および状況に対応していくには、一般的なIT技術者というよりは、ITプロジェクトマネジャーなどといった、IT技術の豊かな経験とスキルをもった上位職の存在の重要性が高まってきている。IT技術者の役割やスキルの範囲が広がり、それに伴い今までの枠にはとどまらない知的能力が求められている。

いわゆる技術だけに長けていればよいというものではなく、高度な要求や未整理な状況に対応しながら、新しいビジネスを生み出していくところに、IT技術者としてエキスパートになっていくことの難しさがある。平田らは、職務特徴に基づく経験を分析し、IT技術者はキャリア初期、中期および後期において、段階ごとに異なる特徴をもつ経験を通して熟達していくことを明らかにしている（平田［二〇〇三］）。キャリア初期では、システム設計・開発における技術的高度さが求められるため、必然的に担当する工程数が増えていき、それとともに調整すべき関係者の数が増えていくというパターンの経験を積む。キャリア中期では、ITプロジェクトの担当範囲が広がり、部分から全体を見渡すことも求められることから、担当する工程数および調整すべき関係者の数がさらに増す。キャリア後期では、顧客や自社の組織戦略に直結した職務経験が中心となり、それに伴って管理すべき工程数および調整すべき関係者が激増するのである。

このITサービス産業における「知」については、国内外でさまざまな体系化が行われている。アメリカでのNWCET[1]（National Workforce Center for Emerging Technologies）やCompTIA[2]（Computing Technology Industry Association）などがスキル標準の体系化を行っており、イギリスではSFIA[3]（Skills Framework for the Information Age）、EUでのEuropean e-Competence Framework[4]などがスキル標準を体系化している。また、日本国内でもITSS[5]（「ITスキル標準」）やETSS[6]（「組込みスキル標準」）、UISS[7]（「情報システムユーザースキル標準」）などのスキル標準を作ることにより体系化が進んでいる。

体系化のタイプとしては、実際の職務およびそこでのタスクをまとめたキャリア基準、各職務を実行するうえで必要となってくるスキルや知識を定義したスキル基準、そして、キャリアやスキルの開発のための人材開発基準の三方向があげられる。各体系では、レベル区分や遂行基準なども示されており、曖昧とされてきた実務における知が、かなりの部分明示されるようになってきている。また、これらは基本的に実務のタスクに沿っているものがほとんどであり、学術的な知の区分として体系化されたものではない。その意味で、IT技術者の実践知の体系であるということもできる。

また、ソフトウェア・ライフサイクル・プロセスのISO国際標準であるISO／IEC 12207[8]は、それ自体は能力に関わるものではないが、開始準備から始まり、システム要求分析、システムアーキテクチャ設計、ソフトウェア要求分析、ソフトウェア設計、ソフトウェア構築、ソフトウェア結合、ソフトウェアテスト、システム結合、システムテスト、ソフトウェア導入まで、一連のシステムおよびソフトウェアの実践において幅広く一般的に用いられている開発プロセスおよびタスクが明確に定義されている面で、実践知の集大成ともいえる。

しかし、実務を反映したモデルであっても、実際の現場の状況に応じた実践場面では、時間やコスト、人材などさまざまな制約から、すべてがモデル通りに実行できるわけでもなく、また、常にまったく同じような実行をできるわけでもない。実践での仕事場は生き物であり、生きたものにいかに対応するかによって成果が異なってくる。もちろん、体系に沿った知識や基本的スキルを身につけておかなければ、実践では対応のしようがないため、先にあげた体系化された実践知の重要性が低いというものではない。

そこで本稿では、業界として共通合意のもと、体系化された実践知を「参照実践知」、実践での仕事場の遂行行為において必要となる実践知を「遂行実践知」として区別していく。

(2) 参照実践知

知に関する概念は、知を顕在化しようとする測定方法に依拠するが、知の定義自体は、一般的に文章形式としても記述することができる。上にあげた業界共通のスキル標準にしろ、企業の職能資格制度、人事考課票にしろ、そこで示されている知は自然言語による説明文によって記述される。心理分析や過去に成し遂げた重要な経験に基づいて職務遂行の統合的な能力を引き出そうとするコンピテンシー面接にしても、やはり最終的には「○○ができる(する)」という記述説明になる。

こうした記述説明文はわかりやすい反面、知としての特徴が明確に表現されているとは限らない。たとえば「Web製作スキル」の説明を「Webページを作成できる」と表現した場合、単にテンプレートを利用してHTMLとして情報を載せることを考える場合もあれば、Flashを用いたコンテンツを作成できるという場合、あるいは、企業ニーズのヒアリングから始まり一連の開発プロセスを管理していくWebプロデューサーをイメージする場合もある。

そこで、先に紹介したETSSなどの体系化された知(スキル標準)を、スキルの特徴を要素に分けて

図 4-3-1　コンピテンシーメタモデル（ETSS 適用例）

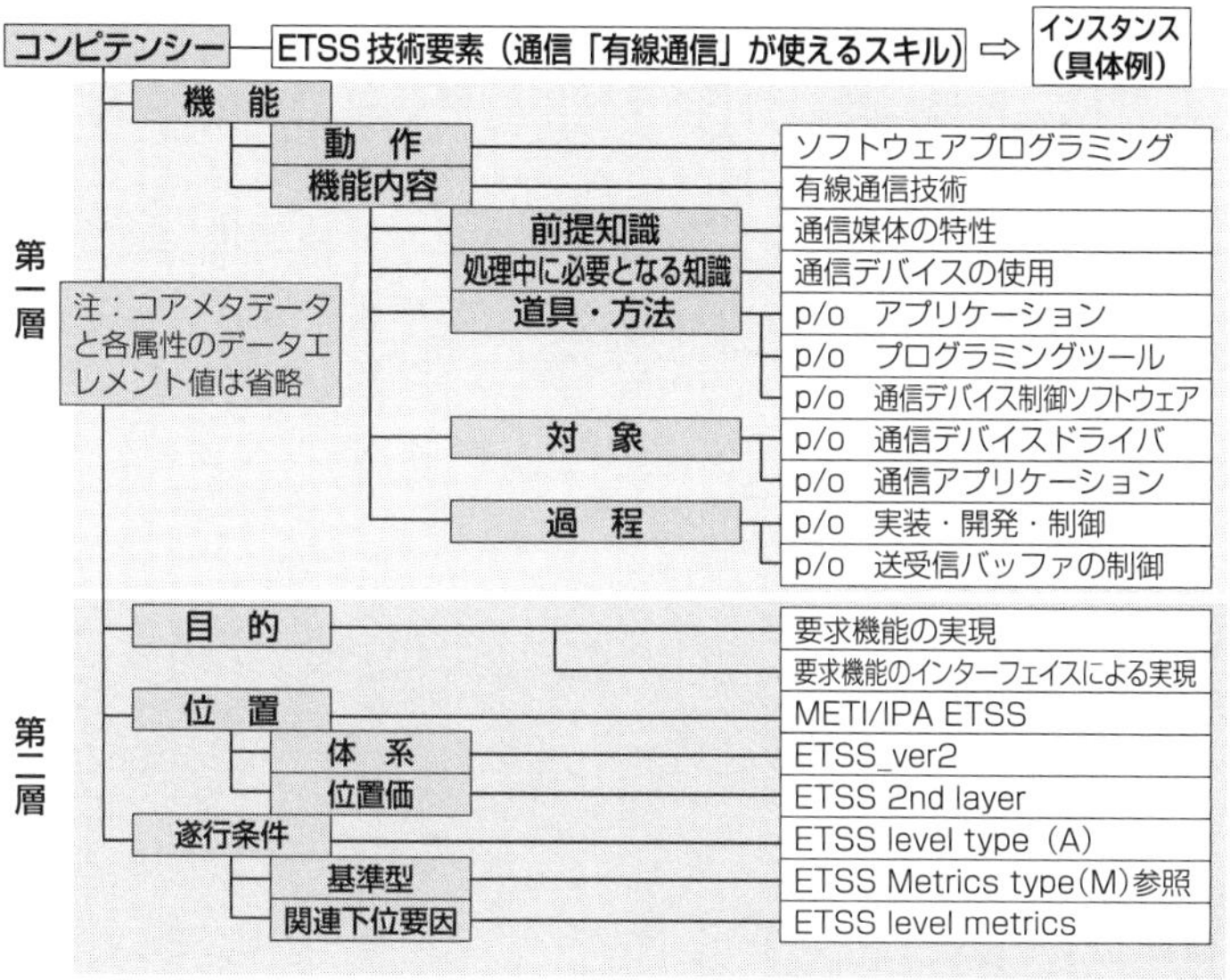

構造的に表現することによって、スキル標準などで用いられていた記述説明文に埋もれていた意味内容を掘り起こし、より知としての実践性を高めることができる。**図4-3-1**は、ETSSを例にとり、このような構造化を試みたものである。この図はコンピテンシーメタモデル[9]とよばれる（平田・齋藤［二〇〇九］）。

メタモデルは、大きく三つの側面から構成される。第一層はスキル／コンピテンシー（能力）の本質的内容を構成する機能（function）である。第二層は、その機能が状況において方向づける、あるいは状態を特徴づけるもので、目的（essential goal）、位置（placement）、遂行条件（performance condition）から構成される。第三層は、機能がより実践的に個別化や詳細化された内容を表現するものである。紙面の制約上、**図4-3-1**では第三層を省略している。第一層の機能は、機能の根幹となる動作（action）

とその動作を特徴づける機能内容（function contents）から構成される。動作は動詞によって表現され、機能内容は目的語と修飾語によって表現される。機能内容については動作をするのに事前に必要となる前提知識（prerequisite knowledge）、動作中に必要となる知識（specific knowledge）、動作に必要となる道具・方法（tool）、動作の操作が及ぼされる対象、動作の流れを分解した過程（process）である。

第二層の目的とは、機能の方向性を示す。たとえばあるコミュニケーションスキルにおいて、その機能は人（object）と情報交換する（processing）と定義されたとしよう。その場合、「仲良くするため」という目的と「仕事を円滑にするため」という目的では、機能が発揮される方向性や状態は異なってくる。また、位置とは、あるスキルがどのような体系および文脈で定義されているかを規定するものである。たとえば、情報技術体系におけるコミュニケーションスキル（情報通信）と、社会的スキルにおけるコミュニケーションスキル（対人コミュニケーション）では意味合いがまったく異なってくる。最後に、遂行条件とは、機能が遂行される条件の違いを示す。コミュニケーションスキルの場合、異文化の人とのコミュニケーションと大学生同士のコミュニケーションでは発揮される状態は大きく異なる。このことは、当該スキルの評価に直接関連してくる。

（3） 遂行実践知

刻々と状況が変化する実践での仕事場では、先に述べたように参照実践知のすべてを実行できるわけではない。また、役割や立場によって同様のタスクであってもすべきことは異なってくる。したがって、仕事場においては、必要とされるタスクの選択、選択したタスクを実行に移す際のプロセスと各タスクの重みづけ（優先順位）、そしてタスクへの関わり方を柔軟に変えた対応が必要となってくる。

しかし、仮に適切なタスクを選択し、重みづけも適切であったとしても、単にタスクの手続き的知識を実行に移す、あるいはタスクに関連したスキルを実行するというだけでは十分ではない。個々人がもつ各種能力や資源を統合的に発揮し、態度を表出することによって、遂行および業績は大きく異なってくる。たとえば、関係者への配慮や、タスク実行の前に呼び水を撒いておくこと、予想外な事態への周到な対応、自らの信念や強みを反映させることなど、仕事場での「味つけ」ができるかどうかがエキスパート度を推し量る指標となる。

仕事場での対応の重要さは、IT技術者の働き方の特徴からも強調される。多くの場合、IT技術者の仕事の形態はプロジェクト体制で行われる。人、組織、期間、コスト、場所はプロジェクトごとにばらばらである。所属組織と実体組織が異なることも頻繁である。このような中ではいっそう、状況において個人に任される味つけは、仕事の成否を決定づけるもととなる。

そこで、遂行実践知の三つの側面である、実践の仕事場でタスクを選択したりタスクの優先順位をつけたりするタスクプライオリティ知（本項（4））、タスクにおいて適切な認知資源を投入する資源配分知（本項（5））、参照実践知を状況において実働可能にするための状況知（**2**の（2））という三つの観点からIT技術者のエキスパートの特徴を見ていく。なお、状況知については実践での知の獲得と密接に関連するため、項を改めて**2**で述べる。

（4）タスクプライオリティ知

実践の仕事場におけるエキスパートたちのタスクの重みづけおよびタスク選択について、ITプロジェクトマネジャーの事例から見てみることにする。筆者らは、ITに関わるさまざまなタスクをあげ、その実施頻度について調査した（平田［二〇〇三］）。

その結果、ITプロジェクトマネジャーのエキスパートは、一般的なITプロジェクトマネジャーと比較して、ITに関わるタスクの中でもプロジェクトマネジャーならではのタスクを集中して行っていた。また、コンサルティング的活動や営業的活動にも積極的に関わっていた。一方で、一般的プロジェクトマネジャーは、SE（システムエンジニア）の中心的な職務である実際の開発に関連するタスクを多く選択していた。

さらに、こうしたタスクの選択が成果にどのように影響するかについての調査が行われた（Hirata et al.［2008］）。ここでの成果とは、どの程度大きな規模のITプロジェクトを担当することができているかという側面と、どの程度の範囲を責任として受け持ってITプロジェクトを担当できているのかの二側面である。

その結果、規模についてはコンサルティング的活動やヒューマンインターフェイスデザイン的活動の選択が影響を及ぼしており、逆にSE的活動はマイナスの影響を及ぼす。責任範囲については、コミュニケーションを促す活動やプロジェクトマネジメント活動そしてSE的活動の選択が影響を及ぼしているが、何より説明責任の行動をとることが必要となる。

IT技術者のエキスパートは、目前の仕事に対してタスクを黙々と遂行しているのではなく、目前の仕事を通して、その仕事環境をよりよくすることや関係者との関係を好ましいものに変えていくことをも勘案して、一歩先あるいは一段上から自分が担当している仕事を包括的にとらえ、その状況において優先順位の高いタスクを選択し、実行していることがわかった。いわゆる役割外行動を積極的にとっているのである。

（5）資源配分知

実践の仕事場で、エキスパートたちが、仕事場における制約条件下において限られた意識や注意および能力を適切に配分し活用していることに関する二つの研究を紹介する。最初に、エキスパートの意識や認知の配分に関して、ＩＴプロジェクトマネジャーの事例から見ていく。プロジェクト遅延対応のケーススタディ課題を与え、その際の課題の解決に向けての行動を調査した（Hirata et al.［2008］）。

その結果、まずＩＴプロジェクトマネジャーのエキスパートは、一般的なＩＴプロジェクトマネジャーと比較して、まず、「問題意識」が異なる。顧客の利益や顧客の要求に応えること、会社からの信頼を得てビジネスを拡大させること、メンバーを育成することなど、単に表面的な課題を解決しようとするのではなく、さまざまな方向に意識を向け、解決に向けての内外への働きかけの可能性と相互の影響についても注意を払っている。一方、一般的ＩＴプロジェクトマネジャーはプロジェクトの開発工程に関する「進捗管理」「遅延」を重視し、内向きに資源を配分し、目の前の問題に右往左往している。人や組織など「対人関係への注意」の配分では、エキスパートは全チームやシステム全体に向けて資源を配分するが、一般的ＩＴプロジェクトマネジャーは自分のチーム内かせいぜい直接的に関係のあるチーム間にしか資源を配分しない。

さらに、意識の「時間的スパン」は、一般的ＩＴプロジェクトマネジャーのすべてが「現在」の問題に対する応急処置であるのに対して、エキスパートは「現在」もあるが、「将来 or 近い将来」も同等程度に意識をおき、見えない問題や将来的な問題を含めて資源を配分していることがわかった。

表 4-3-1　ITのエキスパートと一般技術者のコンピテンシーの重要度差

エキスパートに有意に重要なコンピテンシー	両者に差がなかったコンピテンシー
責任感・達成志向	時間管理
説得力・リーダーシップ	サービス志向
自尊心・モチベーション	創造的思考
情報解釈・伝達	読解
ネゴシエーション	システム思考
情報獲得・情報評価	資材管理
観察・モニタリング	システム改善・設計
人材管理（他者やチーム）	技術選択
言語流暢	学習方略選択
自己管理・自己統制	技術適用
情報組織化	計算処理　など

（注）・共に重要度の高いものから並べている。
・差がなかった右の欄は，重要度が単純に低いのではなく，エキスパートと比較した場合，有意な差がなかったもの。

次に、個々人のもつ能力の配分について、ＩＴ技術者へ能力発揮の重要度について質問する調査を行った。ＩＴに関する仕事において、二七ある能力のうちのどれを発揮すればよいかについての認識をたずねている。

その結果（**表4-3-1**）、エキスパート（業績優秀者）は一般の技術者と比較して、責任感やモチベーションといった基本的な態度、リーダーシップやネゴシエーションといった対人能力、情報解釈や情報獲得など情報を扱う能力を、仕事上で発揮することに重きをおいている（平田［二〇〇三］）。実践における具体的な方向性への配分を支えるコンピテンシーとして、これらの能力が重要なのである。

2 ● IT技術者の実践知はどのように獲得されるのか

（1）　業務に必要となる各種の知の獲得状況

ＩＴ技術者は必要とされる知識や能力をどのように獲得しているのであろうか。知識とスキルおよび社会的スキルに関わるコンピテンシーを、それぞれいくつかのカテゴリに分け、獲得の方法について、ＯＪ

Tや研修といった周囲で用意される能力開発機会か、書籍や雑誌など一般的な知識資源か、あるいは、仕事場での経験からなのかを調査した（平田［二〇〇三］）。

まず、知識カテゴリでは、ITに関する基礎レベルの知識、ITに関する高度レベルの知識、そしてビジネスや産業に関する知識がある。IT基礎知識については、三分の一以上が有効としたのが「書籍」「OJT」「社内研修」（五〇・五％、四五・七％、三九・一％）の三つ、四分の一以上が有効としたのが「専門雑誌」「無意図的経験学習」「意図的経験学習（三〇・七％、二六・二％、二五・七％）の三つである。環境が整った中で、高頻度に学んでいる様子がわかる。

高度IT知識は、三分の一以上が有効としたのが「書籍」「専門雑誌」「意図的経験学習」（四〇・五％、三九・三％、三四・九％）の三つ、四分の一以上が有効としたのが「OJT」「無意図的経験学習」「Web情報」（二七・八％、二五・〇％、二四・八％）の三つである。これもIT基礎知識には及ばないものの、多様な機会を通して、高頻度に学んでいる。ただし、IT基礎知識とは違い、書籍のみならず、雑誌や意図的経験など自らの主体性が重要となる。

ビジネス知識は、三分の一以上が有効としたのが「意図的経験学習」「無意図的経験学習」「書籍」（三七・七％、三六・九％、三三・〇％）の三つ、四分の一以上が有効としたのが「Web情報」「専門雑誌」（二八・六％、二六・三％）の二つである。ビジネス知識は知識であっても実践の経験から学びとっている点が、上述の二つの知識とは大きく異なっている。

次に、実務で実際に発揮するためのスキルカテゴリについて見てみる。これには、ITに関するメソドロジー、ITに関する開発スキル、顧客ニーズや問題を把握・整理するスキルがある。ITメソドロジーは、三分の一以上が有効としたのが「書籍」（三三・六％）の一つ、四分の一以上が有効としたものがなく、五分の一以上まで下げると「専門雑誌」「無意図的経験学習」「意図的経験学習」（二四・九％、二四・一％、二三・九％）の三つがある。学べる環境もあまり整っておらず、きちんとメソドロジーを学べていないことがうかがえる。

ＩＴ開発スキルは三分の一以上が有効としたのが「無意図的経験学習」「ＯＪＴ」（三九・二％、三八・三％）の二つ、四分の一以上が有効としたのが「書籍」（三二・二％）の一つである。無意図的経験学習がトップだが、ＯＪＴの値が高いことや、意図的経験学習の値も高いことなどから、実践において学ぶ機会はある程度整っているといえる。

顧客ニーズを把握するスキルは、三分の一以上が有効としたのが「意図的経験学習」「無意図的経験学習」（四四・九％、三五・五％）の二つ、四分の一以上はなく、五分の一以上が有効としたのが「書籍」「ＯＪＴ」（二三・四％、二一・三％）である。経験および実践の場で積極的に学んでいる。

最後に、ＩＴ技術やビジネスに固有ではないが、ＩＴ技術者には欠かせない一般的なコンピテンシーカテゴリについて見てみる。これらは、短期間での育成が容易でないもので、長期の経験から開発させていかなければならない。ヒューマンスキルは、三分の一以上が有効としたのが「無意図的経験学習」「社内研修」（五〇・〇％、三九・七％）の二つ、四分の一ないし五分の一以上が有効としたのが「意図的経験学習」「ＯＪＴ」（二五・四％、二四・九％）である。経験を通して積極的に学んでいる様子がわかる。また研修が有効である点は興味深い。一方、コンセプチュアルスキル（概念化／意思決定力）は、三分の一以上が有効としたのが「無意図的経験学習」（三三・八％）の一つ、四分の一、五分の一以上が有効としたのが「社内研修」「意図的経験学習」「ＯＪＴ」（二八・〇％、二五・六％、二一・八％）である。ヒューマンスキルと比較すると、傾向は同様で研修の効果も認められるが、どれも値が下がっており、学ぶための環境や経路が確立されていない。

こうした知の獲得に伴って、ＩＴ技術者はキャリア形成を行っていくことになる。

（２）問題解決の経験から獲得する状況知

ＩＴ技術者において、なぜ経験をすることによってスキルおよび実践知が身につくのかについて、次のような実験を行った。

まず、現実のＩＴシステム開発の場面に沿ったケースを用意した。このケースは二つ作成した。ケースは二つとも、現実のある架空のＩＴシステム開発の状況を説明し、システム開発に関わる組織的概要、システム要求、現在の問題について記載したもので、ほぼ同じ文章分量で書かれている。この二つのケースは、ＩＴスキル標準のキャリア基準におけるレベル達成度指標に沿って、レベル3に相当する課題（プロジェクト内の限定範囲の責任、必要最低限の技術の独力での発揮など）と、レベル5に相当する課題（プロジェクト全体の責任、多様な技術の統合など）を、解決していかなければならない場面としてそれぞれ設定をした。具体的には、プロジェクトのサイズや責任の範囲、技術的複雑さなどを変えている。

このケースに対し、筆者が考案した問題解決支援ツールを用いて、問題の認識や同定とその解決のための対策に関する知をできる限り顕在化してもらった。この支援ツールには、顕在化を促進させるためのメソドロジーが組み込まれている。たとえば、問題解決における認知心理学的プロセスに沿って問題を顕在化できることや、問題の同定や解決案の検討を構造的に顕在化できること、そして、問題の同定や解決案

図 4-3-2　ITプロジェクトマネジャーの問題解決知の構造化

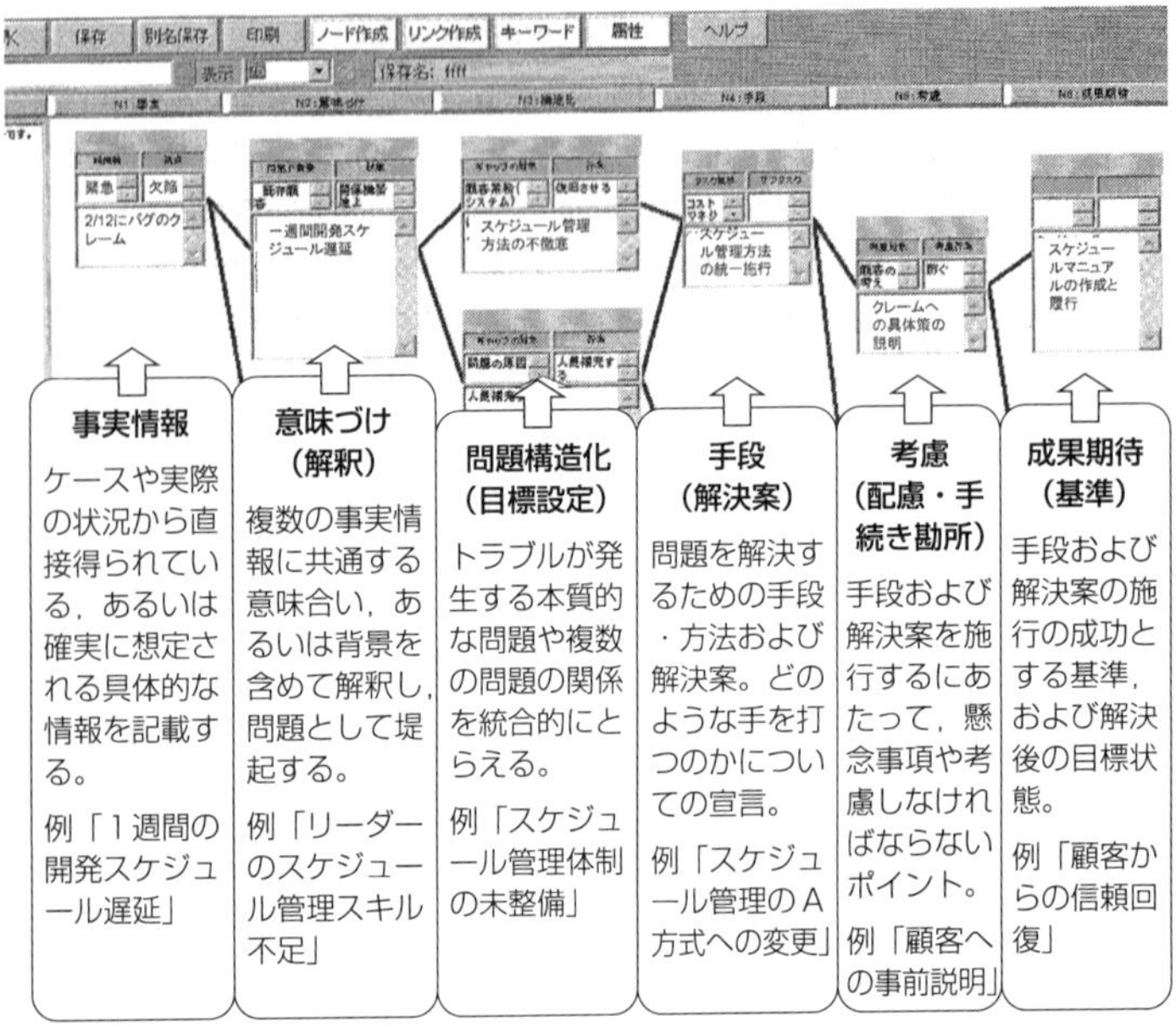
保存
別名保存
印刷
ノード作成
リンク作成
キーワード
属性
ヘルプ
表示
保存名
緊急
欠陥
2/12にバグのクレーム
一週間開発スケジュール遅延
スケジュール管理方法の不徹底
スケジュール管理方法の統一施行
クレームへの具体策の説明
スケジュールマニュアルの作成と履行
事実情報
ケースや実際の状況から直接得られている，あるいは確実に想定される具体的な情報を記載する。
例「1週間の開発スケジュール遅延」
意味づけ（解釈）
複数の事実情報に共通する意味合い，あるいは背景を含めて解釈し，問題として提起する。
例「リーダーのスケジュール管理スキル不足」
問題構造化（目標設定）
トラブルが発生する本質的な問題や複数の問題の関係を統合的にとらえる。
例「スケジュール管理体制の未整備」
手段（解決案）
問題を解決するための手段・方法および解決案。どのような手を打つのかについての宣言。
例「スケジュール管理のA方式への変更」
考慮（配慮・手続き勘所）
手段および解決案を施行するにあたって，懸念事項や考慮しなければならないポイント。
例「顧客への事前説明」
成果期待（基準）
手段および解決案の施行の成功とする基準，および解決後の目標状態。
例「顧客からの信頼回復」

の検討のための関連知識を提供する機能をもっていることで顕在化がしやすくなるのである。

実験協力者には、双方のケースについて、この支援ツールを用いて問題の認識や同定とその解決案を考えてもらい、ノード（箱）とリンク（線／矢印）で構成されるチャート図を描いてもらった。その結果、レベル3ケースとレベル5ケースでは、問題解決に用いる知の特徴の違いが明らかになった。

まず、問題解決に必要とされる知識の量の違いである。表面化した問題やトラブルに関する情報としての「事実」や事実情報に対する「意味づけ（解釈）」については、双方のケース間で違いはなかった。しかし、問題の構成的理解を行う「問題構造化（目標設定）」と解決法略を設定する「手段（解決案）」については、知識の量に違いが見られた。さらに、実行時においてリスクテイキングや人や組織への配慮を多面的に検討することや現場ならではのノウハウなどの「考慮（配慮・手続き勘所）」、および解決案を実施したときに最終成果としてめざすべき「成果期待（基準）」に関する知識量においては大きく異なっていた。

次に、問題解決に必要とされる知識間の関係づけの程度である。「事実情報―意味づけ」については、知識量の差はあまり見られないが、「意味づけ―問題構造化」では約二倍、「問題構造化―手段」「手段―考慮」「考慮―成果期待」間の関係では三倍以上も異なっている。つまり、レベル5の問題解決においては、状況に沿った形で問題に対応するための知識構造を作り出す必要があることが示された。

問題を解決するには適切なメンタルモデルを築く必要がある。このメンタルモデルは、問題解決策のモデルが複数想定されるような場合に、問題の難しさが増し、結果に個人差がでてくる。その意味で、複数のモデルが考えられる中で、多くの情報を構造的にモデリングできることは、エキスパートの特徴といえる。また、バンデルヘンストは、モデル構築に関連性が低い情報が多くあると、構造的なモデリングはいっそう難しくなるとする（van der Henst [1999]）。一見すると関連しないような情報の意味を解釈し、取り込んでいくことは、非常に知的な作業を行っていると考えられる。この知的作業を通じ、**図4-3-2**のような形で状況のオリジナルモデルとして状況知を創造することが実践の問題解決では必須なのである。

3 ● IT技術者の実践知はいかに継承されるのか

（1） 評価活動を通した実践知の継承

実践知の継承においては、指導や継承の時間軸から、二側面で考えることができる。すぐに獲得できる

図 4-3-3　知の継承のための評価の観点（人事考課場面とプロジェクト評価場面）

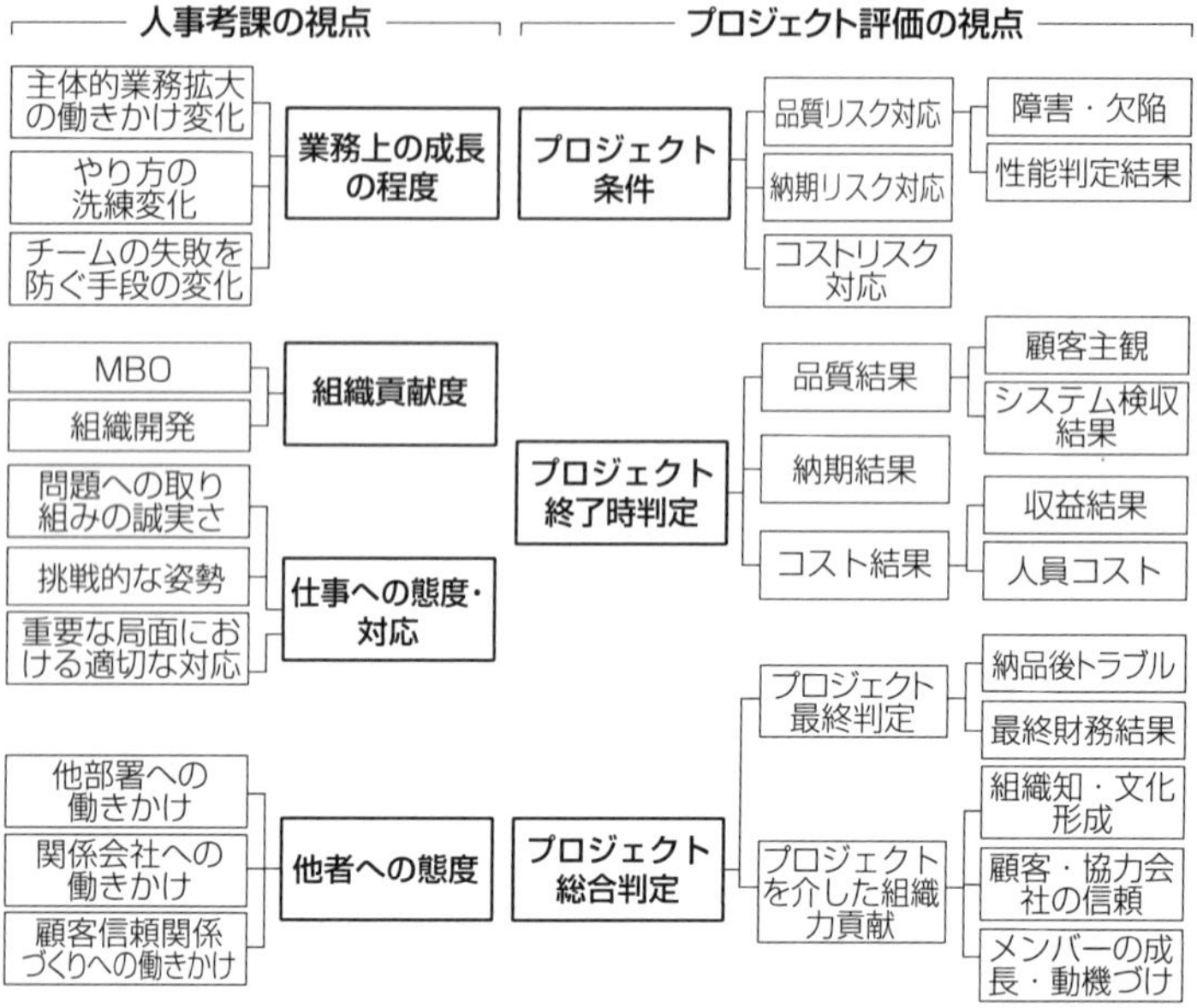

ものもあれば、長期的に開発していかなければならないものもある。ちょっとした勘所のようなものであれば、実践の仕事場で先輩から指摘やアドバイスをもらい、身につけることができるかもしれない。しかし、考え方や姿勢、高度なスキルは、獲得に数カ月や数年を要するため、その経過を、区切りをつけながら見守る必要がある。

そこで以下では評価・指導場面として、直接的な指導による継承ではなく、人事考課とプロジェクト評価の実際を見てみることにする（**図4-3-3**）。

（2）人事考課を介した指導・継承

人事考課制度は、一定期間内における構成員の職務遂行状況、個々人の資質の状態、および業績を評価し、昇進昇格、報酬の決定および決定に対する合理性をもたらすための仕掛けである。人事考課制度は、組織として人材や業績に対して望むべき方向性を、基準を介して広めたり深い理解を促したりする目的をもっている（Cascio［1997］）。これによって、組織および個々人は、現在の状態を明らかにすることができるのである。

実際の仕事場に置き換えていえば、上司が個々人の部下の現状をとらえ、適切な方向へと導くための重要なツールとして人事考課制度が位置づけられている。明示された方向性や基準とともに、その運用は暗黙的な側面も含めて、部下に対してめざすべき方向、仕事や組織、技術に対する考え方などを伝えていく。そこで、人事考課制度および人事考課の場面をどのようにとらえ、人材の育成および実践知の継承を行っているかについてある大手電機・情報サービス会社のIT部門に所属する部門長クラスの方々にインタビュー調査した結果を示す（河崎ほか［二〇〇九］）。

まず、人事考課制度の認識については、次のように述べられる。

「〇〇プロジェクトが成功したので昇進させてあげようというと、すごくわかりやすいのだけど、私はプロセス的な評価で見ている。たとえば、前はできなかったことができるようになったことはそもそも成果といっていないが（後略）」

〈IT部門長B氏〉

「PMBOK人事制度とは合わない状況になっているっていう、で、そこでそうはいっても人がどう成長していくかってことを大事に（後略）」

〈IT部門長D氏〉

このように、仕事場では、制度としての組織機能的側面よりは、日常的な関わりだけで指導しきれない、あるいは忘れがちになることを育成する目的として、年に数回の人事考課制度を活用している。

人事考課では、基本的に人事考課票に記載されている要件に沿って査定をしていく。要件としては、該当年もしくは期の目標に関するものや、複数の能力ディメンジョン（能力要素）などがある。こうした要件そのものは明示的になっているが、要件をどのように査定するかについては、実践において暗黙的に行われている。

調査によれば、ITプロジェクトにおけるリーダーや経験の浅いプロジェクトマネジャーに対する査定方法および基準に関して、大きくは四つの領域について査定していることがわかった。まず、ITプロジェクトプロセスにおける「プロジェクト過程での業務上の成長程度」が、最も多く見られる。次に多いのが、「組織貢献度」に基づく査定である。次いで「仕事への態度・対応」「他者への態度」である。

「プロジェクト過程での業務上の成長」は、プロジェクトとしての最終的成果だけでなく、プロジェクト実施過程における日々の業務において、主体的な業務拡大への働きかけ、やり方の洗練、チームの失敗を防ぐ手段を講じるなど、日々の業務実施活動における成長とその持続、そしてその成長速度の観点からとらえている。具体的には、次のような発言があった。

「最終的な成果主義はわかりやすいけど、プロセス的評価をする」
〈IT部門長D氏〉

「職位を普通にできれば普通でね、課長だけで部長がやるような仕事に自ら挑戦してプロジェクトを引っ張るとプラスだね」
〈IT部門長C氏〉

「組織貢献度」は、目標による管理（MBO）における達成度の側面とプロジェクトから生まれる組織開発的側面とがある。前者は、設定目標と実績との差分で、あらかじめ数値化して明らかになっているため、形式的に行われている。しかし、人事考課サイクルとプロジェクトサイクルがマッチングしないことから、後者の組織開発的観点が大きく考慮されている。これは、個別プロジェクトの収益への貢献とともに、プロジェクトを通して人を育成したり、組織の知の革新をしたりする、あるいは顧客との良好な関係を構築するといった組織力の向上に対する貢献度である。

仕事への態度・対応は、問題への取り組みの誠実さ、挑戦的な姿勢を見せているか、重要な局面で適切な対応をしているかであり、次のような発言から読み取れる。

「品質管理とかですね、どういうふうに仕事すすめていくの？ っていうのを表したほうがいいかなと思っていて、アローダイアグラムだったり（中略）。やっていきたいとか、そういうのをできるだけ書いてくださいっていう話はしていますね」

〈IT部門長C氏〉

「障害をおこさないとか、納期を守るとか、いろんな目標をたてるんですね。だから、それは結局個人でやれる話じゃないんで。組織としてやる仕事ですから、そこに至るにあたって自分がどういう考え方でどう取り組んだかというところを重点的に」

〈IT部門長B氏〉

他者への態度は、ともに活動を行うメンバーや顧客に対する接し方である。単にコミュニケーション能力が高いか低いかという視点ではなく、また、重要な各局面での対応の適切さだけでもない。

「課長の職位（この会社ではプロジェクトマネジャーは課長職以上）を越えるってことは、課を越えないといけないわけですよね。（中略）一つ二つプラスってことになるには，他を助けた，他部署を助けたって役立ったことでないと……」

「協力会社とかいろんなメンバーがいるわけで，メンバーをどう食わしていこうかと。次にですね，そこで終わりなわけじゃないですね，僕ら，維持したりエンハンスしたりしていくわけですから……」

〈IT部門長C氏〉

このような発言から，むしろ組織として信頼を得られるように働きかけ関係を構築しているかという観点があることがうかがえる。

（3）ITプロジェクトを介した指導・継承

ITプロジェクトマネジャーだけにとどまらず，ITプロジェクト内で働くことになるIT技術者は，プロジェクトの成功のために貢献することから，プロジェクトを介した評価・指導が中心となる。プロジェクトに求められることを把握し，そのために成果を出すことがエキスパートとして求められることである。では，プロジェクトをエキスパートはどのようにとらえるだろうか。

先の人事考課制度の質問に続いて，場面や観点を通して評価しているかについてインタビューし，レビューを行った。その結果，プロジェクトは①「プロジェクト条件」，②「プロジェクト成果（終了時判定）」（outcome），③「プロジェクト総合結果」（result）としてプロセス局面に沿ったものであることがわかった。

①「プロジェクト条件」は，プロジェクトの基本条件の充足度の評価であり，品質（Q），コスト（C），納期（D）によるものである。

品質評価では、はじめに性能設計や顧客の要求、商品の信頼性などが確認され、その後、性能判定結果と障害発生数、品質保持に関する情報が品質評価に用いられていた。

「お客さんがこれだけっていうけど、お前ら隠れているここ探してちゃんと設計しろ（と教育されてきた）」

〈IT部門長A氏〉

など、品質評価において、性能が顧客の要望を満たしているかをとらえようとしている。

コスト評価は、最終的にはプロジェクト終了時の収益に基づいて行われるため、プロジェクト成果としての評価となる。終了に至る過程においては、段階ごとにリスク評価を行い、この評価ができることが重要視される。

また納期については、

「プロジェクトは、納期通りに守って損益をあげるというのが基本的な目標」

〈IT部門長D氏〉

「納期が遅れたり品質が悪いと、そのまま全国に影響がでちゃうんで（中略）優先順位的に考えています」

〈IT部門長B氏〉

などのような発言が、何度も繰り返し語られており、QCDが深く根づいている。

②「プロジェクト成果」は、プロジェクト終了時の成否判定であり、基本的に品質・コスト・納期に問題がなければ成功と判断される。しかし、

「納品が終わってお金も使わなかったと、（中略）そこを評価しますかっていうところはかなり難しいです

ね。後でこんなバグだらけで（中略）大変な思いをするっていうパターンもいっぱいあるので、そこらへんの評価のタイムラグがちょっと難しく感じている」

〈IT部門長C氏〉

という意見も多い。製品のリリース後も含めた財務結果による最終的なコストの判定が望まれている。言い換えると、エキスパートは、プロジェクト終了後製品が手を離れた後のことも視野に入れて、プロジェクトをとらえている。

③「プロジェクト総合結果」は、プロジェクト成否判定の結果だけではなく、組織力に対する貢献を統合して決めている。組織力貢献とは、「組織知および文化形成」「顧客や協力会社との信頼」「メンバーの成長・モティベーション」である。

「要は、この組織がベースアップしていかないと（中略）この人が優秀だったら、たぶんイコールその、それをちゃんと下につたえれば、そこがこうベースアップされると思うんですね、その組織を育成していくんだと（中略）文化を形成していくんだっていうことも、やっぱり必要」

〈IT部門長A氏〉

という言葉に代表されるように、組織知の伝達や文化形成から組織資源をとらえていることを示している。

「協力会社さんがいないと結局うまくいかない、成果がでないので」

〈IT部門長B氏〉

などは、協力会社への働きかけや協力会社メンバーの動く様子を意識的に見ていたかという問いに対して同意していたことや、

「プロジェクトの要は（中略）どうやって進捗、お客さんと成長してですね、作業が膨らまないように当

初の中にいれこむか、そして品質を保つかという話」

〈IT部門長C氏〉

という発言に見られるように、プロジェクトにとって協力会社や顧客との関係構築が重要ととらえていることがわかる。そして、

「全体がちゃんとこうあがるように、適切に配置されて（中略）そいつらがちゃんとそういう活動をするような場面をつくって、やっていかないといけない」

「ソフトウェアを作っているんで、ソフトウェアは人がつくるものなので、要は人の能力をいかにあげるかが、イコールプロジェクトが成功するかどうかにかかってくる」

〈IT部門長A氏〉

「それ（品質・コスト・納期）は一時的に表面的なので（中略）そこが一つの基準ではあります。それでさっき言った人材育成とかもそのへんにからんでいて、（中略）そこで終わりなわけじゃないですね（後略）」

〈IT部門長C氏〉

というように人員配置と仕事分担からプロジェクトにおける組織全体の成長をとらえている。

4 ● まとめ——提言

本稿では、ITサービスにおけるエキスパートについて、参照実践知、遂行実践知の二つの側面からとらえてきた。また、遂行実践知については、さらに、タスクプライオリティ知、資源配分知そして状況知の三つに分けて説明した。これらの実践知は相互に影響しあうことでよりエキスパートとしての熟達度の

推定と、育成が可能となる。

参照実践知はキャリアの段階を表す基準として、また、めざすべき高いスキルの獲得へと方向づけることに有効である。その参照性がより詳細で具体的であるほど、知の理解、伝達、および育成に役立つことになる。

遂行実践知の三つはいずれも刻々と状況が変化する実践での仕事「場」における知識処理の現象およびメカニズムである。その意味で、遂行実践知は固定的なものでもなく記述的なものでもない。その状況に合ったタスクに優先度をつけ、選択をすることに関して、固定的な解はない。その都度異なる状況で用いることのできる限られた資源を、効率的・効果的に組み合わせ、問題に対応する仕組みを作り上げなければならない。まったく同じ状況で、まったく同じ資源ということはありえない。やはり、そこでの固定的な解はない。時として、非常に厳しい資源状況の中で配分をしなければならないかもしれない。厳しければ厳しいほど、一般解では解決できない。

そして、状況の中で事実情報を取り込み、経験と知識そして論理的思考に基づき、適切に状況を把握し、取りうる最適な解決案を模索し、ただちに実施し、成果に結びつけていくために、知の変換をしていかなければならない。この知の変換は、一般的や抽象的なレベルのものではなく、まさにオリジナルでその状況においてのみ有効な具体的で固有のものとなる。

エキスパートは、実践経験からしか得ることのできない選択、判断、知識処理の活動を通し、経験を自分の中に取り込み、次の異なる状況で用いることができるように保持する。そして、その処理が適切に働くように工夫を加えていくのである。実践経験とそこでの処理の仕方、そしてその処理の修正を通してエキスパートになっていくのである。

(注)

1 National Workforce Center for Emerging Technologies. *Building a Foundation for Tomorrow: Skill Standards for Information Technology*. Bellevue College.

2 http://www.comptia.org/を参照。

3 http://www.sfia.org.uk/を参照。

4 European e-Competence Framework 1.0. CEN.（The CEN/ISSS Workshop on ICT Skills.）

5 「ＩＴスキル標準Ｖ３」情報処理推進機構・経済産業省、二〇〇八年（初版二〇〇二年）。

6 「組込みスキル標準ＥＴＳＳ」情報処理推進機構・経済産業省、二〇〇八年（初版二〇〇五年）。

7 「情報システムユーザースキル標準――ＩＳ機能の可視化による組織力向上のために Ver. 2.0」情報処理推進機構・日本情報システム・ユーザー協会・経済産業省（初版二〇〇六年）。

8 ISO/IEC 12207:2008. Systems and software engineering: Software life cycle processes. ISO/IEC.

9 能力定義はその内容や特徴によって表現することができる。この内容や特徴の共通的な枠組みをコンピテンシーメタモデルという。つまりある能力を表現し、とらえる際のビューを提供するものである。**図４-３-１**の左側がビューとしてのメタモデルで、右側はＥＴＳＳのある一つのスキルについてメタモデルを用いて表現したエンティティ（実体）モデルである。

引用・参考文献

Cascio, F. W.［1997］*Applied Psychology in Human Resource Management*. 5th ed. Prentice Hall.

Govier, E. & Feldman, J.［1999］Occupational choice and patterns of cognitive abilities. *British Journal of Psychology*, 90, 99-108.

平田謙次・齋藤光治［二〇〇九］「スキルマネジメントの技術確立に向けた国際レベルの標準化」『SEC journal』第五巻二号、ＥＴＳＳ特集号、一三八―一四三頁。

平田謙次編［二〇〇三］『我が国ＩＴサービス市場に関するスキル動向等調査研究報告書』経済産業省。

Hirata, K., Ito, M., Kawasaki, Y. & Hasuda, K.［2008］*Assessment Methods with PMSS for Project Management High Performers*.

Proceedings of 4th international project management conference.
河崎宜史・伊東昌子・平田謙次・山寺仁・初田賢司［二〇〇九］「実践現場におけるプロジェクトマネジャーの評価と育成」『二〇〇九年度プロジェクトマネジメント学会春季研究大会発表論文集』。
van der Henst, J. B. [1999] The mental model theory of spatial reasoning re-examined: The role of relevance in premise order. *British Journal of Psychology*, 90, 73–84.

第5章

人を相手とする専門職

Expert 5-1

教　師

坂本篤史・秋田喜代美

1 ● 教師の実践知とは――リフレクティブに学び続ける力

(1) 教師の職業的特徴

教師は学校内の教員組織の一員であるとともに、学校の最も中心的な機能である授業の実践者である。教師の仕事は多岐にわたるが、その専門性が最も発揮されるのは授業においてであろう。本稿では、教師の授業における実践知について述べる。

教師の視点から見て、学校における授業にはいくつかの特徴がある。第一に、「不確実性」である(Lortie [1975])。子どもたちは日々成長し、教室の人間関係も日々刷新される。教師たちにとって教室での生活はフォーマルにもインフォーマルにも新しい出来事で満ちている。その日々の状況変化に応じながら、教師は授業を行わなければならない。したがって、今日通じた手法が明日の教室でも、ましてや別の教室でも通じるとは限らない。この不確実性は、ネガティブな方向には、教師を自己の殻に閉じこもらせて仕事のルーティン化をもたらす一方、ポジティブな方向には、その教師らしさを発揮して成長する機会をつくり出す。これこそが教師という職業のおもしろいところであり、教師の仕事の魅力になる。

第二に、「複雑性」である(Lampert [1985])。授業はさまざまな価値を内包し、時に相反する価値の葛藤を抱えている。たとえば、教師は、授業中に子どもが立ち歩いたとき、その子への対応を優先するか、授業の規範を優先するか、ほかの子の学習機会を優先するか、教師としての自分の信念を大事にするか、また、自分はそこでどのように関わるべきなのか、授業のそれぞれの出来事に対し、葛藤しながら判断を下すことになる。

第三に、教師という仕事に最も特徴的なのが、「観察による徒弟制」である（Lortie［1975］）。教師は教師になる以前に、一万二三〇〇時間以上の被教育経験を経ており、授業観が形成されている。しかし、それは学習者自身の視点で形成されているため、教師として授業を実践するうえで大きな壁となる。一人の学習者からの視点では、教師の視点のみならず、ほかの学習者の視点もわからない。しかし、教員志望者は「観察による徒弟制」のために、授業について多くの視点を見落としているにもかかわらず、授業についてよく知っている状態になる。この授業観は、教員志望者が教師になるための動機づけとして必要な一方で、はじめて教壇に立つ実習生を困惑させる。したがって、この素朴な授業観を振り返り、修正していくことが、教師が学んでいくうえで重要となる。

（2）授業を支える実践知――授業を想定した教科内容知識

教師は教科内容の学習を子どもに促す。そのとき、教師は、教科内容の知識を学問体系に沿って保持しているだけでは不十分である。なぜなら、子どもは学問体系通りに学習するとは限らないからである。したがって、子どもの学習過程と結びつけて教科内容の知識を保持する必要がある。たとえば、ネイサンとペトロシノ（Nathan & Petrosino［2003］）によれば、数学により熟達している者ほど、学問体系に沿って、計算式を覚えてから文章題にとりかかる、という過程を考えがちであるが、子どもの学習過程から考えれ

図 5-1-1 授業のための教科内容知識

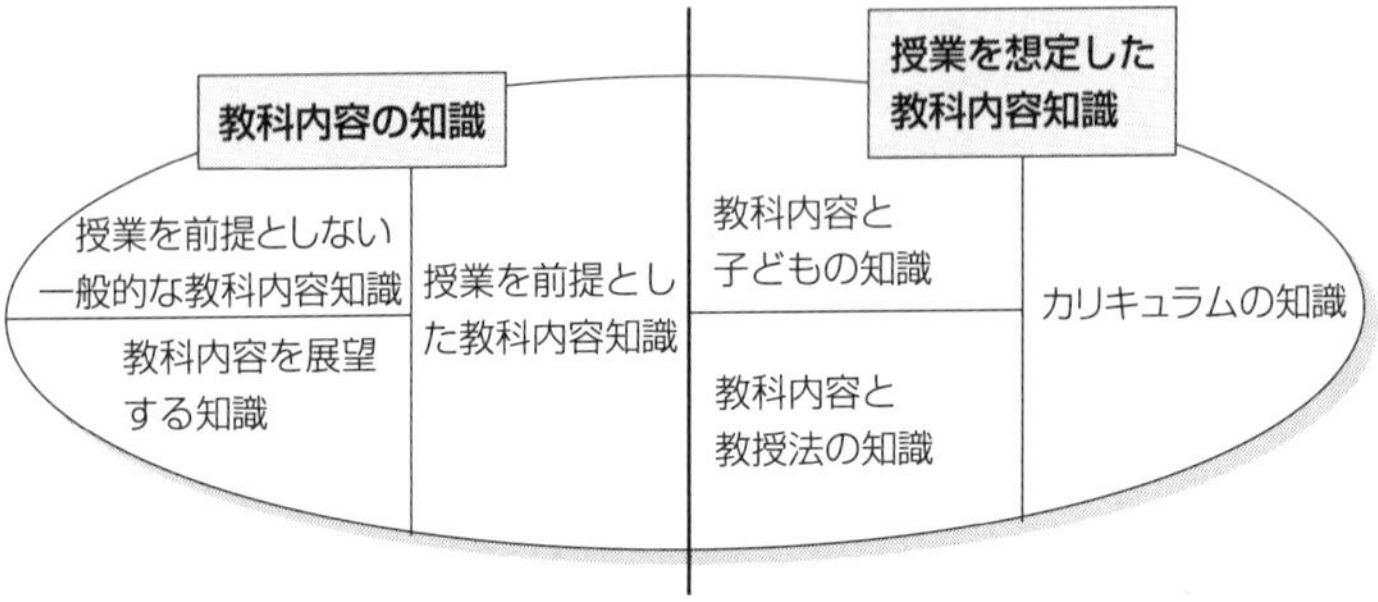

（出所） Ball et al.［2008］より筆者改変。

ば、文章題のほうが、子どもたちにとっては具体的なイメージがしやすく、解きやすいのである。このように、教科内容の知識を授業や子どもたちの知識と結びつけて再構成した「授業を想定した教科内容知識」（pedagogical content knowledge, Shulman［1987］）を、教師は専門的知識としてもつ必要がある。

この「授業を想定した教科内容知識」が、教師をほかの職業と分かつ専門的知識である。ヒルら（Hill et al.［2005］）がアメリカの小学校一一五校における児童と算数教師に行った調査において、算数教師の保持する「授業を想定した教科内容知識」（**図 5-1-1**）がテストによって測定された。これが子どもの成績の伸びを説明していることが明らかとなった。ヒルらのテストでは、数学の一般的な知識のほかに、「授業を想定した教科内容知識」を測定するため子どもがよくおかす間違いが提示され、その間違いについての見解をたずねる質問も含まれている。教材解釈や教材研究によって身につけられた知識ではなく、子どもの学習過程を想定した深い教材解釈をもつことで、子どもの学習を促していることが明らかになった。

このように「授業を想定した教科内容知識」は、教師の専門的知識のベースであると考えられる。それは授業経験の省察を通じて、はじめて授業実践を支える知識として形成されていく（Shulman［1987］, Davis［2006］）。連続的に授業を行う過程において、授業をデザインし、実践した後に振り返り、そして、デザインを修正し、再度実践するサイクルの中で、「授業を想定した教科内容知識」は機能すると同時に目の前の子どもたちの学習過程に即して修正されていく。

教師研究において、教師の実践知は、暗黙的であり、事例的であり、個人史的性質をもつと考えられてきた（Elbaz［1981］, 藤原ほか［二〇〇六］、佐藤［一九九七］）。教師は、自分が実践で機能させている知識を、学問的知識のように明確には語れない。その多くは、メタファーや金言によって語られる。また、「○○ということが以前にあって……」のように、事例として語られる。事例であるからこそ文脈に位置づけられており、別の状況に対しても柔軟に知識を適用することができる。そして、教師の知識は、個人的な経験や、個人の生活も反映している。とくに、女性教師の場合は、子を自ら産み育てた経験が、教師としてのあり方に大きな影響を与えている（山崎［二〇〇二］）。

経験から学ぶ教師の姿は、「省察的実践家」の専門家モデルと結びつけられ、さまざまな経験の省察によって実践知を形成するとされてきた。また、熟練した教師は、授業中の出来事を解釈し対応策を講じるレパートリーを豊かにもち、授業中に出来事への解釈を変えながら、即興的に授業中の出来事に対応している。この実践知は、多様な価値を内包する授業において、即興的に価値を選択し続け、判断を支える実践の知である。

本稿では、動的性格をもつ「授業を想定した教科内容知識」を教師の実践知として、事例を検討してみよう。なお、教師の実践知は経験を通して形成されるため、以下の事例における談話には、「H先生」独特の言い回しが出てくる。読者に理解いただくために、その意味するところについては可能な限り筆者が補っていく。

（3）「授業を想定した教科内容知識」の具体的事例

都内公立T小学校のH先生の事例を見ていこう。H先生は五〇代半ばで教職歴二〇年を超えるベテラン教師である。算数の授業を中心に研究を積み上げてきた。T小学校が校内研修としての授業研究を始めた二〇〇一年度から国語の授業を中心に研究を重ねている。つまり、H先生は、自身の授業を意識的に改善してきた教師であり、授業経験の省察を通した熟達を重ねてきた教師といえる。ここでは、説明文の授業づくりから、H先生の実践知について見ていく。

説明文の授業は、通常、まず形式段落すべてに番号をふり、大きなまとまりごとに分けるところから始まる。そして、段落やまとまりごとに小見出しをつけたり、接続詞の意味を文章から確認したりする流れが一般的である。テストでは、接続詞や接続助詞の空欄補充をしたり、内容に関する問題も接続詞や接続助詞を手がかりに答えることになる。つまり、説明文の授業を通して、子どもたちは文章を形式的に読むことを学ぶのである。

H先生はそうした形式的な読み方を学ぶだけの説明文の授業に対して批判的であり、説明文によって示されている内容の理解を深めることを通して読み方を学ぶ授業づくりを行っていた。なぜなら、形式的に読む授業は、子どもたちにとっては言葉探しになり、文章を読むことのおもしろさが感じられないとH先生は考えているからである。たとえば、「ありの行列」という説明文の題材を引いて、次のように語っている。

「例えば、『ありの行列』は、なぜありが行列を作るのか、文章を読み終わったあとに、あーそうだったんだ、ありってすごいね、ていう、そういうものが残らないと、ただ単に段落分けしました、はい、ここではありが行列を作ることが書いてあります、ここでは何か液を出すことが書いてあります、こうやって、巣に帰ることが書いてあります、て、わかったところで、それで何。そうじゃなくて、やっぱりその、授業が終わったときに、ありが行列をつくることの必然性と、ありがそういうふうにやって生きていることの素晴らしさ、がわからないと、説明文読んだって何も意味がないな、というふうに思う。段落分けだとか文の構成っていうのは、僕は二の次だと思う。（中略）そういうのをやっていくと、子どもは説明文っておもしろいね、というふうに言う。去年ぐらいからそういうことをすごく意識的にやってきている。その前は説明文っておもしろいねって言ってくれたことって、あんまりないんだわ。子どもから。むしろ、先生まだこのお話終わらないの、ということはあった。だから、そのへんがやっぱり、なんて言うのかな、こちら側の教材解釈と渡し方、子どもとの授業の進め方を工夫することによって、変わってくるんだよね」

H先生にとって、子どもが説明文の授業をおもしろいと思うかどうかは、教師の「教材解釈と渡し方」に鍵がある。H先生は、説明文の授業を「認識を広げる」授業だとし、まず自身が単元の説明文を読み込むことから始める。そして、子どもから出そうな疑問を予想し、図書館やインターネットで調べた豊富な資料を学習にふさわしいよう厳選して子どもに渡す。中には、子どもが読むには用語や漢字が難しいもの、背伸びしたような内容もある。だが、授業の中で子どもたちが読み解いたり、わからなければ先生が解説を加えたりして、説明文の内容について深めていく。説明文の内容について調べていく過程で、先生自身がそのおもしろさに出会っているので、資料のおもしろさを信じて子どもたちに渡すことができるのである。

たとえば、「かむことの力」という説明文では、授業の中で、唾液と虫歯の関係に着目した際、次のようなやりとりがあった。

H先生が唾液の成分について調べたという話をしようとしたところ、子どもたちから、「あ、それ（疑問として）書いた」という発言が出た。そして、すぐほかの子が、「歯と同じ成分、って（教科書に）書いてある」と指摘すると、また別の子が、「歯の成分なら、（資料に）書いてある」と応答する。

ここでは、話しあいの話題自体はH先生が指定したが、すぐに子どもたちが自身の疑問として探究をしていた。そして、その探究をH先生が準備した資料が支えていた。

H先生が用意した資料には、H先生の「授業を想定した教科内容知識」が具現化されている。一方で、H先生の言葉は子ども自身が探究することを支えている。子どもの疑問に対する答えとして用意されるのではなく、あくまでも探究を支えるための資料となっている。通常、教室の授業はIREもしくはIRFの談話構造をもつといわれている。つまり、教師が発問（Initiate）し、子どもが答え（Response）、教師がそれを評価（Evaluate）、もしくは、フィードバック（Feedback）を返す（Mehan [1979], Cazden [2001]）。しかし、H先生は、子どもの疑問から出発し、教師がそれに応答しながら、子どもたち自身に答えを探究させていく。H先生は探究過程についての知識も有しているからこそ、子どもたちの探究過程や疑問を授業の中心に据えることができ、その過程を前提とした授業の準備として自身の教材研究を行っているのである。

このような授業は、さまざまな子どもたちの意見によって、非常にダイナミックに授業過程が変化し、教師が当初計画した通りに進まない。だが、H先生は、ダイナミックな変化に対応しながら、常に教材と子どもたちを結びつけ、授業で学ぶべき内容から逸れることなく、子どもたちの学習過程を支援している。このように、「授業を想定した教科内容知識」は、単なる話しあいではなく、子どもたちのこの過程を常に教材と結びつけ、協同的な学習過程として授業を展開していく役割をもつといえる。このことについて、H先生は、次のように語っている。

「やっぱり大事なのは、授業者の教材解釈がきちっとしてないと、ぽーんと渡しちゃって、はい、どうぞ、と言ったときに、発表会で終わっちゃう。子どもがいっぱい話してるけど、何もまとまってないね、みたいな。子どもがどこのあたりをしぼって話したいんだろうか、ということを聞けない、教材解釈がいい加減だと。そこはやっぱり、僕はすごく大事だとおもうから、教材解釈はきちっとしなきゃいけない。（中略）きちっとした教材解釈がないと、子どもの言った言葉をきちっと受けとめられなかったりする。きちっと教材解釈をしていれば、全然違う発言が出てきても、あ、これはここところつながってるんだよな、と思いながら聞いておいて、子どもに聞いてみると、ここでこうつながっていくのを、もうちょっと余裕をもって見られる。そこらあたりのことが、教材解釈の大切さとしてはある」

H先生は、授業の中で子どもたちの発言を聴くことに重点をおいている。子どもたちが発言をするだけでは、各々の「発表会」となり、学習に深まりが出ない。H先生は、聴くことが教師の仕事だととらえ、子ども同士の発言を教材の内容を通して関連づけることを授業中に行っている。そのためには、子どもの発言を丁寧に聴き、「きちっとした教材解釈」によって、子どもの発言が教材のどこから出てきたのか、を理解する必要がある。「きちっとした教材解釈」という言い回しには少なくとも次の二つの含意がある。一つは、授業を想定して、つまり、子どもの学習過程を想定して、子どもの目線から教材解釈を行うことである。もう一つは、そのために、教材に対する教師の「わかっている」という思い込みを排除し、また、教師用指導書の教材解釈に頼らず、実際に教材に書かれてあることを教師自身が主体的かつ丁寧に改めて解釈することである。H先生は、「(授業中に) 意味なく発言する子はいない」と語る。授業の中で、学習に向かう子どもの発言を丁寧にとらえ、子ども同士の発言をつないでいくためには、子どもの発言を聴き取る教師の深い教材解釈と、子どもについての深い理解が必要となる。

知識があるだけでは、授業における子どもたちのダイナミックな話しあい過程に対応できない。知識をもったうえで、授業の中での実践と省察を絶えず繰り返しながら、自らの身体的行為として身につけなければならない。

つまり、H先生がどのように「授業を想定した教科内容知識」を形成しているか、が重要である。次項では、その形成を見ていこう。

2 ● 教師の実践知はどのように獲得されるのか

（1）「授業を想定した教科内容知識」の形成

ショーマン（Shulman［1987］）によれば、「授業を想定した教科内容知識」は、教育学的推論（pedagogical reasoning）の過程を経て形成される。まず、教師は、教科内容や授業方法の知識、子どもたちについての知識などを用いて、授業づくりを行う。教材の核は何か、何を教えるべきなのか、何を学習するべきなのか、教材はどのように提示すればよいか、子どもたちの状況や人間関係はどうか、子どもたちは日常的にどのような考えをもっているか、子どもたちは何を学んできて、何に困難を感じているか、など、多くの側面を考慮して推論し、授業づくりを行う。このときにも機能するのが「授業を想定した教科内容知識」である。教科内容の知識を提示するだけで、授業で子どもたちが学べるわけではない。子どもたちの状況に合わせた課題設定や、課題提示の仕方を工夫しなければならない。教師は、教科内容を子どもたちの知識や、授業方法の知識と関連づけた「授業を想定した教科内容知識」を用いて、授業づくりを行う。

そして、授業を実践し、実践後に振り返って省察する過程で、子どもたちについての理解が刷新され、新たに教科内容の知識と結びつけられながら、「授業を想定した教科内容知識」が再形成される。必ずしも意図通りに授業は進まない。当初の推論では意図しなかった出来事や、子どもの発言、教材の深さが授業中に見つかるかもしれない。授業中に起きた出来事を丁寧に解釈して、その意味を問う。なぜ、あの子はあのときあのような発言をしたのか、この子がノートに書いたことは教材のどこに触発されたのか、子どもたちはこの授業の中で何を学んでいたのか、どこにつまずきがあったのか、など、授業の出来事の意味を熟考して振り返ることで、新たな知識が形成されていく。「授業を想定した教科内容知識」は、授業の実践と省察を繰り返しながらダイナミックに形成される知識なのである。

（2）コミュニティの中での形成

しかし、教師の仕事は、時々刻々と進まざるをえないために、複雑な状況を無視したルーティン化の危険性がある。とくに、個人で省察を行っていると、個人的な信念を強固にしていく可能性がある。したがって、他者に開かれた省察を行う必要がある（Loughran［2002］）。そのために、教師のコミュニティの中での学習についての研究が行われてきている。

「授業を想定した教科内容知識」は教師のコミュニティで学ばれると主張したのが、シノハラとデーラー（Shinohara & Daehler［2008］）である。現職研修の機会に、理科教師たちが協同で科学について学ぶことと、実際の理科の授業事例を検討することを合わせることで、「授業を想定した教科内容知識」の形成が促されていた。しかし、それは実際にやってみるまでは授業とは結びついていない。実際の授業で試し、それを省察する過程で、「授業を想定した教科内容知識」がはじめて形成されると考えられる（Clark & Hollingsworth［2002］）。

（3）「授業を想定した教科内容知識」の形成事例

ここでは、前項で取り上げたH先生が、二〇年以上の教職歴において、どのように実践知を形成してきたのかを検討する。先述のように、H先生は説明文の授業を準備するにあたり、豊富な資料を準備していた。H先生は資料について次のように語っている。

「『「かむ」ことの力』っていう、あの文章を読んだだけでは、たとえば、唾液がなぜ出るのか、ということの詳しい説明は何も書いてない、非常にこう、すっきり書いてあるけど。そこをむしろ逆に子どもが疑問をもった内容を、解決しながら、発見していくということを考えた。で、その本文を読みながら、僕は何をやったかと言うと、このへんが、これとこれとこれってこう、このへんはきっと疑問として出るだろうな、ということをまず、自分の教材解釈ってことで、読んでいって、それに答えられる資料を探してくる」

H先生は、資料を作成するにあたり、子どもたちがもちそうな疑問を軸として、教材の知識を深めていった。つまり、もともともっている教科内容の知識を子どもたちのために再構築するのではなく、先生自身が教科内容について子どもたちのように学んでいたのである。H先生は一度教えた教材についても、もう一度学び直しながら、自身が探究している。この過程で、授業のマンネリ化や、ルーティン化を防いでいる。教職を二〇年以上続けていても、いまだに教師として学んでいる。子どもたちに教える者として、まず、自身が学ぶことを続けているのである。

また、H先生は、授業研究で説明文の授業を扱う際、その単元の授業すべての実践記録を作成していた。それに対して、外部講師からコメントをもらうこともあった。

外部講師のコメントの中で、「資料もテキスト（教科書）として扱ったほうがよい」という言葉にH先生は気づかされた。「鮭」という説明文の授業で、H先生は、誰かが資料から疑問に答えそうな記述を見つけても、ほかの子どもが同じ箇所を見ているかどうかを気にしていなかった。つまり、子ども一人ひとりの探究の素材として資料をとらえていた。同時に、子どもの探究を個人レベルでとらえていた。しかし、資料をテキストとして扱うことは、全員で共有すべき素材としてとらえると同時に、探究を協同で行う行為としてとらえることであった。H先生は，その指摘以来，授業ではある一人の子どもが資料中の文章を指摘した場合，ほかの子どもにも同じ箇所を見るように指示するようになった。そして，見つけた子どもに読ませ，「ということは?」と問い返しながら，見つけたことの学級全体での共有を促していた。また，資料を子どもたちにあらかじめ渡しておき，家で読んでくるように求めた。資料の内容に子どもたち全員が目を通しておくためである。子どもたちも，親にわからない漢字や言葉をたずねながら，高度な内容を楽しんで読んでくる。

具体的な授業をもとに，省察することで，自身の見方に気づき，新たな知識を形成する。本事例では，説明文における資料の位置づけと資料を用いた探究について，子どもの学習過程の知識と結びつけ，「授業を想定した教科内容知識」を発展させたといえる。

同時に，外部講師という他者の言葉によって，省察が促された点も重要である。他者の言葉によって，自分では気づかなかった教材観に気づき，それをH先生自身が発展させて解釈し，授業の中に取り入れた。豊富な「授業を想定した教科内容知識」が他者の言葉を受けとめることによる自身の省察を促していた。

さらにいえば，この過程において，H先生は，新しい教科内容を学んだわけではない。H先生は，教材に対する見方を転換したのである。H先生にとって，今まで，資料は，子どもそれぞれが参照するものであったが，外部講師の指摘を受けて，子どもたちの視点から，学習の対象としてとらえるようになった。教科内容の知識を，子どもたちの視点からとらえる教材に対する新しい見方が生じている。

3 ● 教師の実践知はいかに継承されるのか

（1） メンタリングの相互性

教師の実践知の継承において、初任期もしくは実習時のメンタリングが重要である。メンタリングとは、経験を積んだ専門家（メンター）が、初任の専門家の自立を支援することである。教師の場合、初任者研修としてこの過程が制度化されている。初任教師は、一年間、それぞれの学校でベテラン教師の支援を受けることが、制度的に保証されている。教師の実践知の伝承が、国家で体系化されていることも、教師という職業の特徴である。

岩川［一九九四］は、教師の実践知の継承において、メンタリングに焦点を当てて述べている。そして、メンタリングが成立する条件の一部として、協同で授業を反省し、創造していくことが、初任者にとって変化を実感できるので有効であることと、熟達者の一方的な指導ではなく、授業の難しさ、複雑さを共有し、協同で問いかけていく「協同探究的なスタンス」を指摘している。

初任者は、熟達教師から、授業の問題の構造化を学び、かつ自身の印象を理由づけてもらうことによって省察が促されていく。具体的な授業事例と文脈を関連づけられることで、熟達教師の暗黙的な実践知を暗黙のままに理解することが可能になる。

一方で、熟達教師は、自身の実践知を言語化することで、自身の実践を省察する。したがって、メンタリングが成立するとき、メンターも同時に学んでいるといえる。

（2） メンタリングの実際

H先生の授業を方向づけていたのは、初任期のメンタリングであった。H先生はI先生という教師との出会いの中で、算数の授業研究を始めた。子どもの発言に対する応答や、分数についての考え方は、I先生から引き継がれている。H先生自身は、次のように語る。

「スタイルとしては、どういうふうに確立してきたかと言うと、僕が実践家としてすごく尊敬している人に、I先生という人がいる。（中略）僕が新任で行った学校は、新設校で、僕が新採用で行ったときに、その先生は、教員になって二校めに来た。僕が教員になったのは二七歳だったけど、I先生は、僕より一つ上ぐらいかな。大学を卒業してすぐ教員になっているから、二校めで僕より経験年数が四、五年長いのかな。二校めに来て。僕は一校めに来て。そこで、I先生の色々な考え方とか、授業の進め方とかを色々聞いて、あ、これはすごいなぁ、と。だからそこの出会いが、やっぱり一番大きかったんだと思うね」

I先生は、間違えた子どもの発言の中にある発想を大事にし、間違いの中から正解に至るプロセスを重視していたという。授業の内容を深めていく契機は、むしろ間違えた子どもの発言の中にある、という考え方である。その考え方にH先生も影響を受け、子どもの発言、とくに間違えた子どもの発言を生かして授業を進めていくことをめざすようになった。授業の実践者としてI先生への尊敬があり、その関係性に支えられながら、授業をともにつくり省察する過程で、H先生は教師の仕事の信念や哲学を学んでいた。

「あの人（I先生）の考え方は非常にクリアーで、僕が見ていてもすばらしいと思うのは、（中略）やっぱり、多くの教師が、できていない、子どもの発言の扱い、教師が間違いだと思うような発言を、間違いと扱わずに、間違えた発言の中の子どもの発想を大事にしてあげて、間違いから正解に行くプロセス、を重視する。（中略）良いことだけもらって、授業を進めていくと、結局、裏付けになるものが見えなかったり、内容が浅くなったりする。むしろ内容が深まることは、間違いの中にいっぱいある、という。そのへんがI先生の考え。僕はそういう話をずっと聞いていて、同じ学年を組んだこともありますから、一緒に授業を考えたり、教材を考えたり、の中で、教わったものの多くはそのへんのことで、そのへんを僕は、ずっと大事にしてきた。算数が好きだったから。I先生も算数がかなり好きな方で、一緒に、算数を組んだり、授業やったり、見せてもらったり、真似てやってみたりもしながら、自分でも算数のおもしろさ、が段々わかってきて、（中略）（新任校で）最初に、やったのが、算数の研究で、その算数の研究をみんなでやっているときに、あ、おもしろいこれ、と段々わかってきて、それ以来、ずっと算数の研究をやってきた」

I先生の考えを引き継ぎ、H先生は、子どもの目線に立った教材研究を重ねてきたと考えられる。子どもの誤り、という授業の中では通常捨てられてしまうところを大事にし、授業中に教師が子どもの考えをより深く理解することが求められる。その考え方に共感するだけでなく、うまくいくかいかないかを問わず、授業で挑戦することを通じて、H先生は、実践知、そして教師の仕事の哲学を身につけていったと考えられる。

そして、H先生自身が、今度はメンタリングを行う立場に立つ。H先生は、自身がメンターとして指導するK先生が行った授業に対し助言をしている。K先生は、担任する四年生に説明文の授業を行い、そこに中学年（三年生と四年生）の担任教師全員が授業の参観に来ていた。いわゆる、研究授業である。そして、授業後、子どもたちが全員帰った後に、K先生を含む中学年の教師たち全員で、授業を検討しあう協議会がもたれた。K先生は協議会の冒頭で、H先生と同じ資料を用いいながらも、子どもたちの発言が教科書の内容から外れてしまい、K先生がねらっていた内容を中心とした話しあいにならなかったと語っていた。それに対し、H先生は、具体的な子どもの名前をあげながら、具体的な対応について助言をしていた。たとえば、教室の子どもたちがほかの子どもの発言をあまり聞いていないことを指摘し、発言はしないけれど、聞いている子どもがいたので、そういう子どもに「よく聞いているね」と声をかけることや、教師が途中で、子どもの発言を受けて「どう?」と全体に問い返すことで、落ち着いて考える場面をつくることができるといった助言をした。ここには、教室で子どもたちの探究を支えるH先生の実践知が表出している。一方で、上述してきたような、教科書の説明文には疑問に思う箇所が多い点や、内容をまとめるだけの授業では説明文の内容理解が不十分になる点を指摘している。H先生が保持している「授業を想定した教科内容知識」の明示的な部分と具体的な授業方法の指摘に現れる暗黙的な部分がメンタリングの中で同時に語られている。したがって、H先生は、メンタリングの過程で、新任教師の具体的な授業に文脈づけながら、自身の実践知を言語化して省察しているといえる。

また、H先生は、同じ協議会で、子どもも教師も長い期間をかけて成長すると考え、焦って授業をよくしていこうとする必要はない、とK先生に語った。じっくりと同じテーマに取り組んでいく中で、教師が成長する、というH先生の教師の成長観が同時に語られている。H先生はここで、K先生と授業の難しさや複雑さを共有しようとしていた。

4 ● まとめ――提言

本稿では教師の実践知が「授業を想定した教科内容知識」であるとして述べてきた。教師はさまざまな文脈の中で授業を行うため、「授業を想定した教科内容知識」に統合される知識も実際には多様である。大きくとらえれば、「授業を想定した教科内容知識」は、カリキュラムについての知識をもったうえで、教科内容と子どもや、教科内容と教授法の知識を組み合わせる知として構造化できる（Ball et al. [2008]）。しかし、その知識が実践知として有効に機能するためには、具体的な子どもたちの姿、思考をどれだけ反映して、教材解釈をできるかにかかっている。

とくにH先生の事例では、教師が「授業を想定した教科内容知識」の形成過程そのものを子ども＝学習者の目線から行うことで、実践知として授業中に柔軟に機能する知識の形成がなされていた。授業により教材解釈が促され、教材解釈により授業が支えられるという教育学的推論のサイクルが成立していた。つまり、授業がH先生自身の学習機会ともなっていたのである。H先生が自身の教材解釈を授業の中で子どもに伝えようとするだけであれば、学習機会ともならず、また、授業の不確実性にさいなまれる。しかし、H先生は、子どもたちの発想を丁寧に聴き、自身の次の探究を生み出そうとして授業に取り組んでいるため、授業の不確実性はH先生に豊かな学習機会を提供することになる（Helsing [2007]）。

もちろん、H先生のスタイルをすべての教師がとっているというわけではない。H先生が教師としてもっているスタイルは、教師たち、子どもたち、学校など、さまざまな出会いの中で、H先生が熟考し、選び、学んできたうえで形成してきたものである。教師としての成長の機会は、個人史のレベルから、学校、地域、制度的なレベルまで含めて考える必要がある（山崎［二〇〇二］）。学校と一括りにいっても、その学校のもつ文化はさまざまであり、教師として学べる内容も機会も異なっている（秋田［二〇〇七］）。子どもたちは、それぞれの住む地域で暮らし、学校も生活の延長である。子どもたちは、人間関係や、生活上の出来事など、すべてを教室に持ち込んでくる。したがって、授業は、制度的な営みであると同時に、国や、地域、学校の固有性に根ざした文化的な営みである。

文化的実践であるからこそ、教師自身の実践した授業や、同じ学校に属する教師たちの授業から学ぶ必要がある。複雑に展開する授業の意味を読み解き、次の授業に挑戦していく過程で、教師としての実践知が磨かれていく。このようにして教師は特定の学校文化における授業実践のあり方を学ぶ。学校文化に適応すると、教師の授業スタイルが没個性化するように思われるかもしれない。しかし、教師の実践知は個人的な経験とそれに対する省察を基盤にしているため、同僚の授業実践に学びながら、より個性的で一貫した授業スタイルを形成していくことになる。授業に内在するさまざまな文脈を紐解くために、同僚から学び、子どもたちから学び、地域の文化から学ぶことを通して、その教師らしい授業を創造していくことが、教師としての熟達過程に求められる。

引用・参考文献

秋田喜代美編［二〇〇七］『授業研究と談話分析』改訂版、放送大学教育振興会。

Ball, D., Thames, M. H. & Phelps, G.［2008］Content knowledge for teaching: what makes it special? *Journal of Teacher Education*, **59**, 389-407.

Cazden, C. B.［2001］*Classroom Discourse: The Language of Teaching and Learning*. 2nd ed. Heinemann.

Clark, D. & Hollingsworth, H.［2002］Elaborating a model of teacher professional growth. *Teaching and Teacher Education*, **18**, 947-967.

Davis, E. A.［2006］Characterizing productive reflection among preservice elementary teachers: Seeing what matters. *Teaching and Teacher Education*, **22**, 281-301.

Elbaz, F.［1981］The teacher's "practical knowledge" report of a case study. *Curriculum Inquiry*, **11**, 43-49.

藤原顕・遠藤瑛子・松崎正治［二〇〇六］『国語科教師の実践的知識へのライフヒストリー・アプローチ――遠藤瑛子実践の事例研究』溪水社。

Helsing, D. [2007] Regarding uncertainty in teachers and teaching. *Teaching and Teacher Education*, **23**, 1317-1333.

Hill, H. C., Rowan, B. & Ball, D. [2005] Effects of teachers' mathematical knowledge for teaching on student achievement. *American Educational Research Journal*, **42**, 371-406.

岩川直樹［一九九四］「教職におけるメンタリング」稲垣忠彦・久冨善之編『日本の教師文化』東京大学出版会。

Lampert, M. [1985] How do teachers manage to teach?: Perspectives on problems in practice. *Harvard Educational Review*, **55**, 178-194.

Lortie, D. C. [1975] *Schoolteacher: A Sociological Study*. The University of Chicago Press.

Loughran, J. J. [2002] Effective reflective practice: In search of meaning in learning about teaching. *Journal of Teacher Education*, **53**, 33-43.

Mehan, H. [1979] *Learning Lessons*. Harvard University Press.

Nathan, M. J. & Petrosino, A. [2003] Expert blind spot among preservice teachers. *American Educational Research Journal*, **40**, 905-928.

佐藤学［一九九七］『教師というアポリア――反省的実践へ』世織書房。

Shinohara, M. & Daehler, K. R. [2008] Understanding science: The role of community in content learning. In A. Lierberman & L. Miller (Eds.) *Teachers in Professional Communities*. Teachers College Press.

Shulman, L. S. [1987] Knowledge and teaching: Foundations of the new reform. *Harvard Educational Review*, **57** (1), 1-22.

山崎準二［二〇〇二］『教師のライフコース研究』創風社。

Expert 5-2

看護師

勝原裕美子

1 ● 看護師の実践知とは——人としての成長と技の融合

「看護学は実践の学問である」。臨床現場を離れた看護学者の間でも、常にこの言葉が反芻《はんすう》されている。看護そのものが行為を伴い実践を意味するので、看護の知の探究は実践の知の追究であり、実践知の構築に向かう過程だといえる。

看護学の発展にはめざましいものがある。一九九〇年代初頭には、国内で看護学系の学部をもつ大学の数は一一であったが、それから二〇年のうちに、その数は一九〇を超えるまでにもなった。ちなみに、修士課程は一〇〇を超え、その約半数は、博士後期課程を有している。研究者の増加に伴い、またたく間に関連諸学会が設立され、理論開発が進んだ。しかし、アカデミズムの追究に、臨床現場が必ずしもついていっているわけではない。

大別すると、それには二つの理由が考えられる。

一つめは、アカデミズムの世界に生きる看護師と実践の世界に生きる看護師との乖離である。看護師と心理的にも物理的にも距離感の少ない職業である医師の世界を見てみよう。とくに大学病院の勤務医は、教育・研究・実践をその役割としている。研究成果を教育や実践に還元したり、実践例を新たな研究課題に結びつけたりすることを日常的に行っているのである。

しかし、看護学を教える大学教員は、必ずしも決まった実践フィールドをもっているわけではない。看護師の臨床現場の多くは交代制勤務が前提であり、チームとして全体性が保たれた中で一日が流れている。そのような環境では、看護教員は、時間的にも空間的にも部分としてしか存在しえないため、一人の自律した実践者として身をおくことが保証されていない。医師は、曜日や時間を決めて外来で診察をし、自分の担当患者を診るために病棟にも出向く。つまり、場や時間を区切ることができる。しかし、看護師は、病棟中の患者をチームで受け持ち、二四時間三六五日をチームでつないでいる。そのため、その中に部分的に参加するということの居心地の悪さがあり、無責任さが問われてしまうのである。もちろん、看護教員の中には、臨床現場と緻密に連絡を取りあい、臨床に自由に出入りできる場づくりに成功した人や、自らが臨床の場を開拓し、医師と同様に三つの機能を果敢に果たしている人たちもいる。しかし、あくまでも少数派である。

このように、看護においては、研究者は研究者、臨床家は臨床家として機能し、学会会場や論文誌面などの限定的な時空をインターフェイスとして、知の相互交換を行うことになった。しかも、相互交換によって互いにどこまで近づくことができるのかは、各人の努力次第であり、システマティックな制度になっているわけではない。現在、基礎研究の成果を臨床現場に広めるための橋渡しになるトランスレーショナルリサーチが議論され始めている。具体的なシステム改革に結びつくような、より発展的な議論になることを願っている。

アカデミズムの世界と臨床とが乖離しがちになる二つめの理由は、知に対する意識の違いである。

最近、盛んにEBN（Evidence Based Nursing, 根拠に基づく看護）がクローズアップされ、エビデンス（科学的根拠）のある看護が求められるようになった。しかし、看護は、客観的な事実に基づく自然科学だけに頼るのではない。身体的側面、心理的側面、社会的側面から人間をとらえ、今、目の前にある現象のみならず、その現象に影響を与えてきた過去と、その現象から予測される未来をも全体性の視座に入れて、実践される。ホリスティック（全人的）に人間をとらえるという複雑な思考と情動が、ケアする側の人間としての成熟度合いと合致するとき、ケアする者とケアされる者のどちらもが、今よりも豊かなステージへと導かれていく。それが、看護の力である。

このような看護の実践知を、側で感じたり、部分ごとに説明したりすることは可能である。しかし、その全容を言葉や数値で説明しようとしたとたん、個別性が優先され、普遍性は却下される。非常に固有な経験のすべてを、集合体として一つの世界で見ることはできない。諸現象や諸経験を、同一の理論的背景や着眼点からとらえ、共通項を見出すことはできても、すべての看護を包含し、あらゆる角度から普遍的な何かを証明したり説明したりすることは、とうてい不可能である。

そのことを肌で感じている臨床看護師にとって、研究者の追い求める知、何かを明らかにしようとする知は、まるで別次元の世界の話であり、研究者の用いる言葉や数字は、あたかも異なる言語であるかのように感じることもある。あるアカデミックな国際学会の場で、居合わせた臨床経験二〇年を超える看護師が、「今まで、看護の研究者が何のために存在しているのか、それすら知らなかった」という感想を述べていたが、両者の乖離は、まさにこの言葉に代表されよう。

とはいえ、年数の多少はあるが、ほとんどの看護研究者は実践現場での経験を積んでいる。そのため、彼（女）らは、ナイチンゲールによる近代看護の時代に入ってから一〇〇年以上も集積されてきた現場の実践知が、そう簡単に表に出てくるとは思っていないし、体感的にも「言葉にできない何か」があることを知っている。それでも、知を明らかにし、看護学の進歩に貢献したいと思えば、五ミリメートルでも一センチメートルでも前に進むために、時間をかけて参加観察を行い、複雑な統計処理をほどこしながらデータを扱うのである。

このように、研究者も臨床家も、実践知の中には研究では明らかにできない知があることは、共通に了解している。しかし、それらの中には、もしも明らかになれば、実践に大きく貢献できると見込まれる知があるということに対して、この両者の相互理解は始まったばかりである。両者の協力なくして、この理解を深めることはできない。看護の世界は凝集性が高く、情報の伝達が速い。今まさに、両者の認識の差が徐々に、いや急速に、埋められようとしている。

2 ● 看護の知はどのように獲得されるのか

（1） ベナーによる技能習熟モデル

看護の分野で実践知を論じる際には、必ずといってよいほど、ドレイファス・モデルを看護に援用したベナーの考え方に言及される（Benner [1984]）。ドレイファスらは、チェス競技者や航空パイロットなどへの調査をもとに、彼（女）らの技能習得には、初心者（novice）、新人（advanced beginner）、一人前（competent）、中堅（proficient）、エキスパート（expert, 翻訳では達人と訳されているが本稿ではエキスパートと表記する）の五段階があることを示した。ベナーは、看護の技能習得にも同様の段階があることを証明したのである。

彼女の功績は、それまで感覚的・経験的に理解されていた「経験年数の違いによって実践能力が異なる」ということを、インタビューおよび参加観察法を用いて実証したことである。インタビューデータは、現象学的方法によって分析され、参加観察データは民族誌学的《エスノグラフィックな》手法によって分析された。ここで現象学的というのは、研究参加者の「生きられた体験」をとらえ、その体験世界を記述したデータをもとに分析する研究方法であり、また、民族誌《エスノグラフィー》とは、集団としての人々を理解するために、研究者がその場に身をおき主に主観を通して、そこでの規範や価値観などを記述し、文化を読み解こうとする文化人類学に始まった研究方法である。特徴的なのは、同じ臨床事例に対し、新人とエキスパートの両方に説明を求め、知識の使い方や現象の把握の仕方などにどのような差があるのかを確認していった点である。患者の個別な事例を大切にする看護師は、これまで多くの事例研究から看護の知を世に出してきた。だが、どの看護師にとっても普遍的であり興味をひくような大掛かりな実践知の調査はまれであり、非常に説得力のあるものとして、またたくまに世界を駆けめぐったのである。

ベナーは、研究着手の動機を次のように述べている。

> 看護師はこれまで自分たちが臨床で学んだことをきちんと記録してこなかった。（中略）看護実践や臨床観察を記録してこなかったがために、すぐれた臨床看護実践に内在する知識の独自性や豊富さを、看護理論に組み入れることができなかったのである。実践と観察をきちんと記録することは、理論を展開するうえで欠かすことができない。

本書では、実践的知識と理論的知識の違いを検証し、看護実践の研究から明らかになった技能の例を示し、実践的知識のさまざまな側面を説明し、その知識を維持・発展させる方法を概説する。
(Benner [1984] 訳書一―二頁)

また、先に述べたように、看護師に内在するすべての実践知が表現できるわけではない。しかし、ベナーは、

優れた看護実践の意図、予期、意義、成果は記述することができるし、臨床的ノウハウのさまざまな側面は、実際の業務を解釈して記述することでとらえることができる。
(Benner [1984] 訳書三頁)

という立場をとり、果敢に研究を試みたのである。

研究の結果、実践的知識には、「質的差異の識別」「共通認識」「予測や予期・構え」「判例と個人的知識」「格率」「想定外の業務」の六領域があることが、明らかになっている。

質的差異の識別とは、患者の容態や病状の変化を認識できる能力をいう。共通認識とは、多様な患者の共通問題に対応する中で、時間をかけてほかの看護師とも同様の認識を共有することをいう。予測や予期・構えとは、体験談から得たことと新たに生じる疑問とをつきあわせる中で生まれ、検証されることをいう。中でも構えは、ある状況下における特別なあり方をいう。判例と個人的知識とは、経験を積むことで構えにつながる予備知識が形成されることをいう。格率とは、専門的な状況下において、その状況を熟知している者でしか用いない言葉をいう。想定外の業務とは、業務範囲の拡大に伴って増える仕事をいう。

これら六領域を意識して、初心者からエキスパートに至る五段階について、ベナー［二〇〇五］を参考にしながら追っていこう。解説にあたっては、筆者がこれまでの研究で得たデータや実践現場で実際に聞いた声を例示していくことにする。

(2) 初心者レベル

初心者レベルの看護師は、患者を目の前にしても、何かを判断するために照合する過去の経験をもたない。頼ることができるのは、測定可能な患者の客観的データのみである。初心者は、それらを原理原則に当てはめ、現象を理解しようとする。そのため、理解の仕方は浅く、断片的である。

患者を部分でなく総体的（ホリスティック）にとらえることは、看護の基礎教育の中で指導される。すなわち、さまざまな兆候を示す身体的データ、感情やストレスなどを示す心理的データ、家族のサポート体制や社会における役割などを示す社会的データを総合的にとらえ、医療・看護資源と照らし合わせながら、発揮できる最高の看護を提供するのだと教えられる。しかし、初心者にとっては、それらのデータを総合してみることは難しい。

たとえば、初心者であっても、一般的な成人の水分摂取量と排出量の数値は知っている。しかし、目の前にいる成人患者の状況はさまざまである。自分の知っている数値と患者の示す数値とが違っていたとしても、あるいは同じであったとしても、患者ごとにそれが意味することは異なる。また、看護を展開する際には、普段の飲水量はどのくらいなのか、食欲は旺盛なほうなのか、自制心の強さはどうか、発汗量はどのくらいなのか、自由に水分を摂れる環境にあるのか、尿の回数は一日何度くらいなのかなどの、水分出納量に関連すると思われるデータをとってくる。しかし、それらを総合し、どのような看護ケアを展開すべきかを考えるのに、丸一日かかることはざらにある。

看護学生をイメージするとわかりやすいのだが、何を見ても聞いてもはじめての体験ばかりである。落ち着いて行動することも難しい。そのため、行動に移すための拠り所となるような教科書や、客観的なデータをどの原理原則と結びつければよいのかを導いてくれる教員や臨床指導者の存在が不可欠となる。

「患者さんの危険行動とかを注意しながら看ています。五、六人の患者さんを受け持っていて、なおかつ別の患者さんにナースコールで呼ばれたら、その患者さんのところに行って、点滴のロックをしたりとかする。そうしてると、わかんなくなってくる。だから、カルテも四時までに書かなきゃいけないっていうのに、私は絶対に四時までに書けない」

〈リハビリテーション系の病院に就職した一年目の看護師。入職三カ月後〉

また、どんなに経験を積んだ看護師であっても、以前の知識の応用が効かないような部署に替わると、一時的に初心者レベルの技能しか提供できない状態になる。

「手術室では、聞かれても困ることなんて、何も無かったんです。自分は何を知らないかも知らなかったんです。病棟に配置換えになって、自分にはこんなにも知らないことがあったのだと戸惑いました。予想はしていましたが、ここまでとは思いませんでした。四月に入った新人と同じように、一から教わる感じです。病院の仕組みや人の顔がわかるので、慣れるのは新人よりは早かったですが、まだまだ手術室での自分の看護レベルに追いつくには、ほど遠いです」

〈総合病院の手術室を一五年経験した後に、外科病棟に異動した看護師〉

（3）新人レベル

新人レベルは、「かろうじて及第点の業務をこなすレベル」（Benner［1984］訳書一八頁）である。職場で必要な看護の手順書を用いながら、その職場に特徴的な患者の局面を理解するようになる。

たとえば、大腿骨頸部骨折のため、人工骨頭置換術という手術が行われた患者の看護をするときには、人工骨頭置換術の看護手順書を開くことになる。そこには、観察事項、処置の介助方法などが書かれている。時間はかかっても、その通りに看護を実施すれば、及第点の看護ができるように準備されている。

また、ここ一〇年ほどの間に、クリニカルパスという考え方が医療界に出てきた。これは、作業工程表のようなもので、患者が入院してから退院するまでの一般的な流れが、治療、検査、食事、動作範囲などごとに書かれているものである。もともとは、医療の標準化・最適化を図り、それを医療チームと患者・家族とで共有するためにつくられている。もちろん、スケジュール通り進まないこともあるが、新人看護師にとっては、何日目にどのような検査が行われ、療養生活上の注意事項にはどのようなことがあるのかが一目瞭然でわかるため、標準的な看護を提供しやすい。

同じ病棟で働いていると、同じ疾患名をもつ同じような症状を呈する患者を何人も看ることになる。それによって、患者に繰り返し起きる状況に目を向けることができるようになる。最初は、患者からどのような情報を取ればよいのか、どのような物品を準備してからベッドサイドに行けばよいのか、医師の介助に必要な空間の設定はどうすればよいのかといったことを一つひとつ確認する。やがて、同じ症例の患者の看護は任されるようになる。しかし、整形外科病棟に入院するすべての患者に目を向けて優先順位をつけることはできないし、ほかの病気を併発していて、クリニカルパスの対象ではない患者の看護を任せることは危険である。

「ターミナルの患者さんとか、しんどい状態の患者さん、倦怠感のある患者さんのいるときに、痛み止めも吐気止めもいったし、やることはやってその後どうすればいいんだってときに困ります。ベテランさんって、今までの経験からいろんなことができる。私は、痛みに対しては温罨法っていうように、教科書的なことしかできなくて。ベテランさんだったら肩をもんであげたりとかしてて、そんな方法もあったかって気づかされる。やっぱり対応の幅が狭いですね」〈がん専門病院に就職した一年目看護師。入職八カ月後〉

入職して一年くらい経つと、「だいたいのことはわかるようになった」「一通りはこなせるようになった」「業務に慣れた」「先輩に迷惑をかけることが少なくなった」という前向きな言葉が発せられるようになる。また、「まだまだ、知らないことがたくさんあるのに、後輩が入ってくると思うと不安」「先輩が、あまりかまってくれなくなった」「認められつつあるのは嬉しいけど、心配」といった言葉も聞かれるようになる。目の前のことしか考えられなかった新人は、徐々に基礎的な知識が根づいていくと同時に、より大局を意識するようになる。そして、言語化されている実践知と、言語化されない奥深い実践知の存在を感じ始める時期でもある。そうなると、一人前のレベルに入っていく。

（4） 一人前レベル

一人前レベルは、「似たような状況で二、三年働いたことのある看護師の典型であり、意識的に立てた長期の目標や計画を踏まえて自分の看護実践をとらえ始める」（Benner［1984］訳書二一頁）。

当該職場で起きうるたいていのことに対応できるようになるのが、一人前レベルである。集中治療室のように四六時中患者から目を離すことのできない特殊病棟とは異なり、一般病棟においては、夜間帯の業務量は減る。その分、看護師の配置人数も少なくなるのだが、当然受け持つ患者数は昼間の数倍になる。一通りをこなすことができる一人前レベルになると、そのような夜勤を任されるようになる。新人とペアで夜間帯を乗り切ることもある。

大体のことには対応ができ、それほど困るようなことがなくなるのは、言語化できる実践知を、習得しているからだと思われる。ただし、ここでいう一人前は、ベナーの分類によるものであるから、本人が一人前と思っているかどうかとは関係ない。

一人前レベルの看護師は、患者に必要なことを前もって判断し、計画できる。また計画通りにいかなくても、それを修正する力をもつようになる。しかし、許容量はまだそれほど大きくなく、複雑な事象や多岐にわたる出来事のすべてに対して、うまく対処できるわけではない。次の引用は、きわめて日常的な業務においても、対応できる日とできない日があり、なぜ対応できるのか、なぜできないのかの言語化を試みた看護師の言葉である。

「自分が動ける日と動けない日があるんです。全然仕事が進まない日もあるんですけど、仕事が進む時は、こうなるんじゃないかって予測して、それに対処できたりすると、動けてるかなって、ちょっとは患者さんのためになってるのかなって思うことがあります。ナースコールとか、電話とかがずっと鳴りっぱなしで、全然前に進むことができない日が多々あるんですけど、そうではなくて、患者さんのところを回れた日は、動けてるかなと思います」

〈総合病院内科病棟勤務二年目看護師〉

また、次の看護師の例は、新人レベルでも紹介した看護師の五カ月後の言葉である。

「できるようになったのは、ケモ（化学療法）の患者さんのケアかな。副作用とかも慣れてきたんで、これはこうしたほうがいいよ、とか言えますし。大腸がんの後、排便コントロールとかで下剤を使うときも、下剤にもいろいろ種類があって、薬効が違ってっていうのがわかって、こうだからこれを使ってみたらいいんじゃないかなとかを患者さんに言えたりとか、そういうのが変わったなって思います」

〈がん専門病院に就職した二年目看護師。入職一三カ月後〉

(5) 中堅レベル

中堅レベルの看護師は、「状況を局面の視点ではなく全体としてとらえ、格率に導かれて実践を行っている」（Benner [1984] 訳書二三頁）。キーワードは、知覚だとされる。

これまでの経験から、患者ケアの長期目標と今の状態を知覚し、最適なケアを実践する。先の時空まで見越しているので、ケアをしながら、次に備える環境をつくることができる。次の看護師の例は、全体を見るために自分の中に生まれた中心軸の存在について言及したものである。

「五、六年目くらいのときのことです。ある程度、その病棟に長くいると、ノウハウっていうか、こんなときはどうしたらいいかとか、こんなときはどうやればいいっていうふうなことが、ぱっぱっぱっとした、なんだか直感みたいなのが出てきたんです。たとえば、患者さんに離床を勧めるにしたって、こういうときは、こういうふうにしたらいいっていうのが、ある程度わかってくるんですね。それをやっていくうちに、患者さんが困らないことをするっていう自分の大前提ができてきて、それを元に動いていくのがモットーになりました」

〈総合病院の集中治療室に勤務する一〇年目の看護師〉

いわゆる病棟とよばれる現場には、多くの場合、「リーダー」という役割の看護師がいる。医療機関によって、多少異なるが、リーダーは、概ね病棟全体の患者のニーズを把握し、その日に勤務する看護スタッフたちの仕事をコーディネイトする役割をもつ。訓練の意味もあり、一人前レベルからリーダー業務に入っていくことが多いが、誰でもがリーダーになれるわけではない。リーダー業務をそつなくこなし、今日は、この人がリーダーで安心だと言われるようになるのは、中堅レベルからだと考えられる。

リーダー業務をするには、病棟内の入院患者の状態やその日の予定などを把握し、看護師たちの能力に応じた差配ができなければならない。また、医師が新たに出した指示をチェックしてタイミングよく担当看護師に伝えたり、入退院患者の受け入れ準備を確認したりといったマネジメント機能も果たすことになる。常に全体を把握しておくために、時間の流れや空間を読む力が必要になる。

（6） エキスパートレベル

エキスパートになると、「自分の状況把握を適切な行動に結びつけるのに、もはや分析的な原則（規則、ガイドライン、格率）には頼らない。達人看護師は膨大な経験を積んでいるので、多くの的外れの診断や対策を検討するという無駄をせず、一つひとつの状況を直観的に把握して正確な問題領域に的を絞る」（Benner［1984］訳書二六頁）。ここで目を引くのは、直観的把握（intuitive grasp）という言葉を使っていることであり、二〇三頁のインタビューデータに出てくる感覚的な直感ではない。観たままの様子から対象全体を把握、認識する直観力が強調されている。

一つの例だが、エキスパートは、気になる患者のナースコールが鳴った瞬間、その状況下で予測されることを一瞬のうちに整理する。患者のもとに向かったときには、何が起きたのかを瞬時に把握できる。客観的データによる裏づけは、その後についてくる。

渡辺は、「患者の様子が『何か変』という看護師の感覚から始まる臨床判断のプロセス」という研究（渡辺［二〇〇二］）の中で、看護師の臨床判断を明らかにしている。それによると、「何か変」を感じる起点は次の三種類だという。まず、今までとは違うという感覚（時間軸を伴う変化）であり、それまでの患者の様子や経過から予測されるものとの異質感をさす。二つめは、通常とは異なるという感覚（規準との比較）であり、これまでの経験則において規準とされる範囲からの逸脱感をいう。三つめは、全体と部分との不一致であり、ちぐはぐな感じをいう。

渡辺の研究から一例をとってみよう。

時刻は夜中の二時。食道がんの手術前の患者がコップを落とした。看護師は、そのコップを拾おうとして、いつもと違う患者の口臭を「何か変」と感じた。その看護師は、口臭から大出血を予測し、夜半であることなどかまわずに医師を呼び出した。医師が駆けつけるまでに患者は吐血してしまうのだが、一命をとりとめることができたのは、彼女の的確な判断のおかげにほかならない。

何かが変だと感じるのは、エキスパートに限ったことではない。患者の様子がいつもと違うとか、なんとなく胸騒ぎがするというのは、エキスパートほどの経験がなくても普段の看護業務の中でありえる。だが、エキスパートレベルの看護師は、「非常にすばらしい臨床判断をたびたび下し、複雑な臨床状況に見事に対処している」（Benner［1984］訳書二八頁）。すなわち、そのときの状況や一時の気分に左右されずに、一定して何かがおかしいことに気づくのがエキスパートレベルである。一人前や中堅レベルの看護師の場合は、そこに安定感がない。渡辺の説明によると、人によって「通常」ととらえる範囲が違っていたり、患者のある側面に関する規準は異なる。また、同じ看護師であっても、そのときの現場の繁忙度や自らの気持ちのゆとりの有無に左右される。それらの影響要因によって、同一現象を見ても、変だと感じるか感じないかの差が出るのだという。

（7）省察と経験の上積み

看護界は、経験をことのほか重視する。たとえば、看護職の職能団体である公益社団法人日本看護協会が開催するさまざまな研修では、受講資格に経験年数が問われることが少なくない。あるいは、受講後のアンケート用紙には、必ずといっていいほど経験何年目かを記入する欄が設けられている。また、看護師同士で自己紹介するときには、臨床経験何年目なのかが、名前や所属の後に自然に発せられる。現場においても、「あの人は何年目?」という言葉の飛び交う頻度は高く、それによって、その人の臨床能力がどの程度なのかを暗黙のうちに共有している。さらに、経験年数が、新たな役割の付与機会、異動、昇格などの目安にもなっている。

経験年数が増えれば経験知が増え、能力が高まることは、看護界に限らず一般論として理解できる。しかし、年数だけを積めばよいのではない。同じ経験をしても、次への成長に活かせる人と活かせない人がいる。伸びる人というのは、勘所がいいというだけではなく、努力、経験から学ぼうと省察する力、そして、経験できる環境も必要になる。それらがあいまって、新たな経験が前の経験に上積みされるような良質な経験となる。

次にあげる看護師の例は、負けん気が強いとか、頑張り屋だという努力する性質もさることながら、仕事に対する姿勢が一貫しており、そのことが経験をモノにしていくことにつながることを示している。

「周りから、よく態度が悪いって言われるんですよ。でも、仕事ができなくて怒られたことはないんです。同期の中では、ぜったい誰にも負けないくらい見えないところで勉強しているから。遊んでいるように見えると思いますけど、むちゃ、勉強してますよ。してるっていうのは絶対言わないけど。勉強しているかどうかは、普段の仕事に現れるもんだと思っているから。そういう仕事だって思っているから。同じ指摘はもう受けないって気持ちで、復習もしますし、予習もします」〈総合病院手術室勤務の二年目看護師〉

年数を経ることで技術は身につき、看護業務はできるようになる。しかし、看護師として経験を積むということには、省察が伴うということを、次の看護師が語っている。

「一、二年もすれば、その病棟に染まりますし、技術もついてくる。それで自信はできると思うんです。でも、そういうことではなくって。（中略）先に技術が身についていって、ああ自分もやれるのかなと思った時に、そこで止まるか、身についた技術よりもっといいものはないか、患者さんに対してどういうことをしていくのが本当の看護なのかっていうのを、常に考えていく。自分との対話でフィードバックしながら自信っていうのができていくんじゃないかなって思いますね」

〈六年間の臨床体験の後、看護大学に編入した学生〉

また、経験が積める環境、経験することを奨励する環境、経験していることをサポートする環境なども良質な経験に必要である。

「そのときは、また異動？って思ったんですけど、結構最初はきつくても、そのうちおもしろくなっちゃうんで、まあいいです。いろいろな部署を回ると、いろいろな看護が見えるし。そこで、役割みつけて自分の大事にしている看護をまた出していけばいいんで」

〈総合病院で複数箇所の職場を経験した一三年目の看護師〉

「この組織は、患者さんのためになるんだったら、あなたの思うような看護をやってみたらいいって、後押ししてくれるんです。それが、一年目の意見であろうと、三年目の意見であろうとかまわない。みんなが、それっていいって思えば、じゃあ、みんなでやってみようってなるんです。そうやって、思うようにやらせてもらえてきたから、いろいろなことを経験できたし、看護っておもしろいって思えてきたんですね」

〈総合病院で複数箇所の職場を経験した二一年目の看護師〉

経験を素通りさせるのではなく、経験したことの意味を考えて、それを上積みしていくような省察のプロセスを身につけている看護師が、次へのステップへ上がっていくことのできる看護師なのだと思われる。

3 ● 看護の知はいかに継承されるのか

基本的に、看護の知は現場教育（ＯＪＴ）と集合研修（Ｏｆｆ-ＪＴ）で教えられている。専門職として知っておくべき技術や知識が日々更新されるため、最新の情報を集めて浸透させる試みは、あらゆる角度から必要になる。また、社会性や態度を養うような集合教育は、フロントラインで患者に接する専門職として必須である。たとえば、新人にはメンバーシップ研修、二年目には感染管理研修、三年目にはリーダー研修、全職員に対する接遇研修といったように、集合研修は、かなり体系的に整備されている。

現場で典型的に用いている、知を継承するための方法とツールとを紹介しよう。

(1) 方法――チームで教える

現場では、プリセプターシップというOJTが一般的に行われている。プリセプターシップ制度は、一九七〇年代後半に、リアリティショック防止策の一つとしてアメリカで導入された新人教育制度の一つで、「ナースのオリエンテーションと役割の移行を促進するための効果的な方略で、一人の新人に一人の先輩ナースがつき、ある期間マンツーマンで教育指導を行うこと」(吉井[一九九二])をいう。ここでリアリティショックとは就職後の仕事や環境が、就職前のそれらと異なることで、衝撃(ショック)を受け適応が進みにくい状態をいう。

その後、急速に日本でも普及したが、随時新人が入ってくるアメリカと違って、四月に新人がいっせいに入職してくる日本においては、多忙な現場でマンツーマンの徹底指導をすることが物理的に困難である。そのため、医療機関ごとに工夫を凝らしたプリセプターシップを導入している。たとえば、プリセプター役割の先輩ナースが新人と定期的に面接はするが、日常のOJTはチーム全体で行うとか、プリセプターは精神的なサポートをして、ほかの先輩たちは技術的なサポートをするといった役割分担をするのが一般的である。結果的に、新人はチーム全体で育てられることになる。とくに、新人レベルに求める知は構造化が進んでおり言語化しやすい。そのため、この後に述べるクリニカルラダーやチェックリストなどで臨床実践能力の習得状況が把握されやすい。

二四時間三六五日を、途切れることなく交代制勤務で支える看護師たちの間では、チーム感覚が非常に強い。三交代の職場だと、誰かの後をつなぐところから自分の八時間の仕事が始まるし、別の誰かに仕事をつなげることで仕事が終わる。前の勤務帯の人が行ったケアと、これを引き継いだ自分が行うケアとが大幅に異なってはいけないし、自分が次の勤務者に申し送ったことは確実に実行されなければならない。そのため、チームで互いを育てあうことは、その職場が一定の質を担保しながら看護業務を継続していくために必要不可欠であり、きわめて合理的な仕組みといえる。

仮に、五〇人の患者を二三人の看護師でケアしている病棟があるとしよう。三交代（日勤、準夜勤、深夜勤）を実施していると、おおよそ日勤帯で勤務する看護師は八人、準夜帯が三人、深夜帯が三人で、残り九人が休みということになる。この八、三、三、九の組みあわせはさまざまに考えられるわけだが、実際には、三人の準夜帯看護師をすべて新人にするという危険な配置にはできないので、新人と三年目と六年目といった組みあわせになる。つまり、はじめての手技を実施するときや、はじめてのパターンに遭遇したときなどは、周囲にいる先輩看護師たちにサポートを求められる体制になっている。経験の浅い看護師は、チームの中で、経験を積んだ看護師から教わったりコツを探ったりする機会をもつ。また、経験のある看護師は、自分より経験の少ない看護師を教えなければならない状況におかれることになる。

ただし、一律の教え方があるわけではない。教える側も教わる側も多様であるため、教える者は、相手に合わせた柔軟さが求められる。次の引用は、それに気づいた看護師の言葉である。

表 5-2-1　看護実践能力に応じた学習段階設定

I	指導や教育のもとで，基本的な看護を安全に実践できる。指導を受けることにより自己の学習課題を見つけることができる
II	看護実践の場面において単独で看護を提供できる。チームリーダー的役割や責務を認識し遂行できる。自己の学習課題に向けた学習活動を展開できる
III	高度な看護活動を実践でき，かつ他者にモデルを示すことができる。自己の学習活動に積極的に取り組むのみならず，指導的役割を発揮できる
IV	論理的かつ実践的知識を統合して卓越した看護を実践し，所属を越えてリーダーシップを発揮できる。自己の学習活動はもとより組織的な教育・研究活動を主体的に実践できる

「二年間、プリセプターをしてたんですけど、自分たちが一年目のときに教わったことと比較して教えていくのは、だめっていうか、あんまり良くなくって、日々一緒に仕事をしながら働いて、その子の行動とか性格とかパターンに合った教え方をしていかないと、その子が伸びないっていうのを思ったので、その子を知るようにしています。それと、その子に答えを言ってからその通りに動かすのと、答えに気づけるようにヒントを与えながらその子を動かしていくのと、その子のキャパシティとか、そのときの日々の仕事の忙しさとかによって、使い分けていくことも大事。全部が全部、一緒のパターンっていうのじゃなくて、状況に応じて使い分けていかないといけないっていうのを勉強しました」

〈大学病院の外科病棟に勤務する五年目看護師〉

(2) ツール――クリニカルラダーを使用した目標設定と動機づけ

公益社団法人日本看護協会では、**表5-2-1**に示すような四つの学習段階を示している。これは、ベナーによる臨床技能の習熟段階を参考に作成されたものであり、多くの病院がこれを

図 5-2-1　聖隷浜松病院のクリニカルラダー（看護実践能力習熟段階）（2011 年度版）

レベルⅠ	レベルⅡa	レベルⅡb	レベルⅢ	レベルⅣ
新人レベルであり，職場の指導や教育を受けながら看護実践を行うことができる	**看護実践を一人前に実践できる（職場の目標や業務の流れを理解し，所属するセクションの基本的な看護の知識・技術を身につけ，自立して看護実践できる）**	**看護実践を一人前に実践できる（状況変化に応じて目標・計画を修正してケアを実践できる）**	**優秀な看護実践に加えて，組織的な役割遂行を実践できる**	**卓越した看護実践を実施し，組織的にも広範囲な役割遂行を実践できる**
1．①日常生活援助のための基本的技術・態度を身に付け，看護実践が安全・確実にできる ②患者のケアを通して看護の知識を深められる 2．チームメンバーの役割と責任を果たす 3．院内研修，看護実践を通して，看護を深められる 4．看護研究に関心をもつことができる	1．看護過程をふまえた個別的なケアが実践できる 2．看護チームの中で与えられた役割を果たすことができる 3．院内研修の学びを看護実践に生かすことができる 4．課題を研究的に取り組み，看護実践を振り返ることができる	1．看護過程をふまえ，状況変化に応じてケアを実践することができる 2．与えられた役割の中でリーダーシップを発揮できる 3．院内研修の学びを看護実践に生かし，職場内に広めていくことができる 4．課題を研究的に取り組み，看護実践を発展的に振り返ることができる	1．専門領域における看護実践の役割モデルになれる 2．看護部より求められる役割や課題を明確にし，職場内の状況に応じたリーダーシップが発揮できる 3．後輩および看護学生に対し指導的に関わることができる 4．研究を通して専門領域における看護を深めることができる	1．①高度な専門知識・技術を駆使して予測性をもち看護実践を展開できる ②職場内外で状況に応じたリーダーシップが発揮できるとともに，専門領域において看護の役割モデルになれる 2．地域や病院から求められる役割や課題を明確にし，目標を示しながら管理行動が果たせる 3．職場における教育的役割がとれる 4．管理および専門看護分野における研究を行い，変革の推進者となれる

もとに、クリニカルラダーを作成し、運用している。

クリニカルラダー（clinical ladder）は、直訳すると「臨床のはしご」である。はしごを順に登るかのように臨床実践能力に段階があることを示したもので、各人が自分のレベルを確認し、次レベルへの目標につなげていくための仕組みである。医療機関によって目標とすること、職員数、職員構成、患者ニーズ、必要な看護技能を獲得するためのステップなどが異なるため、それぞれに応じたクリニカルラダーを開発している。

クリニカルラダーによって、臨床の知の中でも、表現が可能な部分は教授されていく。それぞれの機関において必要だとされる能力が体系的に培われていく。

聖隷浜松病院のクリニカルラダーは、**図5-2-1**のような五段階で、各レベルにおいて到達すべき目標が具体的に示されている。これを実際に運用するために、看護実践能力を看護実践、管理、教育、研究の四つの領域に分け、各レベルにおいてそれぞれの領域で必要な一般目標、行動目標、学習方略を具体的に用意している（**表5-2-2**、**5-2-3**）。この表をもとに、年に三回、各人と職場長が評価を行い、次の目標をともに設定していくことで運用がなされている。

クリニカルラダーは、何ができていて、何ができていないのかが誰の目にも明らかであり、次のステップに向かうために周囲が支援を得やすい仕組みになっている。「実践能力を伸ばせ」と言われても、どう伸ばせばよいのかがわからなかった看護師に手がかりを与えてくれる。感覚的に表現してきた実践能力を、皆が同じ言葉で表現でき、確認できるという点で、非常に優れたツールだといえよう。

ただし、**表5-2-2**と**表5-2-3**を見比べればわかるように、同じ情報収集という看護実践をとって

表 5-2-2　聖隷浜松病院看護部，領域別評価項目（レベルⅠ）の例

		GIO（一般目標）		SBO（行動目標）		LS（学習方略）
看護実践	情報収集	101	指導を受けながら，受け持ち患者について看護記録マニュアルに沿って情報収集	101-1	適切な看護データベースを選択できる	①入職時に記録についての教育を受ける ②電子カルテの使用について教育を受ける ③1カ月後を目安に一通りのことを学習し，6カ月後頃に一度，評価を受ける
				101-2	入院時必要な情報（必須項目）を聴取し，入力できる	
				101-3	文書サマリーに褥創に関する危険因子を入力できる	
		102		102-1		

表 5-2-3　聖隷浜松病院看護部，領域別評価項目（レベルⅢ）の例

		GIO（一般目標）		SBO（行動目標）		LS（学習方略）
看護実践	情報収集	301	問題の領域に的をしぼって選択的に情報収集できる （例） 入院時から退院後の生活を意識した情報収集ができる	301-1	患者を取り巻く環境をとらえ，情報収集できる	①日々の実践の中で確認する
				301-2	患者を支える家族やキーパーソンより，疾患・入院生活に対する思いや不安などを情報収集できる	
				301-3	コメディカルから情報収集できる	
				301-4	患者のサポート体制が整っているか把握できる	
				301-5	家族から退院後の生活を意識した情報収集ができる	

も一般目標や行動目標はラダーレベルが上がるほど表現される知が高度になっていくが、逆に学習方略は抽象的になっていく。それだけ高度な知を獲得するのは困難だということである。

（3）暗黙の実践知は、体験でしか伝えられない

エキスパートのテニスコーチとして名高いヴィック・ブレーデンは、テニスプレーヤーがサーブを打つ前に、そのサーブの行方がダ

ブルフォウルトになるかどうかを一七分の一六の確率で当てるという（Gladwell [2005]）。しかし、予見できた理由をブレーデンは言語化できないし、後からサーブのシーンをビデオで見ながら解説を求めても、核心部分を語ることができなかったという。

よく耳にする言葉だが、このような知識は一般的に「暗黙知」とよばれる。「我々は語れる以上のことを知っている」（Polany [1966] 訳書）ことを「暗黙知」とよんだポラニーは、具体例として、多数の人の顔を区別することができても、一人ひとりの顔の違いをどのように認知するに至ったかは説明できないし、顔は判別できてもそれぞれの顔の諸部分にまで言及するのが困難なことをあげている。ポラニーは、このような認知を暗黙知の現象的側面と位置づけており、暗黙知には、ほかにも、機能的側面、意味論的側面、存在論的側面があることに言及し、暗黙知の全体像が示している。

たとえ語ることができなくても、実は意識なくその細部について知っていることがある。それらの細部があるまとまりとなったときに、はじめて「知っている」ことが意識される。「知っている」のに意識されていない細部をどのくらいたくさん知っているのか、また、それらの組み合わせ方をどの程度理解しているのか、そして、組み合わさったものを「知っている」ことにどのように結びつけるのかといったようなさまざまな条件が、あるものと知ることを結びつけ、新たな知として創発されていく。エキスパートとは、そういう知を創発する力のある人をいうのだと思う（勝原［二〇〇七］）。

次にあげる三人の看護師の言葉に耳を傾けてみよう。わかっているつもりのことと、身体でわかることは異なる。書かれていることや見えていることからは計りしれない情報量を行間から読み取り、その背後までをも見透かすような能力は経験の積み重ねのなせる技である。そして、今よりも先を読み、読んだことを今に生かすという時空を行き来して認識する能力は、新たな知の集積に結びついていく。

「やっぱり経験を積まないとわからない。実感としてわからないことがいっぱいあると思うんですね。教科書的にはわかってるつもりなんですけど、経験しちゃうと頭だけではなくて体に入っていくし、それをまた提供できるってことなんです」

〈総合病院に勤務していた六年目の看護師〉

「(経験を積むことで) 自分が変わっていくんだと思います。その微妙なラインが明確になっていくというか。たとえば、褥創しか見ていなかった自分が何でこんな創ができたのか原因まで遡るようになっていくし、誰がそれに携わったのかとか、分析的になってくるというか。たぶん、本の上とか、経験を積まなかったら理論的にはわかったかもしれないけども、その瞬間はわからなかった。何日ぐらいで何が起こるというのは本ではわかるかもしれないけれども、微妙なラインは絶対、つかめない」

〈総合病院で夜勤のパートタイムをしている一二年目の看護師〉

「(自分のケアが) これでいいんだって思えるときっていうのは、この先に起こるだろうことを、患者の反応なり、患者自身の反応じゃなくてもその結果として起こってくるだろうことだとかに、だいたい予測がついている。自分がこれをすることでこの患者はこういうふうになるだろうって。で、それがその患者にとっていいことになるっていう今までの経験とか知識とかから先が読めていって、それが良い結果になるって先が読めてるときに自分はベストを尽くして良い事をやってるんだっていうふうに思える」

〈看護系大学で教員をしている七年目の看護師〉

このような知は、そもそも言葉で伝えられるものではない。知識とは暗黙的な部分を伴ってこそ意味をもつわけで、「知識の共有の成否は、はじめから暗黙知の部分をどこまで共有できるかに委ねられている」（大串［二〇〇九］二五頁）。今の看護界で盛んに行われている知への取り組みは、暗黙知だと思いこんでいた部分を知識として共有することへの挑戦である。しかし、冒頭にも述べたように、すべてを明らかにして共有することは不可能であるし、そのような挑戦も不毛なことである。

4 ● まとめ——提言

看護学が実践の学問であるという前提で本稿は始まった。乱暴を承知で、実践の知を実践能力という表現に置き換え、臨床能力の発達段階を提示することで、知にはレベルが存在することがわかった。

しかし、そもそも知には言葉にできない暗黙の部分があり、むしろその部分に実践は支えられている。経験を積んだとしても、すべての人がエキスパートになれるわけではないということを考えても、知の複雑さや深遠さは表現しきれない。そのため、実践知を真に理解しようとするならば、実際の看護師の語りに耳を貸すことが一番だと考え、インタビューデータを通して、読者には紙面上で看護実践の疑似体験をしていただいた。

今、看護教育において進んできたのは、シミュレーション・トレーニングである。はじめての患者、はじめての状況、はじめての手技といったことを、いきなり患者の前で展開するのではなく、現場の状況に似せたシナリオを用い、ＯｆｆＪＴによるトレーニングを行うことで、事前にさまざまな状況を疑似体験し、状況対応能力、状況判断能力を養っておく。まさに、実践の学問にふさわしい看護教育だと思われる。また、そのようなトレーニングの場に、エキスパートとともに参加すれば、エキスパートの知の使い方、表現の仕方を間近で確認する機会にもなろう。

何をおいても、良質の経験が必要になる。本人の努力や熱意、あるいは才能のみがエキスパートを生み出しているわけではない。このようなトレーニング方法を含め、経験を積めるような環境の提供や経験をフィードバックする支援体制が必要である。エキスパートになるのに近道はないが、エキスパートになる道すじをつくることはできる。

引用・参考文献

阿保順子［二〇〇九］「看護における『言葉にならない技術』論――技術と判断について」『インターナショナルナーシングレビュー』第三二巻四号、三三―三六頁。
Benner, P. [1984] *From Novice to Expert: Excellence and Power in Clinical Nursing Practice.* Addison-Wesley Publishing Company.（井部俊子・井村真澄・上泉和子・新妻浩三訳［二〇〇五］『ベナー看護論――初心者から達人へ』新訳版、医学書院）
ベナー、P.［二〇〇二］「達人の技を言葉にすることの意味」『Nursing Today』第一七巻一二号、八―一二頁。
Benner, P., Hooper-Kyriakidis, P. L. & Stannard, D. [1999] *Clinical Wisdom and Interventions in Critical Care: A Thinking-In-Action Approach.* Saunders Company.（井上智子監訳［二〇〇五］『看護ケアの臨床知――行動しつつ考えること』医学書院）
Ericsson, K. A. [2004] Deliberate practice and the acquisition and maintenance of expert performance in medicine and related domain. *Academic Medicine*, **79** (10), 70-81.
Ericsson, K. A. [1996] The acquisition of expert performance: An introduction to some of the issues. In K. A. Ericsson (Ed.) *The Road to Excellence: The Acquisition of Expert Performance in the Arts and Sciences, Sports, and Games.* Lawrence Erlbaum Associates.
Ericsson, K. A., Krampe, R. T. & Tesch- Römer, C. [1993] The role of deliberate practice in the acquisition of expert performance. *Psychological Review*, **100** (3), 363-406.
Ericsson, K. A. & Lehmann, A. C. [1996] Expert and exceptional performance: Evidence of maximal adaptation to task constraints. *Annual Review of Psychology*, **47**, 273-305.
福島真人［二〇〇九］「暗黙知再考――その由来と理論的射程」『インターナショナルナーシングレビュー』第三二巻四号、一九―

二一二頁。
Gaberson, K. B. & Oermann, M. H. [1999] *Clinical Teaching Strategies in Nuesing*. Springer Pub.（勝原裕美子監訳［二〇〇二］『臨地実習のストラテジー』医学書院）
Gladwell, M. [2005] *Blink: The Power of Thinking Without Thinking*. Little Brown.（沢田博・阿部尚美訳［二〇〇六］『第一感──「最初の二秒」の「なんとなく」が正しい』光文社）
池川清子［二〇〇九］「看護における実践知──為すことに含まれる知の意味」『インターナショナルナーシングレビュー』第三二巻四号、一四─一八頁。
生田久美子［一九八七］『「わざ」から知る』東京大学出版会。
勝原裕美子［一九九七］「看護婦（士）のプロフェッションフッドを構成する要素の探求」（神戸大学経営学研究科 Working Paper, 9723S）。
勝原裕美子［二〇〇七］『看護師のキャリア論』ライフサポート社。
Leonard, D. & Swap, W. [2005] *DEEP Smarts: How to Cultivate and Transfer Enduring Business Wisdom*. Harvard Business School Press.（池村千秋訳［二〇〇五］『「経験知」を伝える技術──ディープスマートの本質』ランダムハウス講談社）
松尾睦・細井謙一・吉野有助・楠見孝［一九九九］「営業の手続的知識と業績──経験年数の媒介効果と知識獲得プロセス」『流通研究』第二巻一号、四三─五八頁。
中村雄二郎［一九九二］『臨床の知とは何か』岩波書店。
（財）日本情報処理開発協会・学校法人産業能率大学［二〇〇三］『我が国ITサービス市場に関するスキル動向等調査研究報告書』。
大串正樹［二〇〇九］「ナレッジマネジメント──組織論的な視点で捉える暗黙知の共有」『インターナショナルナーシングレビュー』第三二巻四号、二三─二七頁。
Polanyi, M. [1966] *The Tacit Dimension*. Routledge & Kegan Paul Ltd.（佐藤敬三訳［一九八〇］『暗黙知の次元言語から非言語へ』紀伊國屋書店）
Schein, E. H. [1972] *Professional Education*. The Carnegie Foundation for the Advancement of Teaching.
Schön, D. [1983] *The Reflective Practitioner: How Professionals Think in Action*. Ashgate Publishing Limited.
吉井良子［一九九二］「プリセプターシップとは何か」『看護展望』第一七巻五号、一七─二一頁。
渡辺かづみ［二〇〇二］「患者の様子が『何か変』という看護師の感覚から始まる臨床判断のプロセス」『平成一三年度兵庫県立看護大学大学院博士論文』。

第6章

アートに関わるエキスパート

Expert 6-1

デザイナー

松本雄一

1 ● デザイナーの実践知とは——イメージを通じた協働の力

本稿では実践知獲得の事例として、アパレル企業のデザイナーの事例を取り上げ、そのデザインにおける実践知の獲得プロセスについて明らかにしていく。実践知獲得の事例としてデザイナーに注目する意味は、その作業において感覚的な側面が多くを占める点である。近年デザインが製品差別化における競争優位の源泉として認知されるようになり、デザインマネジメントの重要性も議論されている。デザインの現場では絵や図を用いてイメージを表現するという、感性を重視したデザイン作業が行われている。しかしアパレル企業においてデザインを製品化する一連のプロセスでは、単にいい絵が描ければそれが製品化されるというものではなく、デザイナーによるさまざまな手続きや他部門とのコミュニケーションなどの協働を経なければならない。デザイナーは現場での状況的な実践を通じて、それらをうまくやりこなす実践知を獲得しているのである。本稿の議論を通じて、適応的熟達者としてのデザイナーの姿を描写し、実践知とその獲得プロセスを明らかにする。またそのことによって、経営資源としてのデザインに対するわかりにくさ（Lorenz［1987］）を低減することにもつなげたいと考えている。

すでに第**1**、**2**章で論じられているように、実践知やスキルの獲得についての研究方法は、熟達者（エキスパート）のスキルの源泉である経験を遡及的に調査する方法と、熟達者と初心者との比較によって熟達を明らかにする方法に大別される。本稿では、後者の比較研究に基づいて、熟達者と初心者の違いを明らかにしたうえで、なおかつ熟達者と初心者双方に実践知獲得についての回顧的な調査を行うという二種類の方法の複合的な方法によって記述していくことにする。

2 ● アパレル企業における製品化のプロセス

本稿の調査対象（リサーチサイト）であるA社は、アパレル企業として多くの製品を企画・製造し、直営店や百貨店などを通じて全国に製品を販売している。その企画・製造は製品特性に基づいて編成されたブランドごとの組織によって行われる。それらのブランド組織には、マーチャンダイザー（MD）、デザイナー、パタンナー、営業、生産などの部署がある。デザイナーはこのブランド組織の中で、そのブランドの特性に基づいた製品をデザインするのである。

アパレル企業においては、製品はデザイナー一人の手では決して作ることはできない。量産化を前提とした製品デザインは、デザイナーだけでなく、より多くの人々の手を経て、製品化されるのである。その製作プロセスは大きく、①コンセプト、テーマ設定、②デザイン、③パターン作り、④試作、生産の四つのプロセスに分けることができる。

最初の①コンセプト、テーマ設定であるが、デザイナーは何もない状況からデザインをしていくわけではなく、そこには大枠となる条件がある。それが「ブランドコンセプト」である。ブランド組織はそれぞれ独自のファッション的特性をもっており、それは製品に反映される。そのブランドの特性であり、製品作りにおける大枠となるものがブランドコンセプトである。それはそのブランドの製品の包括的な特性であり、製品を細かく規定していくようなものではない。しかし製品のデザインは、そのブランドのブランドコンセプトに則ったものでなければならない。これに大きく外れるようなデザインは、たとえよいデザインであっても、そのブランドで製品化されることは難しいのである。

「大枠」としてのブランドコンセプトを規定したうえで、シーズンやトレンドに応じて、より製品を細かく規定する条件、「テーマ」を設定していく。その時々のファッショントレンドを色濃く反映し、それによって一定の収益性を確保することにつなげる。つまり、ブランドコンセプトはそのブランドの製品特性を方向づけ、テーマはその枠内で製品にトレンドを反映させる役割をもっているのである。そこから具体的な製品の素材、色柄などを規定したり、製品化する製品のアイテムとその数量を決定したりする。

そのシーズンのテーマが固まった時点で、デザイナーは②のデザイン作業に入る。デザイナーはコンセプトやテーマをふまえて、デザイン画の形でデザインをしていく。そしてデザイナーのチーム内で議論し、そしてデザイナーチーフがよいと認めたものは、パタンナーの手にわたり、③のパターン作りがなされる。パターンとは一般には「型紙」といわれているもので、服の部品の設計図を引くというものである。デザイン画はパターンの時点でデザイナーの手を離れるわけではなく、まず最初にパタンナーとの間でしっかりした打合せが行われる。その後パターン作業が行われ、できあがったパターンに合わせて、安い布で実際の形を作り、ボディ（＝トワル）に合わせてシルエットやできばえを見る「トワルチェック」という作業が行われる。それでまた話しあい、互いに納得がいくまで細かな修正を行っていくのである。

パターンができたデザインは、それですぐに製品になるのではなく、まずは④の試作の段階がある。デ

図 6-1-1　アパレル企業における製品の製作プロセス

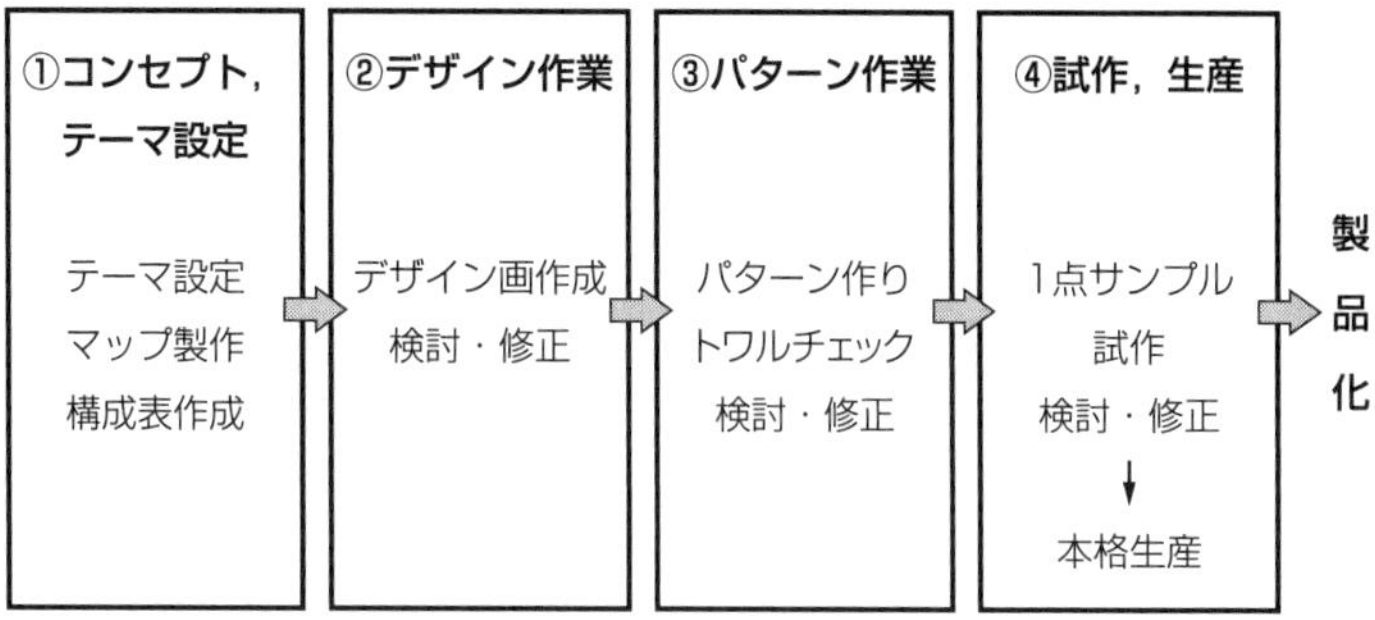

ザインに基づいて試作品を一つだけ作ってみる「一点サンプル」の段階である。そのサンプルはまたデザイナーやパタンナーのもとに送られ、再び検討が行われる。この段階でイメージ通りのものができていない場合は修正を迫られるか、またはそこで終わりということもあり、すべて製品化されるわけではない。そこで細かな修正を行った後、はじめてアイテム数、色数、数量に基づいて、縫製工場で本格的に製品化されるというわけである。

以上のような製品化のプロセスを図にすると、**図6-1-1**のようになる。

このような一連のプロセスを見ていて気がつくのは、デザインされたデザイン画がすんなりと製品になるのではなく、要所要所においてそれがチェックされるシステムになっているということである。パターン作りが終わった時点においても、できばえが悪ければ製品化には至らないし、一点サンプルの時点でできばえが悪ければこれも製品化されない。つまり、デザイナーにとってみれば、製品化のためには多くの関門をクリアしていく必要があるのである。

3 ● デザイナーの実践知はどのように獲得されるのか

A社に入社するデザイナーは通常、入社前に服飾専門学校や芸術系大学において基礎的なデザイン技能を学んでいる。そして厳しい入社試験をくぐり抜けてきた新人デザイナーは、すでに相当なデザイン技能をもっているといっていい。しかしそれでもすぐにアパレル企業で即戦力になることは少ない。企業デザイナーとして一人前になるには、①ブランドコンセプトの理解、②製品への個性の主張、③他部門との協働、というような実践知を獲得する必要があるのである。

(1) ブランドコンセプトの理解

アパレル企業のデザイナーにとって重要となる実践知には、まず先述の「ブランドコンセプトの理解」があげられる。

デザイナーは、自分の所属するブランド組織の志向するイメージに沿った服を作らなければならない。そのイメージを表現したものが「ブランドコンセプト」である。それはブランド組織を設立する際に考えられたものがほとんどで、ブランド組織の組織成員に共有されている。前述のようにこのブランドコンセプトをブランド組織内で理解・共有することが、製品を作るうえでの重要な条件になる。

しかし新人デザイナーにとってブランドコンセプトを理解することは困難である。デザインする際には常にブランドコンセプトに合っているかどうかを考えなくてはならないが、そのコンセプトを理解する手がかりとなるのは、それを表現する短い言葉と、実際にデザインされた製品しかない。このようなブランドコンセプトを理解するのに、どのような指導が行われているのであろうか。それはほとんどが仕事の中でのデザイン画の手直しやコミュニケーションを通じて行われている。A社に特徴的な指導方法は、具体的な事物に対して、新人の前でチーフが「これはうちのブランドっぽい」「あれはうちのブランドじゃない」というように選別していく作業である。たとえば街行く人のファッションにコメントをしたり、具体的な製品やデザイン画の部分に指摘をしたりする。それを新人デザイナーは見て、自分のブランドに合っているか合っていないかの判断をする。それを繰り返すうち、今度は新人のほうから「これはうちのブランドっぽいですか」というふうにチーフに判断を仰ぎ、それをまたチーフが判定するというやり方である。そうすると新人は自然に、ブランドコンセプトに合ったもの、合っていないものが選別できるようになるという。個々の事例についてそのような選別を繰り返すことで新人が理解していくものは、ブランドコンセプトと現実のデザインとの間の「距離感」のようなものである。ブランドコンセプトはあくまでデザインの大枠であり、過度にデザインを制約するものであってはならない。デザインの過度の拡散を防ぐとともに、そこからさらなる創造性を生み出すものでなければならない。デザイナーたちはブランドコンセプトをあえて具体例から生じる距離感という感覚的なものとして扱うことで、創造的なデザインを生み出す可塑《かそ》性を付与していると考えることもできるのである。

（2）製品への個性の主張

重要な二つめの実践知は「個性の主張」である。ブランドコンセプトはデザインにとっての制約条件となるが、その枠内でしかデザインしないのでは、似たようなデザイン、あるいはあたりさわりのない製品しかできない。またトレンドやほかのブランド、および競争相手のブランドも常に変化していく中で、その時々のテーマとともに、ブランドコンセプトをそれらに適応・発展させていかなければ、顧客にとって価値のある製品を生み出し続けることはできない。したがって，大枠は決められている中でも常に新しいデザイナーなりの「提案」をしていくことが，デザイナーに求められる重要な要件の一つなのである。

しかし新人デザイナーはブランドコンセプトを理解するのに精一杯で，最初のうちはその枠内でデザインをしようとする。しかし経験を積むにつれて，個性を発揮するための実践知を獲得していく。たとえばある熟達したデザイナーは，自分の主張を通すコツとして，製品構成の中で，あまり売上にはつながらないが，市場への情報発信の役割をもつところに自分の作品を位置づけ，そこでブランドコンセプトを考慮したうえで製品をデザインすることを考えていた。製品のイメージを内面化し，とくに主張したいところ（あるいは妥協できるところ）はどこなのかをはっきりさせることにより，その具体的なデザインをどのように行うかという次の問題へ進むことができるのである。これも個性の主張における実践知ということができるであろう。

この個性の主張という側面は，新人デザイナーの熟達という意味にとどまらない。そのことが，ブランドを発展させる原動力になっているのである。たとえばある新人デザイナーがまだブランドコンセプトを先輩ほどには理解していないとしても，だからといって先輩デザイナーは，ブランドコンセプトに典型的なものにデザインを制約していくわけではない。むしろ反対に，典型的なデザインには「若いのに若さがない」と指導し，ブランドコンセプトに対し挑戦的なデザインをするよう指導するのである。このことは，既存のブランドコンセプトに対して，新しい感覚を「提案」することを望んでいることを意味している。もちろん新人デザイナーの製品は製品総量に比べればわずかなものであるが，だからこそ業績に対する影響も少ないし，そのような製品によって新しいデザインを市場において「実験」することができる。そしてそれがヒットにつながれば、そのデザインは、可塑性をもつブランドコンセプトの枠を広げることになるのである。

そしてその一方で、熟達したデザイナーがブランドコンセプトに典型的なデザインをすることで、新人デザイナーの行う挑戦的なデザインに対して全体のバランスをとる役割を果たしているのである。これによってブランドコンセプトに典型的な製品を好む既存の顧客をつなぎとめることができる。このように、新人とベテランとの間のブランドコンセプトの理解のギャップをいわば逆手にとる形で、ブランドコンセプトに対して、デザイナーが常に新しいデザインを提案し続けることができるようなメカニズムが構築されているのである。

（3）他部門との協働

アパレル企業のデザイナーにとって重要な実践知の三つめは「他部門との協働」である。いくらブランドコンセプトに沿って、なおかつ個性あるデザインを生み出せたとしても、それを製品にすることができなければ意味がない。分業が徹底しているアパレル企業においては、そのためには他部門との協働が不可欠である。他部門といっても通常同じ組織に属しているパタンナーやマーチャンダイザー（以下ＭＤ）から、社外にある縫製工場までさまざまである。

まずデザイナーとパタンナーの間で、協働を可能にする円滑なコミュニケーションができることは、デザイナーの一人前の条件の一つとしてあげられるだろう。またＭＤとの協働では、デザイナーのデザインに対してＭＤがトレンド情報などのデータからの視点を加えることで、デザイン性のうえに、収益性をプラスすることができ、業績につなげることができるのである。そして、縫製工場とのコミュニケーションがうまくできなければ、デザインがよくてもよい製品にはならない。デザイナーが納得するレベルに質を高めていくには、工場に的確に自分の意思を伝えたり、無理を聞いてもらえるような説得の技能が必要なのである。

コミュニケーションが進展していくと、他部門を巻き込んで協力していくことで、新しい商品が生み出せるようになるという。あるデザイナーは、デザイナー側もできるという確信はないし、工場側も作ったことのないような商品を、協働によって実現させていた。この成功によって新しい商品として売上につながることが期待でき、また工場側も、新しい製品を作ったという経験ができる。この相互作用はデザイナーと工場のコミュニケーションの結果、信頼が構築されてはじめて可能になる。デザイナーは、縫製工場を単なる取引相手ではなく、自分の製品をよりよいものにするための協働相手として位置づけることになる。

その実践知の獲得の仕方は、コミュニケーションの機会を多く経験することで体得していくが、そこでのポイントはまず、自分の中でのデザインについての考えがまとまっていなければならないということである。専門家に自分の意見を通すためにはそれが固まっている必要がある。また最初は、自分が疑問に思ったことでも、それを誰に聞けばいいかわからないということがある。新人デザイナーは協働する相手との関係をまず作らなければならないからである。それでも仕事の中で疑問を解決できそうな人に聞いてみると、それが知識を得ることにつながり、また新たな疑問が生じた際にそれを解決できるようになっていく。そして他部門とのコミュニケーションによって、デザイン時点で考えていた以上の質の製品を作れるようになるのである。このように新人のデザイナーでも、周りの人や他部門の知識や技能をうまく利用することによって、仕事をこなすことができる。オーアの主張するように、すべての知識や技能を自分の中にもっている必要は必ずしもなく、「自分の知らないこと、できないことをどこの誰が知っていそうか、できそうかを知っている」ということが、むしろ重要なのである（Orr［1990］）。

4●デザイナーの実践知はいかに継承されるのか——実践知獲得における「雑用」の意味

アパレル企業におけるデザインの指導は大部分はＯＪＴで行われている。それでは実際新人デザイナーは、どのようにして実践知を獲得しているのであろうか。そこにおいてポイントとなるのは、新人デザイナーが最初は先輩の「雑用」を受け持つということである。新人は先輩のサポートとしてさまざまな仕事を任される。たとえばサンプル用の生地や服材を発注したり、品質管理のデータの整理、生地サンプルの整理、荷物の発送や運搬、文具品や道具の発注、電話番、製品作りの書類の作成、資料のカラーコピーなどである。最初は先輩たちのアシスタント的な立場で、デザインについてもサポートの役割を果たし、製品作りに必要な仕事を受け持っている。これらの作業は新人デザイナーの技能形成についてどのような意味をもっているのだろうか。通常「雑用」という言葉にはネガティブなイメージがもたれがちである。しかし新人時代に携わる「雑用」は、技能の獲得にとって重要な意味をもつ可能性があるのである。

(1) 雑用に埋め込まれた技能

まず第一に、先輩の雑用を通じて、新人はデザインに必要な基礎的な技能の獲得および確認を行い、また先輩のデザインの様子を見ながら、その技能を「盗む」ことができる環境にあるということがいえる。その側面について新人はとくに意識しているようではなく、また先輩も雑用が技能を学ぶ場であるということを強調しているようでもない。しかし技能を学び取ろうという意識をもっているデザイナーは、日々多くの雑用をこなすにあたって、それは技能が内在している場であると意識することで、自らを動機づけていた。そのような意識をもつことによって、「雑用に埋め込まれた技能」というものが新人に見えるようになってくる。荷物の発注では、たとえば先輩の道具の発注については、その過程で先輩の使う道具の種類を知ることができる。将来自分と取引をする取引先を知ることができ、電話の応対ではそれと接する機会を得ることができる。また保存用のサンプル作りでは、さまざまな素材を自分の目で見、分類する機会を得ることができる。そして資料のコピーは、資料自体の価値のほかに、ブランドコンセプトが具体例によって示されているのと同じである。そこからより効果的にコンセプトを体得することができると考えられる。

このように一見無意味に見える雑用でも、将来自分が必要とする技能が内在しており、それを意識して作業するのと、まったく意識せずただこなすだけでは、技能の獲得に相当な差が出ると思われるのである。そしてそこからさまざまな情報を取得しておくことがより効果的なデザイン作業につながる。実際のデザインの前の新人の時期にそのような雑用による知識や技能を獲得しておくことが、以降のデザインやその技能形成にプラスになることはいうまでもない。

雑用のもたらす実践知の獲得はそれ自体の価値もあるが、それがもたらす仕事の動機づけという側面も見逃せない。あるデザイナーは取り組む作業が自分の技能を向上させることにつながるとわかったとき、その作業をポジティブにとらえ直すことができた。雑用に埋め込まれたさまざまな知識や技能が浮かび上がって見えてくると、彼らにとって雑用はたんなる雑用でなくなる。それに気づかない初心者は雑用に消極的であるが、それに気づいた新人デザイナーは、自分なりの熟達につながる仕事という意味づけを行うことにより、内発的動機づけを行っていた。デシとフラスト（Deci & Flaste［1995］）における取り入れ（introjection）と統合（integration）により、熟達をもとにした内在化（internalization）が行われ、内発的動機づけにつなげられていたのである。

ここで問題となるのは、雑用をこなすにあたって、新人デザイナーに「雑用は技能が多く内在する場である」と教えることの是非である。先輩デザイナーがいちいち教えていくと、新人はそのことに気づくが、それによってそれ以上の探求心が弱くなってしまうおそれがある。逆に新人が気づくまで待つという方法は、自分で気づいたということで、技能の体得の程度は、教えられるよりも高くなるだろう。しかしそれに気づかなければ、いつまでたっても技能が身につかないという事態に陥る可能性もある。

この問題についてデザイナーチーフは、新人のタイプによってすぐ教えるか気づくまで待つかを使い分けていた。気づきを待つという方法は遠回りではあるが、自ら気づいた技能は新人の心に印象深く残り、その後で必死になって指導（この場合はむしろ「すぐに教えないこと」を意味するわけであるが）の意味を確認しようとするであろう。それは獲得した技能をさらに自分なりに解釈し、内面化すること、生田［一九八七］のいう「解釈の努力」を促進する。つまり事前にいわれているときよりも自分の獲得した技能をより深く解釈しようとすることにつながるのである。

（2）雑用を通じた組織への「参加」

雑用の代表的なものに、職場の朝の掃除があった。この「新人が掃除をする」ということにはどのような意味が内包されているのだろうか。まず一つは、技能獲得の契機としての意味である。新人はこれからさまざまな技能を獲得、あるいは先輩から伝承してもらわなければならないが、その最初の段階での掃除という仕事は、先輩とコミュニケーションするきっかけをつくる。自分の机を掃除してくれる後輩との間には自然と会話が生まれ、そこからさまざまな技能を伝承されるのである。そしてもう一つは、組織に「参加」する手段としてのものである。基本的技能は習得しているとはいえ、即戦力にはならない新人が集団に受け入れられるには、まず掃除という役割をもって組織に加わらなければならない。この熟達と組織への参加の関係を提唱したのがレイヴとウェンガー（Lave & Wenger［1991］）の「正統的周辺参加」（legitimate peripheral participation）である。正統的周辺参加の枠組みでは、学習者は熟達者の所属する実践共同体（communities of practice）に所属し、最初は共同体の周辺から、その中で熟達に応じた役割を果たしながら、共同体への参加を深めていくことが学習の道筋であり、熟達と共同体への参加、そして成員のアイデンティティの獲得を三位一体としてとらえることが特徴である。この事例においても、新人は経験の不足から組織に対して貢献することが難しいが、職場の掃除をすることでその新人は先輩から、そのブランド組織に「参加」することを認められ、その「周辺」において技能を獲得していくことができると考えられるのである。

そして実践と省察からもたらされる実践知の獲得においては、正統的周辺参加がより有効性をもつ。それを示唆するものとして、組織の先輩が新人の仕事ぶりをしっかりと見極め、それに応じて仕事の内容を調整していた、ということがある。組織は新人に対して、サポートする作業や雑用にしっかり取り組む姿勢を求めていた。そしてそれに応じて指導の方針を変化させていた。作業や雑用をしっかりこなせるようになることは、製品につながるデザインに携わる前提条件になっており、新人はそれをしっかりこなし、その合間や終わった後で自分のデザインを行う。もちろん自分のデザイン作業に多くの時間をかけたいが、先輩のサポートはデザインの製品化にとって重要であり、こちらがおろそかになってはいけない。それと同時に作業や雑用をしっかりこなすことが、その組織への参加を深めることになるのである。この点について熟達したデザイナーは自身のキャリアを振り返り、この頃に自分のデザイン作業に当てる時間を作るために作業や雑用を効率的に行うようにしていたことが、現在のデザイン作業に役立っているとしている。先述の雑用に埋め込まれた知識や技能の存在と、参加を深めるための作業や雑用への従事という意味を理解することが、正統的周辺参加による実践知の獲得には重要であると考えられる。

5 ● まとめ――提言

本稿ではデザイナーの実践知とその獲得について、実際の事例をもとに考察してきた。デザイナーがデザインという感覚的な側面が強い作業に従事しながら、それを実際の製品に作り上げていくプロセスにおいて、時には論理的な説明を用いながら、同じ部署やほかの部署を巻き込んで協働していることや、その実践知の獲得において、雑用に従事しながらその職場に埋め込まれている知識・技能を浮かび上がらせ、正統的周辺参加のプロセスに沿って熟達を深めていることなどが明らかになった。

実践知研究の意義は、熟達者のもつ実践知を獲得するプロセスについて考察することで、実践知と日々の実践との間をつなぐことにある。仕事の現場で働く人々にとって熟達が目標であるとすると、日々の実践に基づく経験学習がそれを獲得する手段である。しかし両者の間に明確な結びつきを認識することができなければ、そのプロセスを継続する意義を見失ってしまう。「入社後三年がまんする」重要性をうまく伝えられない、というのはこのようなことが背景にある。日々の実践において認知的にどのような変化が起こり、その結果として実践知が獲得される、そのプロセスを明らかにすることが認知的な実践知研究の意義であり、本稿および本書の他の研究の目指すところであるともいえる。

それをふまえて本稿の事例から提言を行うと、まず一つは「感覚的理解の重要性」である。本稿においてデザイナーはブランドコンセプトを、具体的な製品の選別を繰り返すことで、その内容と意味を感覚的に理解していた。もちろんデザイナー自身の意図を説明するために言葉で説明することは重要であるが、基本的にデザイナーの感覚的な理解を必要以上に言葉に置き換えることはなかった。しかしそれは言語化することによりイメージが固着化することを防ぎ、流行や環境の変化に柔軟に対応できる可塑性をもたらしていたと考えられるのである。実践知の獲得および熟達化は、学習したことを言葉にできるようになることと同義ではない。このことは現場での実践知研究において留意しなくてはならないことである。

もう一つは「状況的学習資源への着目」である。新人デザイナーには雑用を煩わしく思う人と、それによって将来必要となる知識や技能を学ぶことができると思う人の二タイプがあった。それは状況に埋め込まれた知識や技能の存在に気づきがある人とない人、ということもできる。実践知の獲得は現場に氾濫する曖昧な定義のＯＪＴによって達成される、つまり仕事をやっていれば自然にできるようになるというものではない。それは現場での実践と省察による学習の絶えざる反復によって達成される。したがって必要なのは省察につながる実践である。実践はただやることを意味しない。状況に埋め込まれた知識や技能、ともに働く先輩や同僚の知識や技能を実践によって「掘り出し」、獲得することである。その視点をもつことで、仕事の現場は学習の材料に満ちあふれた、学びの場になるのである。

引用・参考文献

Arthur, M. B., Claman, P. H. & DeFillippi, R. J. [1995] Intelligent enterprise, intelligent career. *Academy of Management Executive*, **9** (4), 7-20.

Deci, E. L. & Flaste, R. [1995] *Why We Do What We Do: The Dynamics of Personal Autonomy*. Putnam's Sons.（桜井茂男訳［一九九九］『人を伸ばす力――内発と自律のすすめ』新曜社）

生田久美子［一九八七］『「わざ」から知る』東京大学出版会。

Lave, J. & Wenger, E. [1991] *Situated Cognition: Legitimate Peripheral Participation*. Cambridge University Press.（佐伯胖訳［一九九三］『状況に埋め込まれた学習――正統的周辺参加』産業図書）

Lorenz, C. [1987] *The Design Dimension: The New Competitive Weapon for Business*. Basil Blackwell.（野中郁次郎監訳／紺野登訳［一九九〇］『デザインマインドカンパニー』ダイヤモンド社）

松本雄一［二〇〇三］『組織と技能』白桃書房。

Orr, J. E. [1990] Sharing knowledge,celebrating identity: Community memory in a service culture. In D. Middleton & D. Edwards (Eds.) *Collective Remembering*. Sage Publications.

Expert 6-2

芸舞妓

西尾久美子

1 ● 芸舞妓の実践知とは――「座持ち」の力

(1) プロローグ――事例 舞妓のデビュー

「ねえさん、おおきに」

舞妓[1]になったばかりの文千代は、「おめでとうさん」とお祝いの声をかけてもらったことにまずお礼を言う。そして、「よろしゅう、おたのもうします」と、彼女の様子を見守る先輩の芸舞妓たちやお茶屋のお母さんたちに挨拶をする。

黒紋付の振袖にだらりの帯、地毛で結い上げた日本髪にはべっこうのかんざしが揺れる。歩きなれないおこぼ(舞妓が履く底の厚い独特の履物)を履き、置屋《おきや》から歩き出すと、デビューしたばかりの舞妓の初々しい姿を撮影しようと集まったカメラマンたちのシャッター音が石畳に響く。

芸舞妓としてデビューすることを、京都花街では「お見世だし」とよぶ。この日から彼女たちの本格的な営業活動と現場での教育が始まる。「若い人には若い人なりのよさ、うちらには、長いことさせてもうてる、それはそれなりのよさがあるのと違いますやろか。芸の道には、きりがおへんさかいに。うちらは、一生お勉強やと思うてますぇ」、八〇歳を超えたベテラン芸妓が語るような厳しい「サービスプロフェッシヨナル」になる道を、一五歳の文千代は歩み始めたのだ。彼女の背後には「お姉さん」芸妓の文菊が、文千代を気遣いつつ周囲の様子に目配りしながら柔らかな笑顔で付き添っている。

文千代のような新人の芸舞妓の一日は、学校に行くことから始まる。彼女たちは、午前一〇時頃から各花街にある学校に通う。学校でのお稽古は、時には午後二時頃まで続くこともある。いったん帰宅して、自由時間をすごせるときもあるが、多くの日は、お姉さんやお母さんの用足しのためにお使いにでかける、あるいは、個人的に磨きたい技能を学ぶためのお稽古もある。そして、午後四時頃からはお座敷に出るために白塗りのお化粧をして男衆《おとこし》さんに着付けをしてもらう。午後六時にはお座敷に出て、日に三つか四つのお

写真 6-2-1　舞妓の特徴：江戸時代後期の町娘の外出着，可憐さ

地毛の日本髪
花かんざし
白塗りの化粧
着物（肩上げ・袂の縫上げ）
だらりの帯
ぽっちり（帯留め）
半衿（赤地に刺繡）
帯揚げ（赤地）
おこぼ（高さ10㎝の履物）

写真 6-2-2　芸妓の特徴：大人の女性の粋《すい》な風情

日本髪のかつら
かんざしはシンプル
白塗りの化粧
着物（袂が短い）
帯はお太鼓結び
帯締め
半衿（白）
帯揚げ（白地）

座敷を回って置屋に帰宅すると、日付が変わっていることもある。それからお化粧を落とし着替えて眠りにつく頃には、夜中二時か三時になることもざらである。だから、朝八時過ぎには起きて、身支度を整えて、学校へお稽古に行く日々は、口で言うほど簡単なことではない。

現在、舞妓たちの多くは京都以外の出身者で、伝統的芸事の未経験者だ。芸舞妓になりたいという一〇代半ばから二〇代前半までの女性は、インターネットや知りあいなどを通じて京都花街にアクセスし、置屋でやる気や適性を確認され、双方の意思が一致すれば住み込みで約一年の修業期間をすごし立居振る舞いや日本舞踊などの伝統的技能の教育を受ける。試験に合格すると、一七、八歳までなら舞妓として、二〇歳前後なら芸妓としてデビューする。

芸舞妓は花街の中でしか成り立たない登録制の職業であり、キャリアパスが明確に決められている。中学卒業後すぐ花街に来た少女は、一五、六歳で舞妓としてデビューし、二〇歳過ぎには舞妓から芸妓になり、その後一～二年して年季が明けて独立自営業者である自前芸妓となる。自前芸妓になった後は、芸妓を続けるかどうかの選択はいつでもできる。なお、芸妓には定年はない。このキャリアパスを中学卒業後すぐに花街にやってきた場合の一般的な例でまとめると以下のようになる。

仕込み→ 見習い→ 見世だし→ 舞　妓→ 衿替え→ 芸　妓→ 年季明け→ 自前芸妓
（約一年） （約一カ月） （舞妓四～五年） （芸妓一～二年）

おもてなし産業のサービスプロフェッショナル「舞妓」のことを少し理解していただけただろうか。若い彼女たちがどのように実践知を身につけていくのか、彼女たちに必要な能力、その獲得の過程を本稿で

図 6-2-1　京都五花街の芸舞妓数（京都花街組合連合会調べ）

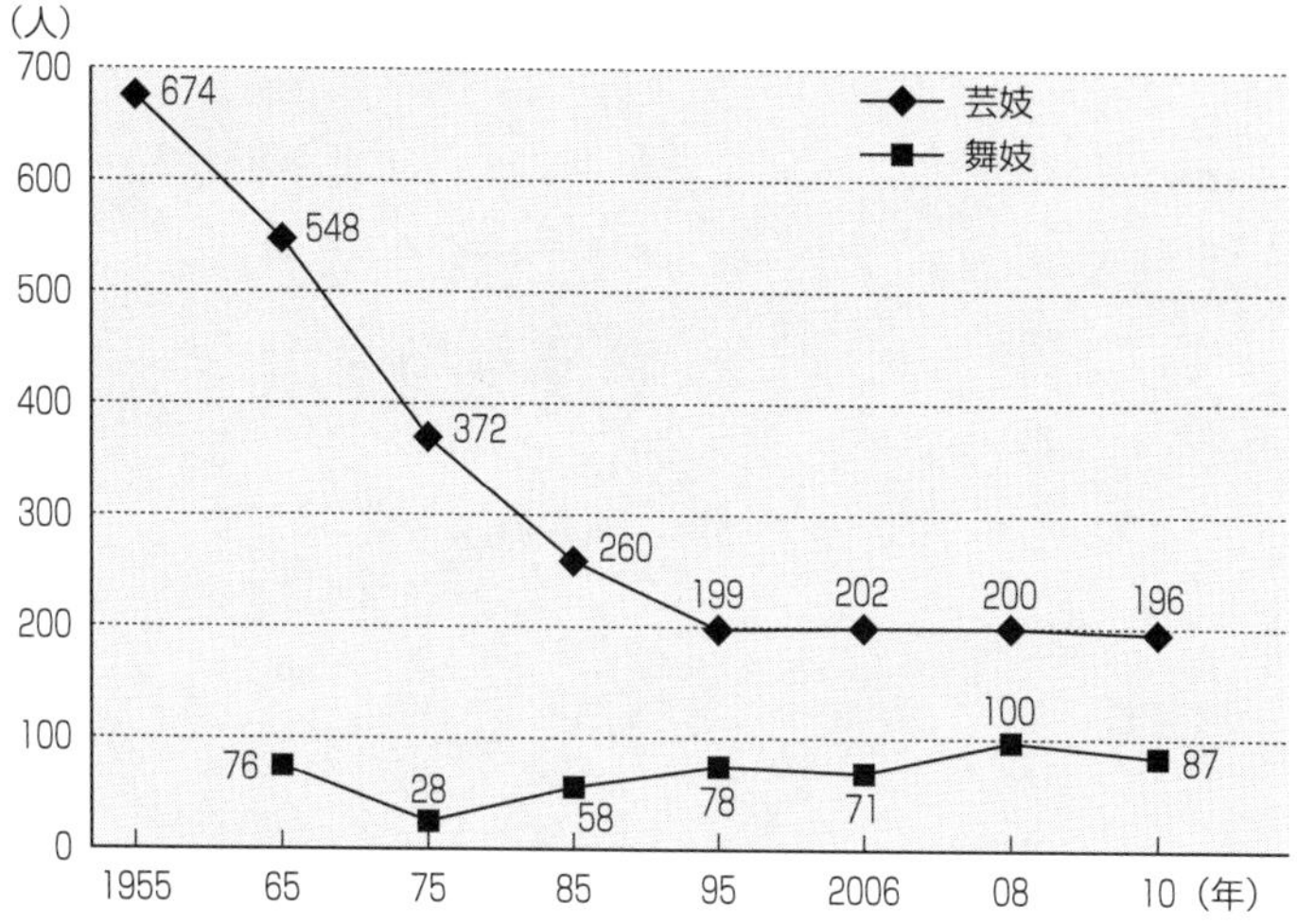

は記述していくが、まず、業界の概要をご紹介したい。

（2）伝統文化産業・京都花街の概要

京都には祇園甲部・宮川町・先斗町《ぽんとちょう》・上七軒《かみしちけん》・祇園東・島原の六つの花街があり、そのうちの島原を除く、芸妓・舞妓が就業する五つの花街は総称して五花街とよばれている。二〇一〇年二月二八日現在、五花街には舞妓八七人・芸妓一九六人、お茶屋は一五一軒ある。西尾［二〇〇七a］によると、京都花街での花代（芸舞妓のサービス売上）の総合計が、近年増加しており、事業規模が縮小した東京や大阪などの花街と異なり、産業として活力を有している。とくに、京都花街の芸舞妓の人数はここ十数年横ばいから増加傾向へ転じている。

芸舞妓は、置屋（京都では屋形《やかた》とよばれることが多い）に住み込み、「お母さん」とよばれる置屋の経営者から基礎教育を受ける（**図6-2-2**）。仕込み時代を含めてこの数年間は「年季」とよばれるが、

図 6-2-2　花街の疑似家族関係の図

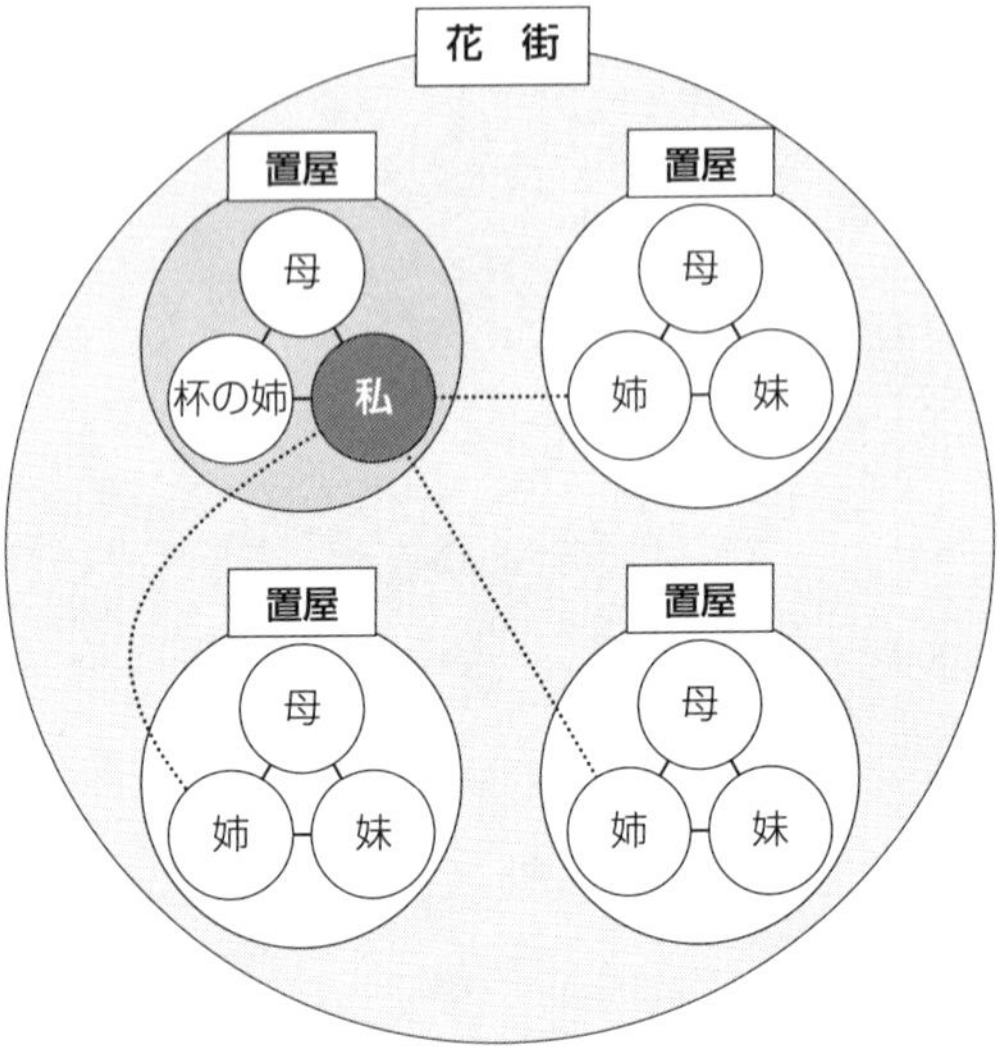

（注）　新人舞妓となった「私」にとって，自分より１日でも早く芸舞妓になった人は，すべて「お姉さん」。芸舞妓としてデビューするときに杯を交わして疑似姉妹関係を結ぶ「お姉さん」＝OJTの責任者は，最も影響力が強い。この場合の姉（図中の杯の姉）は同じ置屋所属とは限らない。置屋に「お姉さん」になれる人がいない場合は，ほかの置屋の先輩芸妓と姉妹関係を結ぶ。また所属する置屋の経営者（お母さん）とは疑似親子関係を結ぶ。

（出所）　西尾［2007a］をもとに作成。

この期間は、生活からお稽古、学校、高額な衣裳など仕事にかかる経費も含めて、すべては置屋側が負担する。置屋と舞妓の関係は、雇用者・被雇用者の関係ではなく、たとえると、プロダクションと所属する芸能人のようなものである。

芸舞妓になるためには、置屋のお母さんがその希望者を仕込みさんとして受け入れないと、その子は芸舞妓になるための修業をすることができない。また、いったん所属した置屋を変更できず、置屋の生活に適応できないと芸舞妓にはなれない仕組みになっている。この置屋のお母さんは、新人の生活指導や技能育成など、すべてにわたっての責任者となる。

そして、芸舞妓としてデビューするためには、その新人の面倒を見るメンターとしての役割を果たす、

図 6-2-3　お座敷という場の形成と関係者の関係

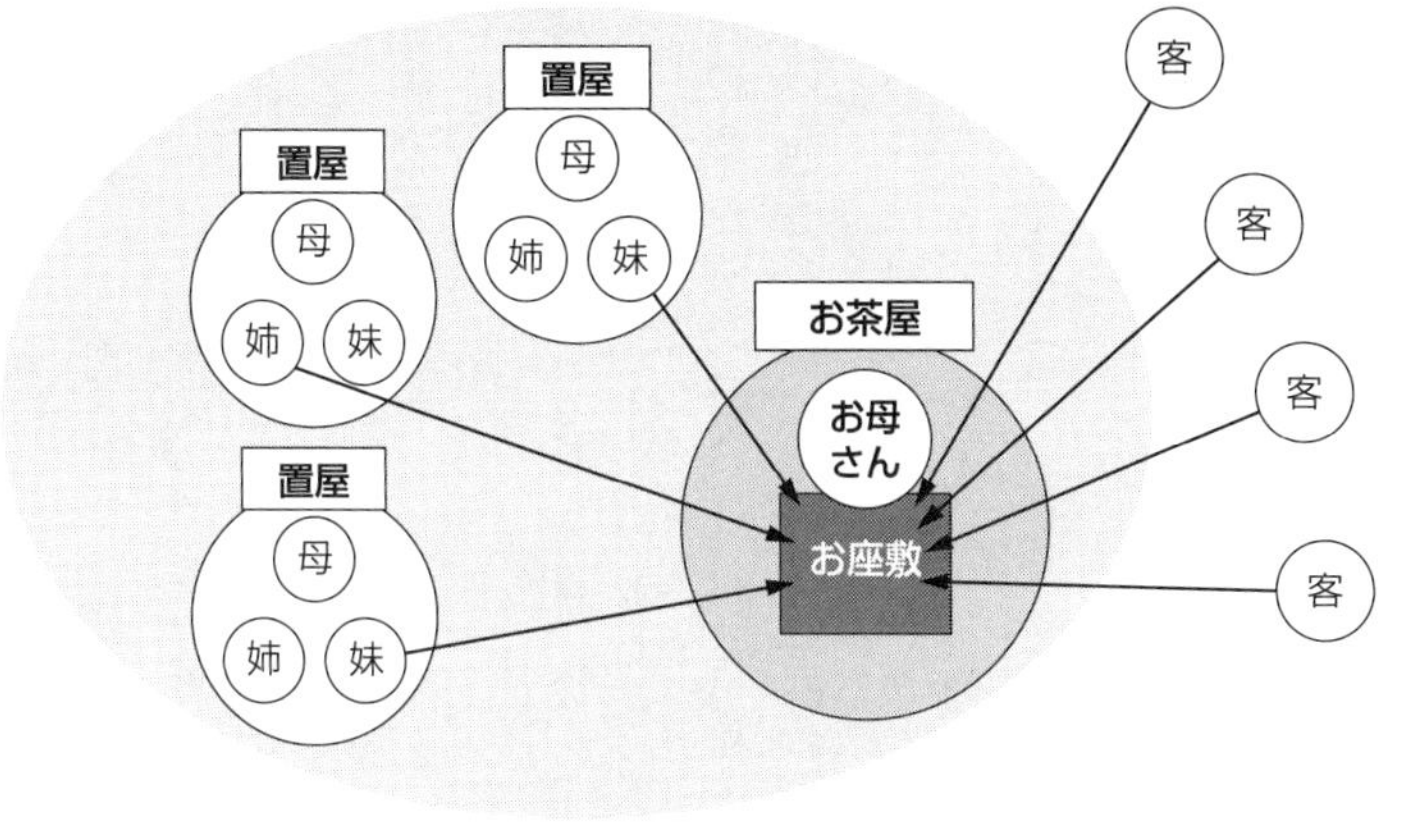

（注）お茶屋のお母さんは，顧客の来店の目的（接待，息抜き，法事など）と好みを考えて，どの芸妓・舞妓をよぶか決める。
（出所）西尾［2007a］をもとに作成。

お姉さん芸妓（事例の文菊のような）が必要である。芸舞妓としての名前は、このお姉さん芸妓の名前から一文字か二文字をつける。この姉芸妓が、所属する置屋のメンバーに適任者がいない場合には、同じ花街のほかの置屋から選ばれ、花街全体で新人を育成する慣習がある。

姉になる芸妓にとっては妹をもつことには、時間と責任の負担は多いが金銭的なメリットはなく、将来のライバルを育てる不利益な面すらある。しかし、現場での育成責任者がいないと、置屋での育成だけでは新人の現場での育成には十分に目が届かず、京都花街で十分な技能をもつ芸舞妓が育たないことになる。そこで、育成指導する責任をもつ「姉」という存在が必要となる。

芸舞妓たちの仕事の現場「お座敷」をコーディネートするのがお茶屋である（**図6-2-3**）。「一見《いちげん》さんお断り」で有名な京都花街の会員制度の窓口が、このお茶屋である。顧客は特定の芸舞妓を贔屓《ひいき》にすることはできるが、直接的な取引はできず、必ずお茶屋を通してお座敷への依頼をする慣行となっている。お茶屋は、複数の専門業者から顧客のニーズに合わせて料理などのサービスを購入し、各お茶屋の「お母さん」とよばれる経営者がそれらを組み立て、「おもてなし」のサービスとして提供している。

東京では料亭がお茶屋と料理屋の機能を兼ね備えているが、京都花街では、サービスのアウトソース化のメリットを生かして、料理屋や芸舞妓など複数の専門業者にその質を競わせ、よりよいサービスを選択できる環境を整えている。

（3） 実力主義の世界

芸妓や舞妓の公休日は月に二日。彼女たちは日に三つか四つのお座敷を、毎回異なるメンバーでのプロジェクトチーム制で、お茶屋や料理屋、ホテル、国内外のイベント会場など、多様な場所でこなしている。文千代のような新人芸舞妓は、毎日、何十回、何百回も、「おたのもうします」「おおきに」「すんまへん」と周囲の先輩芸舞妓やお茶屋や置屋のお母さん、時には顧客にも頭を下げて教えを請い、ＯＪＴで鍛えられていく。

芸舞妓たちは、お座敷で、顧客の顔色を読み、会話や立居振る舞いに気を配り、踊りや邦楽の唄や楽器の演奏など芸事を披露し、花代とよばれる対価を受け取っているサービスプロフェッショナルだ。彼女たちに定年はないが、年に一度、経験年数や年齢に関係なく、花代のランキングにより上位のものが表彰されるほどの実力主義の世界である。

置屋では主に行儀作法や立居振る舞いなど、花街で暮らすための基礎的なことを、お母さんやお姉さんから教えられる。デビューした後は、複数の多様な経験を積むお座敷でのＯＪＴと同時に、置屋でのお母さんやお姉さんからの指導も技能を磨くために欠かすことはできない。舞妓たちはデビュー後の約一年間は口紅を下唇にしかさせないなど、一目で新人だとわかる装束の違いがあり、プロジェクトチームで一緒になった先輩たちからも、お茶屋のお母さんたちからも、念入りなチェックを受ける。こうした緊密な人間関係に基づく教育により、京言葉が話せず伝統的な芸事も未経験だった彼女たちのスキルは短期間に向上していく。一年ほど経つと新人だとわかる装束の違いもなくなり、それに応じて先輩の指示に従うだけでなく、後輩の新人舞妓の面倒をお座敷で見ることも要求される。そして、数年たち舞妓から芸妓になると、複数の伝統技能に秀で、周囲からより高いレベルでの「座持ち」をお座敷で発揮することを期待され、顧客満足を生み出す責任者としての役割が重くなる。

（4）「座持ち」の力

この芸舞妓に必須とされる「座持ち」とは何だろうか。

芸舞妓をお座敷によぶからには、おもてなしのプロとして振る舞うことを彼女たちは期待される。そのために必要とされる能力だと、花街関係者にたずねると誰からも同じような答えが返ってくる。西尾［二〇〇七a］によると、「座持ち」とは、お座敷の中でたまたま起こった出来事に対する芸舞妓の対応ではなく、お座敷での彼女たちの行為全般を評価するための基準で、「座持ちが良い」とか、「座持ちが悪い」といった言葉で表され、おもてなしの能力の評価として花街の関係者に共有されている。

この「座持ち」には、以下の三つの要素が不可決である。

① 伝統文化産業らしい基礎技能（いわゆる芸事の技能）

② 芸舞妓らしい立居振る舞いの上品さ（京言葉を含む）

③　即興性（顧客の要望や場に応じて上記二つの能力を発揮できる反応のよさ）

これら三つの能力は芸舞妓になるためには必ず必要なものであり、①については花街に設置されている学校で基礎的な技能が育成される。それと同時に、①②③すべてが置屋のお母さんや先輩芸妓と結ぶ擬似親子関係の中で、日常生活やお座敷という現場を通じて継続的に育成されている。さらに、座持ちには、これら三つを単にお座敷で発揮するだけでなく、顧客が何を求めているのか気持ちを察し、場を読む力が必要である。つまり、芸舞妓が努力してきた芸を単に披露するだけでは座持ちが発揮されたとはいえず、場合によっては芸事を何もせず顧客と会話するだけのほうが顧客のニーズにかなっているのであれば、それが座持ちとして評価されるのである。

さらに、こうしてそつなく顧客が望むであろうと考えるサービスを提供すれば、その顧客の反応を素早く読み取り、また次にどのようなサービスを提供するのかを考えてお座敷での振る舞いを自分で決めることが、芸舞妓には絶えず求められている。精一杯に伝統技能を発揮するだけではおもてなしとしてベストではなく、顧客をもてなす気持ちがごく自然に外に現れたように発露する、そのような彼女たちの立居振る舞いや会話が顧客をリラックスさせるからだ。この座持ちの構成要素と、それをどのようにお座敷で技能として発揮するかについて一連の流れをまとめると、座持ちの構成要素と発露の過程を**図6-2-4**にまとめることができる。

芸舞妓が「おもてなし」のエキスパートとして認められるためには、この座持ちを早く深く身につけて、熟達していくことが必要である。そこで、次項以降では、芸舞妓が座持ちを身につける過程について現場の様子を織り込みながら、説明していこう。

図 6-2-4　「座持ち」の構成要素と発露の過程

・座持ち＝市場での価値

顧客の潜在的なニーズをつかみ，自分のもつ技能をその場に応じて発露し，求められる最適なサービスを提供する力

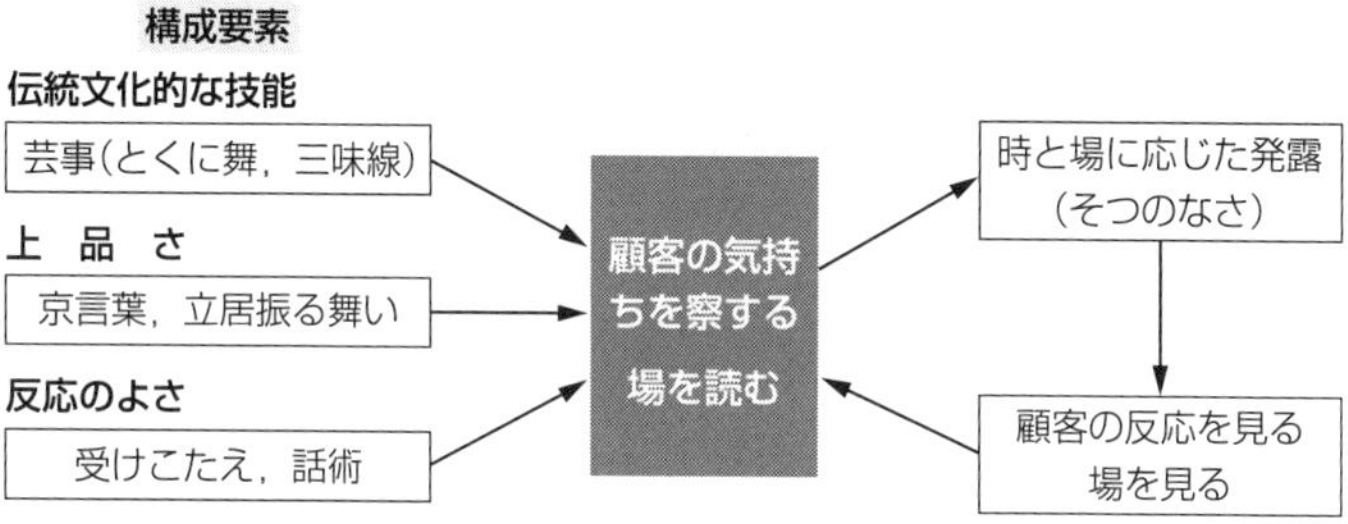

（出所）　西尾［2007］をもとに作成。

2 ● 芸妓・舞妓の実践知はどのように獲得されるのか

（1）女紅場のカリキュラム

広くは知られていないが、京都花街には、芸舞妓の技能育成のための学校制度が充実している。女紅場《にょこうば》とよばれる学校は、お茶屋業組合、芸妓組合、歌舞会などから構成される複数の事業者からなる産業共同体によって運営され、芸舞妓は現役である限り、年齢や経験年数にかかわらずこの学校に在籍する生徒でもある。学校では外部の伝統文化技能専門家（家元など）を講師として招いており、専門技能教育を安価にかつ継続的に受けられることを可能にしている。この学校の歴史は、一八七二（明治五）年まで遡ることができ、学校法人格を取得している女紅場もあるなど、京都花街はサービス業の競争力の根幹となる人材育成について制度面での充実が継続的に図られるビジネスシステムをとっている。

女紅場では、芸舞妓の基本技能の日本舞踊、お座敷芸で披露される長唄・小唄・端唄・常磐津といった邦楽の唄、三味線・大鼓《おおかわ》・小鼓《こつづみ》・笛などの邦楽器の演奏、立居振る舞いの訓練にも

なる茶道が必須科目だ。また、華道や絵画、俳諧など芸舞妓として知識をもっていることが望ましい伝統文化に関する一般教養的な科目もある。このように学校で開講される科目は決まっているが、カリキュラムのような正確な時間割は決まっていない。お師匠さんの都合に合わせて、だいたい月ごとにお稽古のある日と時間が決まり、それに合わせて、芸舞妓は学校に通うことになる。春や秋に花街で開催される花街の踊りの会開催前には、会で必要な科目の開講日が増える、開催中には学校が休校になるなど、カリキュラムは花街の行事と連動性が高く、柔軟な対応がなされている。

花街を散策すると、授業科目とお師匠さんの名前、そしてその科目が開講される日が書かれた掲示板やスケジュール表を、見つけることができる。街角に学校の開講予定が掲示されるほど、女紅場は、京都の花街には欠くことができない芸舞妓の教育機関となっている。

（2）見るのもお稽古

現役の芸舞妓＝学校の生徒であるため、学校では、レベルや経験年数の異なる芸舞妓たちが同時に学ぶ。芸舞妓の学校教育のポイントは、技能的に経験の浅い舞妓さんから超ベテランの芸妓さんまで、お師匠さんが同じ場で教育することである。そのため、お稽古[2]にやってきた新人芸舞妓たちは、すぐにお稽古をつけてもらえるのではなく自分のお稽古の番がくるまで、ずっと先輩たちがお稽古する様子を見ることになる。

文千代のような新人には当番があり、朝早くから学校に行って、お稽古場の準備をする。座布団を並べたりお師匠さんのお茶を準備したりした後、お稽古場で先輩のお稽古をじっと見ている。学校に来た順番でお師匠さんからお稽古をつけてもらうのではなく、先輩が学校に来たら、その先輩から先にお稽古をつけてもらうのだ。正座に慣れていない当初は足が痛く、昼食も遅くなるから、見ているだけでも辛抱がいる。時間的な効率性を考慮すれば、無駄なことのように思えるが、ほかの人のお稽古を見ることも、大事なお稽古だといわれる。日本舞踊なら、先輩の手や足の動き一つひとつ、お師匠さんがどのように振りをつけるのかも、すべてが勉強なのである。先輩や同僚がどのような指導を受けているのか、またどこをどのようにお師匠さんから教えてもらっているのか、そのすべてを参考にすること「よく見ること」が、自分の技能の上達につながるといわれている。

この「よく見ること」と、見たことを織り込んで真似ることをすぐに要求される学校での教育訓練は、お座敷のOJTの現場で先輩の技能を見て、それを真似て身につけるということの素地にもなっている。先輩の様子を主体的に後輩が見て、どのような状況ならどうすべきかを覚え真似る、自分にインプットしようとすることは、現場で自分なりの技能を時と場に応じて発揮し、座持ちを発露するための訓練にもなっているのだ。

（3） 技能発表の場・踊りの会

この学校は、さらに芸舞妓たちに技能の発表の場も提供している。大きな舞台をふませ、研鑽《けんさん》の機会を与え、次へのステップアップの機会をつくっているのだ。それが花街の踊りの会なのである。

京都の花街では、観光シーズンに合わせて毎年踊りの会を開催し、この時期の花街は地元のファンだけでなく観光客でも大いに賑わう。芸舞妓のお茶席での接待と踊りの発表で、四五〇〇円程度という手軽な金額もあって、最も期間が長く会場も大きな祇園甲部の「都をどり」では、一カ月の踊りの開催期間に、延べ一〇万人もの観客が訪れる大きなイベントとなっている。

この花街の踊りの会は、芸舞妓たちの学校の発表会であり、彼女たちにとっては、晴れ舞台である。とくに、新人の芸舞妓たちにとっては、日頃の練習の成果を大きな舞台で発揮することができる場であり、その経験を通じて、芸事の「手が上がり」、またお稽古を頑張ろうという気持ちにもつながる。

この踊りの会は、技能披露の場として機能すると同時に、新人たちに働くことのシビアな現実を体感させる機会にもなっている。というのも、この時期は、踊りの会プラスお座敷と、芸舞妓たちは朝から夜までフル回転の日々が続くからだ。芸舞妓たちは、日頃は四時頃から始めるお化粧や衣裳の支度を、踊りの期間中は朝から開始する。そして、お昼頃には踊りの会の第一回目の舞台に出て、その後二回、三回と舞台公演を重ねる。夕方最後の舞台がはねるとすぐにお座敷にでかける。帰宅は夜中過ぎ、連日二時、三時の就寝となる。そして、ゆっくり寝る間もなく、また翌朝は早く起きて支度をする、ということが開催期間中ずっと続くのである。

この忙しさを体験することによって、一〇代半ばの新人舞妓たちは、厳しいお稽古を通して身につけたことを舞台で披露する喜びと、睡眠不足と戦いながらお座敷をきちんとつとめることの厳しさを、同時に学ぶ。まさに、新人たちにとって踊りの会は、金井［二〇〇二］がいう、仕事で「一皮むける」経験であり、技能の披露の舞台と仕事をすることの連携を意識し、自分のキャリアをより明確に自覚することにもつながる大切な場である。

（4）「座持ち」の能力の育成過程

さて、学校で教育された基礎技能をそのまま発揮することで「座持ち」ができていくわけではない。それはあくまでも伝統技能としての「型」を身につけただけである。芸事を磨くこと、立居振る舞いが美しいことは、芸舞妓たちに必須であるが、サービスプロフェッショナルに不可欠な「座持ち」という能力は、さまざまな状況のもとで顧客一人ひとりの要求に沿って発揮されるものであるため、それだけでは不十分なのだ。では、どこで何をするのかをマニュアルなどで規定することが難しい「座持ち」を、現場でどのように身につけさせているのだろうか。新人の座持ち育成のプロセスを見ていこう。

お座敷で新人の芸舞妓たちは、飲み物を運ぶ、灰皿を取り替える、トイレに立つ顧客の誘導をするなど、まず比較的単純な仕事内容に携わるが、こうした行為の一つひとつを顧客から声がかかったときに機械的にこなせばよいというわけではない。ビール瓶やお銚子を持ったときの重さや先輩芸舞妓たちが注ぐ様子を見ておき、それらの量を判断して、顧客の依頼の前に自分から飲み物を取りに行く「機転」が必要である。常に周囲の状況を察知して自分が何をするのかを、単純な仕事内容でも実行することから座持ちは育成されていく。言われる前に周囲の状況を察知して動くこと、それが新人舞妓のときから求められる。

あるお茶屋のお母さんによれば、芸舞妓の「座持ち」は、実は短期間に育っていくのだという。

「新人の舞妓であっても、一日に三つのお座敷を一年間つとめさせてもらえれば、年間約一〇〇〇回のそれぞれ異なるお座敷の経験を積ませてもらえます。場を見て立居振る舞う力は、一年間でかなり伸びるんどす」

一年間に約一〇〇〇回の仕事経験の場で、新人は必ずしも同じ先輩芸舞妓たちから育成の指導を受けられるとは限らない。毎回の現場のＯＪＴに関わる先輩芸舞妓たちは異なることが多く、しかもお座敷の状況や顧客も異なるため、非常に多様で異質な経験を短期間に重ねることになる。指導を受ける先輩芸舞妓たちの指示内容や仕事内容に対するフィードバックもお座敷ごとに異なるため，その場その場で状況を把握して行動することが身についていくようになる。

芸舞妓たちが短期間に多くの回数のお座敷を重ね，常に多様なメンバーからその能力をチェックされ指導を受けるという仕事経験の質と量の豊富さは，「座持ち」育成のための基礎要件である。

さらに，新人と関係性が深い先輩芸舞妓たちがお座敷に同席した場合には，新人の座持ちの様子を詳細に観察し，お座敷が終わった直後に細やかなフィードバックをする。こうした先輩芸舞妓たちが同席していないときにも，お座敷を依頼したお茶屋のお母さんも新人の様子に注意をはらっていることが多いので，新人は他の芸舞妓より多くの指導を受けることになる。こうした関係者はどのようなフィードバックを新人に与えたのか記憶しており，次のお座敷の場で新人が前回と同じような失敗をしないかどうか，注意深く見守り，うまくいかないときは繰り返し指導している。

また，舞妓になって一年間は，かんざしや化粧など装束が一目で新人とわかる。そのため，お座敷に複数人の舞妓がいても新人はすぐわかるので，お座敷に同席する先輩芸舞妓たちやお茶屋のお母さんは，その行動のチェックがしやすい。そして，お座敷で新人の振る舞いに問題があれば，育成責任者である置屋のお母さんやお姉さんにその情報をすぐ伝える。この情報に基づき，育成責任者は新人に対して改善点を指導して，情報を伝えた関係者に対してはきちんと指導をしたことを連絡する。そして，新人は指導されたことが次回からできるかどうか，周囲からチェックされる。さらに，贔屓の顧客も新人の装束の違いはわかるから，「お気ばりや」と言葉をかけるなど，新人を育てる配慮もする。

つまり，芸舞妓にとって新人のときから短期間に多様な経験をすることは，単に場数をふむということにとどまらず、その仕事内容について関係者から受けるフィードバックの量と質が増え、それを生かして自分の立居振る舞いを変化させていくことにつながっているのである。その結果、一年という短い期間に「座持ち」がある程度まで育成され、経験三年め程度になると、自分の技能を伸ばすために、フィードバックをもらえそうな人に相談するようになる。周囲の先輩から積極的にフィードバックをもらおうと主体的に能力育成に目覚めると、擬似家族関係や学校などという、複数の人間が育成に関わる仕組みが、芸舞妓個人によってうまく活用されるようになる。そして、数年後には芸妓になり、大卒程度の年齢で独立自営者になって着物やお稽古への投資をし、自らの生計を支えられる程度の収入を得る「座持ち」ができあがっていく。

（5）評価基準の統一と公表——事例　始業式の成績発表

新年の一月七日、祇園甲部・祇園東・先斗町・宮川町の各花街には、日本髪に稲穂の簪《かんざし》をつけ、黒紋付の正装をした芸舞妓たちの姿が見受けられる。一月九日、上七軒でも同様の光景が繰り広げられる。新年の冷たく澄んだ空気に満たされた、京都花街の石畳の路地では、「おめでとうさんどす」と挨拶を交わす芸妓や舞妓の姿が見受けられる。お正月休みでひっそりしていた花街に、一気に華やぎが戻ってきたようである。

花街では毎年正月明けに、芸舞妓たちが在校している花街の学校の始業式が行われ、正装した芸舞妓たちは、その始業式に出席するために集まってくる。この華やかな行事はテレビや新聞などで取り上げられることが多いので、目にされた読者も多いのではないだろうか。

この始業式には、新年にふさわしい日本舞踊や芸事が披露されるが、それだけが式典の目的ではない。各花街ともに、前年の売上成績のよいお茶屋、芸舞妓を表彰する。実は、芸舞妓の花代は、「同一労働・同一賃金」のルールによって規定されている。つまり経験一年めの新人も、経験三〇年の芸妓もお座敷にいる時間単価は同一である。その結果、見番《けんばん》で集計された前年のお茶屋、芸舞妓の花代の本数のランキングが、正月に行われる各花街の学校の始業式で成績[3]として発表されるのである。花代の売上、つまり芸舞妓の座持ち評価の結果は、芸舞妓が勢揃いし、お茶屋組合や芸妓組合の幹部も出席する始業式で花街中に知らされるため、芸舞妓やお茶屋の評価の指標の一つとなっている。成績発表とその情報の共有は私たちの想像以上にクリアで、そして情実が挟まれないシビアなものである。

3 ● おもてなし産業の実践知はいかに継承されるのか——芸妓として、「お姉さん」として

(1) メンター制度「お姉さん」

このように、芸舞妓たちは、売上の評価、踊りの会などでの技能評価と、業界全体の中で、常に自分がどの程度の位置にいるのか、能力進捗の把握を冷静に感じることが多い、厳しい日常にいる。しかし、それは言い換えれば、努力に応じて結果がでると、周囲から認められる世界でもある。こうして経験とともに「座持ち」の評価が高まることに応じて、業界の中での新たなポジションにつくことがある。それが、被育成者から育成者へと立場が変わっていくこと、つまり「お姉さん」になることだ。

ある程度経験を経た芸妓にとっては、事例の文菊のように「お姉さん」の役割を引き受けることが業界内で認められることにもつながっている。妹をもつことは、教育責任者になることであり、若い芸妓にと

っては負担が多い。しかし、妹を引いてほしいと、仲人のお茶屋のお母さんから正式に依頼されることは、自分が後輩を指導するに足る「メンター役」として適任だということになる。これは、自分の技能の習熟を周囲からはっきりと了承されたことでもある。

はじめて妹をもったときのことを回想して、ある若い芸妓は、

「うちでほんまにええのんかと、思うたんどすけど、自分の気ばってきたことが認めてもろうたようで、うれしおした。妹を引かせてもらうということは、うちがしっかりせんとあかんことどす。うちがちゃんとせえへんかったら、うちの姉さんにも、うちのお母さんにも恥かかせてしまうことにもなるし、ほんまに、気がひきしまる思いどした」

と、お姉さん役を引き受ける覚悟を話してくれたことがある。メンター役の姉さん芸妓は、妹が失敗をするとその責任を引き受けて周囲に謝罪する。新人に失敗はつきものだが、妹の座持ちが期待通りに育たず失敗を繰り返すと、この姉芸妓を教育した責任者たちも、その立場を問われるというのだ。つまり、若手芸妓が姉さん役を頼まれることは、その姉芸妓を育てた育成者の技量を図る試金石にもなっているのだ。

（2） 育成者「お姉さん」の育成

お姉さんを引き受けた文菊のような芸妓は、後輩の直接的な指導責任者となる。お姉さんは、妹に、お座敷では自分の目の前の顧客と会話することだけが仕事でなく、周囲の先輩のビール瓶やお銚子の底がどこまで上がっているのかを注意しなければならないこと、そうすることで一人ではなくチーム全体で生み出す「座持ち」が上がることについて理由を教えなければならない。未経験者の現代っ子の少女たちが理

図 6-2-5 「座持ち」が育ち，育てあうシステム

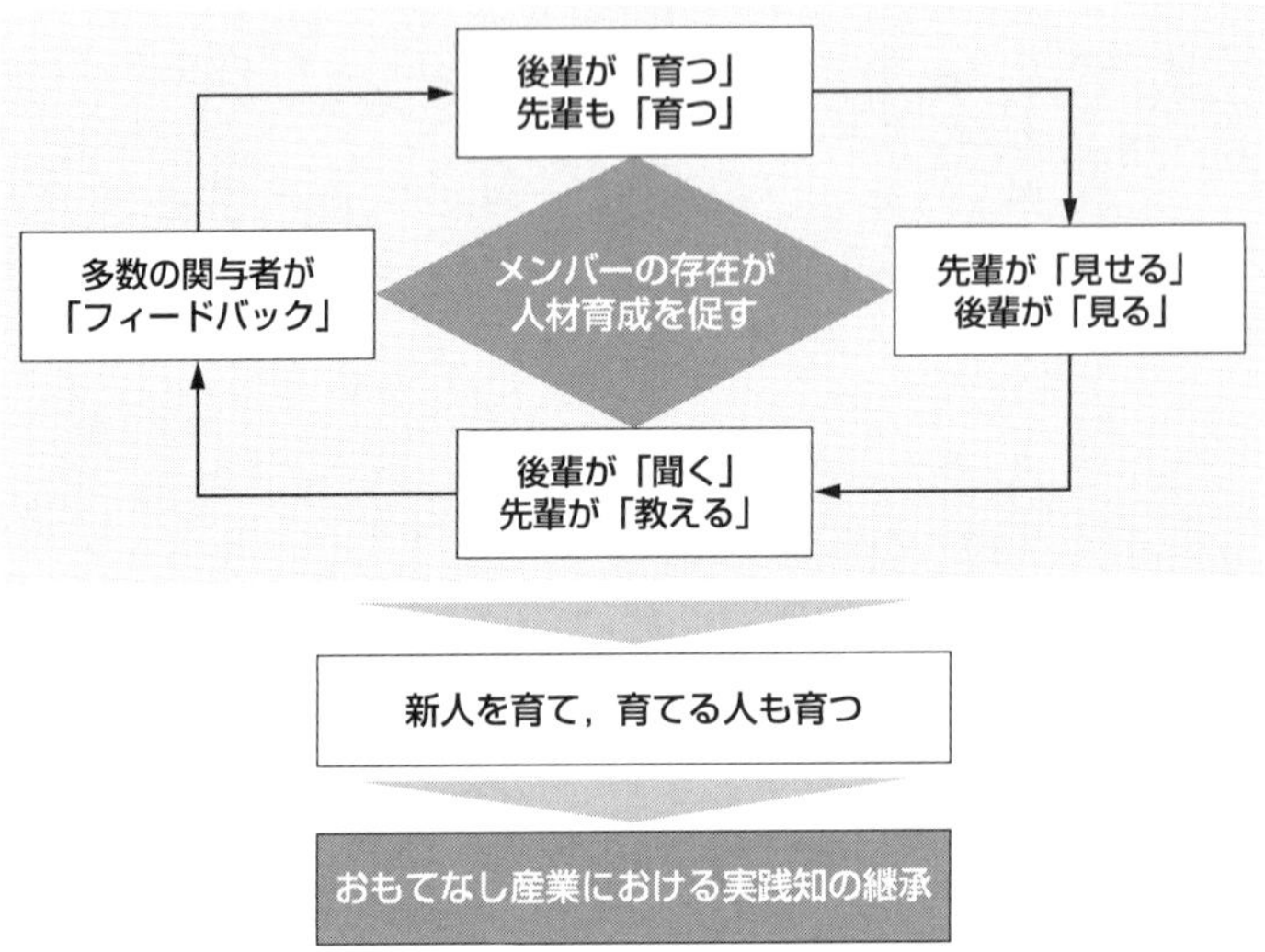

解できるように、相手の技量に応じて「座持ち」の技能を一つずつ分解し言語化することが、お姉さん役には必要となる。

また、学校で基礎技能を学習しても、お座敷の広さや一緒になるメンバーの人数・技能レベルに応じて日本舞踊をどう美しく披露するのかは、やはりお姉さんが教えなければならない。妹の技能の進捗に応じたアドバイスを具体的にすることが常に必要である。

ある若い芸妓は、妹をもったことが、自分の獲得した技能をしっかり言語化することにつながったことを、次のように具体的に話していた。

「自分がやっていることを、ちゃんとわかるように妹に説明せんとあかんのどす。言おうと思うても、きちんと説明できひんこともあって、ほんまに、うちは、わかってへんかったんやと、気づかせてもらうこともあったんどす。また、

うちの姉さんやお母さんたちが、うちが新人やったときに言うて聞かせてくれてはったことに、あーあ、こういう意味があったんやとわかったんどす」

このように、後輩の教育責任者となり妹に教育する過程を経て、お姉さん芸妓自身が、自分の身につけた「座持ち」の技能を、言語化し体系化する経験を重ねていく。その結果、中堅層の芸妓にとっては姉を引き受けることが、自分の獲得した実践知をより自覚する機会になり、自らのある程度慣れてきた「座持ち」をあらためて見直す機会にもなっている。また、自分を育ててくれた周囲の人間関係の重要性の認識にもつながっている。

このように「お姉さん」という仕組みは、新人の「座持ち」の獲得と中堅の芸妓の「座持ち」のより深い獲得につながっている。さらにより経験年数の長い芸妓がこの育成の様子を見守ると同時に自らも経験に胡坐《あぐら》をかくことなくお稽古を続け、「一生一人前にはなれへんのどす」という言葉通りに技能を磨くことに精進する様子を周囲に見せている。これが京都花街の実践知「座持ち」の継承に役立ってもいる。

(3) 事業者の壁を越えた実践知の継承

育成に不可欠のこの「お姉さん」がどこの置屋から選ばれるのかということに着目すると、芸舞妓という枠組みを越えたより大きな実践知の継承の仕組みが見えてくる。

擬似姉妹関係の縁組は、同じ置屋の所属する芸舞妓同士で結ばれるものではない。同じ置屋に適任者がいないという致し方ない理由のときもあるが、場合によっては、同じ置屋の先輩芸妓に比べてより望ましい適任者を選ぶために、異なる置屋（同業他社）から姉役が選ばれることもある（**図6-2-2**参照）。デビューさせる新人芸舞妓のどの技能を今後伸ばしたいのか（たとえば日本舞踊を磨きたいのか、三味線などの邦楽器の演奏を伸ばしたいのか）などを勘案して、その技能の努力をしている、新人にとって見本となるような若手や中堅の芸妓が選ばれることがある。

「うちの若手の芸妓はんが、今度、妹を引かせてもらうことになったんどす。まだまだなんどすけど、気ばってお三味線をお稽古させてもろうてるので、ある屋形のお母さんが、今度出さはる舞妓はんに将来はお三味線をしっかりさせたいと考えてはるので、うちとこの芸妓はんに、姉さんになってくれはらへんか、と言うてくれはったんどす。なんや、うちとこで教えていることが認められたようにも思えて、うれしおす」

こう話してくれたのは、京都以外の出身で舞妓・芸妓を経て置屋を開業して一〇年ほどの、あるお母さんだ。自分の置屋に所属する芸妓を「お姉さん」にと、ほかの置屋のお母さんから頼まれることを、少し誇らしく、そしてそれがこの業界にとっては意味があることだと語ってくれた。

この話からわかるように事業者の壁を越えた「座持ち」の育成、実践知の継承が京都花街では意図的に行われている。人材育成専門事業者の置屋は、あくまで一軒一軒が独立した事業者であり、その置屋に独自の採用や育成の工夫もある。しかし、一軒だけで能力育成が可能になるとは考えられていない。競いあいながら、置屋同士で連携し、技能を継承する工夫が「お姉さん」という仕組みを通じてされていることがわかる。

そして、この擬似姉妹関係の縁組にはお茶屋や年配の芸妓が仲人となり、新人芸舞妓のデビュー前のインターンシップ「見習い」を受け入れ，その後も現場での指導に注力するお茶屋（見習い茶屋とよばれる）も縁組の現場には立ち会い，置屋だけでなくお茶屋も含めた複数の事業者が新人芸舞妓のキャリア形成のためのネットワークを構築し，コミュニティで実践知の熟達のプロセスを情報共有している。このことが，未経験者のキャリア形成を促し，業界全体で質を高めることにつながっている。

4 ● まとめ――実践コミュニティの形成の仕組み

(1) 顧客の役割

今まで述べてきたように，芸舞妓としてデビューし，新人，中堅，その後お姉さんとして後輩の育成に当たるそのすべての過程で，芸舞妓たちは「座持ち」能力を育てられ，自らその技能を磨く工夫もしている。まさに，現場で技能発揮をしつつ，技能が獲得されるという「座持ち」育成のループが，京都花街という産業に関わる複数の事業者の連携によって綿密に練りあげられているといえよう。そして，この過程にずっと立ち会う，忘れてはならない存在として，「顧客」をあげることができる。

多様な場でのさまざまな顧客の接遇によって育成される「座持ち」を評価するのは，「一見さんお断り」の取引慣行のもと，継続的にここに訪れる顧客である。たとえば，新人の舞妓は愛らしさがその特徴であるが，それだけでは顧客は継続してお座敷によぶことはないといわれる。つまり，外見だけではなく，接待の場では顧客をもてなす，あるいは自分が寛《くつろ》ぐといった目的ならそれに応じて芸舞妓が振る舞うことができるかどうかを顧客はチェックし，次回もその芸舞妓をよぶかどうかの指標にしている。

「つんとして天狗にしている妓は，お客さんはよう見てはる」といった言葉を複数のお茶屋のお母さんから聞き取ることができた。顧客は期待したサービスの提供がなされなかったときは、何も言わずに次回からその芸舞妓を指名しないこともある。サービスとは奉仕なのであるから、顧客は、芸事やお座敷でのサービスについて対価を支払う以上、その内容を評価しその質について不満があるときにははっきり意思表示する、厳しい存在である。

一方で、顧客が芸舞妓のキャリア形成に積極的に関わることも多い。芸事が未熟であること、お座敷で気が利かないことなど芸舞妓の経験年数に合わせて彼女たちの能力の育成状態を勘案して、不満足の内容をお茶屋のお母さんに伝え、その能力を向上させる努力を示唆するのだ。

「あの妓の歩き方、ちょっときたないなぁ。もうだいぶ舞妓のかっこにもなれてきた頃やし、もっとお座敷ではきれいに歩いてもらわんと具合悪いわ、ちゃんとお姉さんにも言うといてや」

このように、新人舞妓の育成について、お座敷に同席していなかったお姉さん芸妓やその関係者に問題点を話すこともある。さらには、育成責任者が同席している場合は新人の指導をきちんとするように伝えることとすらある。

さらに、新人の芸舞妓に対して、積極的に教える立場に立つこともある。新人の芸舞妓の場合は、花街のしきたりやお座敷での立居振る舞いに不慣れなことも多く、年齢そのものも非常に若いため機転が利かない、会話がぎこちないといったことが見受けられる。こうした場合、顧客がその芸舞妓に具体的な会話のつなぎ方などを教えることもある。

京都の花街では、「座持ち」という言葉が、顧客を含むコミュニティの中で広く共有されている。そし

図6-2-6　芸舞妓の座持ちの能力育成プロセス

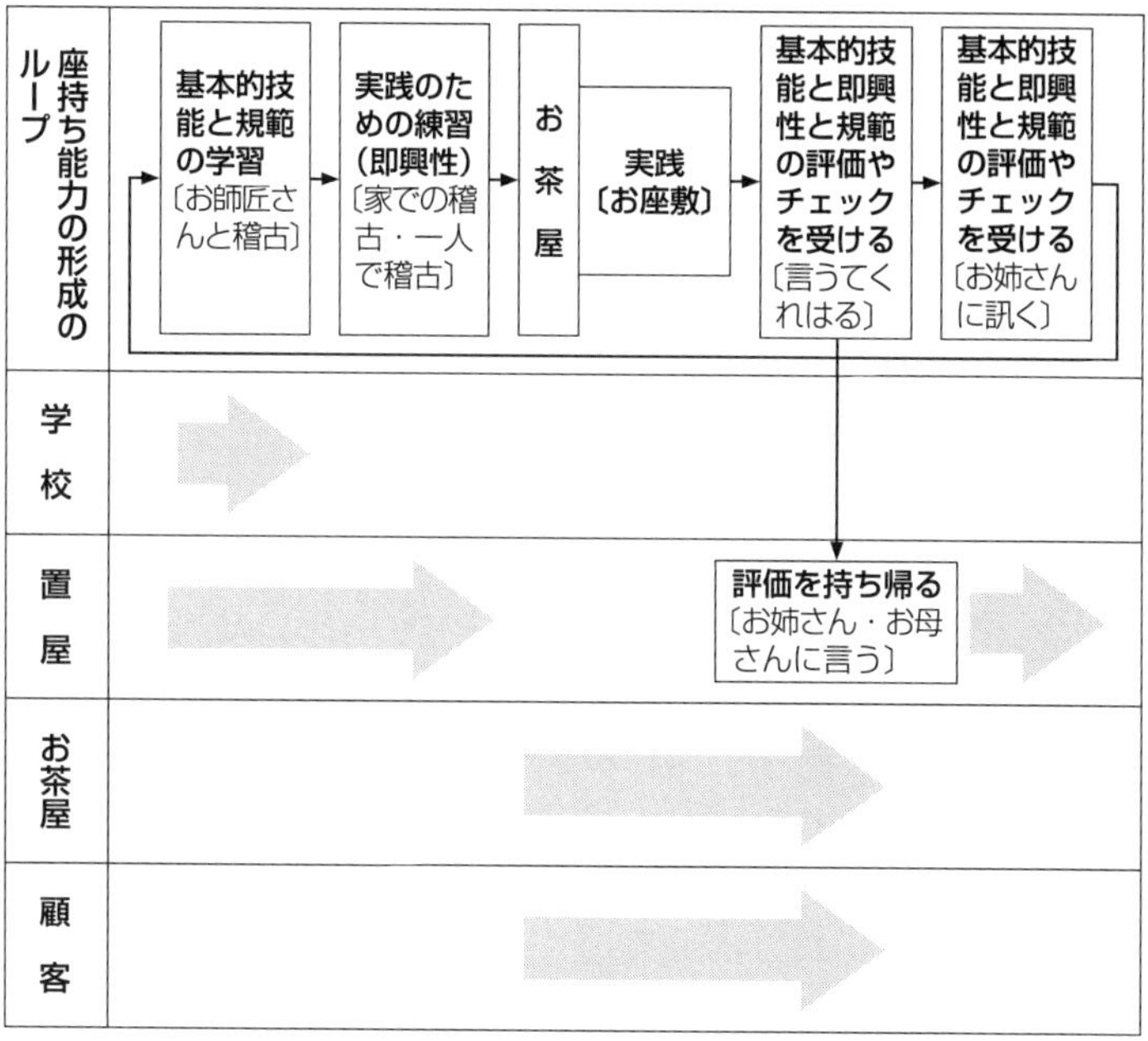

（出所）　西尾［2007b］をもとに作成。

て、この座持ちという能力を芸舞妓たちが身につけていく過程に着目すると、個人が所属する置屋だけでなく、花街の複数の事業者と関わりつつコミュニティの中で、たくさんの仕事経験を重ねながら、顧客を含む特定の人々との関係性の中で能力が育成されていることがわかる。この顧客の役割も把握すると、芸舞妓の「座持ち」育成の過程を**図6-2-6**のようにまとめることができる。

対価を払う贔屓の顧客にとってこうして芸舞妓の「座持ち」の育成に関与することは、自分が決まって利用しているお茶屋で提供される「もてなし」の質に関して積極的に意見を述べることになり、よりよいサービスを受けるために必要な行動とも考えられる。花街という「一見さんお断り」のサービス業界では、贔屓の顧客は継続的にサービスを購入し続けるため、芸舞妓の育成に関与する役割を担うことは、将来自身の享受するサービスの質の向上につながる。顧客がコミュニティのメンバーに積極的になる（顧客は伝統文化芸能や慣習などをお茶屋のお母さんや年配の芸妓に教えてもらうこともある）のは、顧客自身にとってもメリットがあるからなのだ。

（2）実践コミュニティの形成

芸舞妓の「座持ち」形成の過程について、関係性という視点から着目すると二つの特色をあげることができる。一つは、多様な関係性の中で実践知が形成され、それが新人だけでなく中堅やさらにより経験年数の長い芸妓の熟達にもつながっていることである。もう一つは、顧客という従来の理論では着目されていなかった関係性が、実践知獲得に大きな役割を果たしていることである。

まず、多様な関係性に着目すると、擬似親子関係、擬似姉妹関係、贔屓の顧客など、複数の関係性の中で芸舞妓たちの座持ちが形成されていることがわかる。本人が自らの不十分さ、未熟さを自覚し、さらに失敗を繰り返さないようこれらの関係性を利用し、関係者から緊密な指導を受け緊張しながら座持ちを形成することが、短期間に自らの能力を育てることにつながっている。この短期間に育成すること自体も、コミュニティがもつ実践知といえよう。

また、花街共同体の多様なメンバーが、新人の育成に関わり、個々の新人への指導内容に関する情報が共有されるので、新人は技能がどのように向上していくのか複数の関係者からそのプロセスを詳細にチェックされる。そのため、新人は関係性の中で自分の能力に応じた指導を受けることができ、誰の指摘や指導がより自分にとって望ましいものか、自己の技能の向上につながるかなどを察知することができるようになる。その結果、育成責任者のお姉さんや所属する置屋のお母さんや見習い茶屋のお母さんだけでなく複数の先輩芸舞妓や他の置屋やお茶屋のお母さんたちの指導、時には顧客からの指摘も積極的に生かそうとする姿勢が新人の時代に培われ、それが数年でサービスプロフェッショナルとして独立することができるレベルの「座持ち」能力の育成へとつながっていくのだ。

また、新人が孫世代にあたるような芸妓も、生涯現役である以上、常に技能を磨きコミュニティの一員である以上は至高をめざす姿勢を新人に見せている。このようにおもてなしを支える関係者が経験年数の違いにもかかわらず、常に研鑽する姿勢を共有していることが、コミュニティの実践知が継承される基盤になっていると考えられる。

もう一点の特徴である顧客との関係性に着目すると、顧客という育成責任を直接には負わないが、対価を支払うコミュニティと関係が深い他者が「座持ち」の形成に関与することにより、新人芸舞妓の努力が促されている。時には甘やかす、あるいは厳しく指摘するといった役割を顧客が果たすことで、厳しい能力形成の過程を損得勘定を越えて見守られているという感覚を芸舞妓たちがもつことができる。

顧客とは、擬似家族関係という強固な関係性は成り立っていない。しかし、能力の進捗を評価し、育成する顧客の存在が、実は実践知獲得において大きな役割をもっているのだ。新人だけでなく年配の芸妓に対しても能力発揮について評価や応援をする顧客を、実践コミュニティにうまく巻き込んでいることが、伝統文化産業で現代の若者に比較的短期に熟達化を促すことにつながっている。

京都花街では顧客は単なるサービスの消費者ではなく、仕込みからデビュー、舞妓として一人前になり、さらに自前芸妓として独立し、ベテランの芸妓へと技能を磨く、キャリア形成のプロセスを見届け、実践知を高め至高をめざす芸舞妓たちの伴走者としての役割を担い、それを楽しんでいるのだといえよう。

（注）

＊ 事例中の文千代・文菊は仮名であり、本稿の事例は筆者の複数年にわたる調査結果に基づき、まとめられたものである。

1 京都花街では、舞妓のことを「舞妓はん」「舞妓ちゃん」、芸妓のことを「芸妓はん」などと敬称をつけてよぶことが多い。芸妓と芸者は同じ職業をさす呼称である。舞妓の装束については、**写真6-2-1**を参照のこと。また芸妓の装束は、**写真6-2-2**を参照のこと。

2 学校や置屋で芸舞妓にとって必要な技能を学ぶことは、お稽古とよばれる。学校で行われる授業もお稽古、復習や予習は家でのお稽古などと使われている。

3 売花奨励賞などという名称もあり、売上ランキング上位の芸舞妓たちが表彰される。

引用・参考文献

金井壽宏［二〇〇二］『仕事で「一皮むける」――関経連「一皮むけた経験」に学ぶ』光文社。

西尾久美子［二〇〇七a］『京都花街の経営学』東洋経済新報社。

西尾久美子［二〇〇七b］「関係性を通じたキャリア形成――サービス・プロフェッショナルの事例」『日本キャリアデザイン研究』第三巻、四七―六二頁。

西尾久美子［二〇〇八］「伝統産業のビジネスシステム――三五〇年続くサービス産業『京都花街』のダイナミズム」『一橋ビジネスレビュー』第五六巻一号、一八―三三頁。

西尾久美子［二〇一一］「おもてなし産業における若手人材育成に関する地域比較研究」『現代社会研究科論集』第五号、四三―六一頁。

Expert 6-3

芸術家

横地早和子・岡田猛

1 ● アート創作のエキスパートとは

もし初対面の人に「私、芸術家です」と自己紹介されたら、あなたはどう返すだろう？「芸術家！ すごいですね〜！ 私には絵心がなくて、美術はさっぱりです……」などと反射的に言ってしまう人も多いのではないだろうか。これは、私たちが芸術家に対する尊敬の念とアートに対する苦手意識を併せ持っていることをよくあらわしている。歴史的に見ても、ダ・ヴィンチ、ミケランジェロ、ピカソといった天才的な芸術家は、その才能の高さと崇高な精神のイメージとが相まって、人々の憧憬の対象であった。

しかし、アート創作のエキスパートとしての芸術家の力は、特殊な能力や天賦の才によるものとは限らない。美術や音楽などの芸術的な創造は、人々が日常生活の中で普段から用いている、問題解決や計画の立案といった思考活動の延長上にあることが、認知心理学の研究の中で示されている（Simon［1973］, Getzels & Csikszentmihalyi［1976］ほか）。そして筆者らのこれまでの研究から、多くの芸術家たちは長年にわたりさまざまな研鑽《けんさん》を重ねて、数多くの経験を積みながらアート創作のレベルを高めていることがわかってきた。

そうした地道な創作活動を積み重ねる過程で彼らが獲得するのは、「アイディアを考え、作品を作り続ける力」である。すばらしいアイディアを生み出し，それをアート作品という具体的な形にするための知識と技術，すなわちアート創作の実践知を有するのが芸術家である。それに加えて，一度限りの創作で終わるのではなく，数十年という長い期間にわたって，継続的にアート創作を続けていくことも，職業人としての芸術家の重要な力の一つなのである。

本稿では，認知心理学の観点から筆者らが行った研究に基づいて，アート創作のエキスパートがどのように熟達していくのかについての知見を紹介する。そして，芸術家の熟達化に他者や社会がどのように関わるのか，芸術家を養成するためにはどのような環境が必要なのかについて，インタビューで得られたエピソードに基づいて論じることにする（なお，ここで取り上げるインタビューは，アートの専門的な話や独特の言い回しなどが含まれており，一読で理解することが難しいものもある。そうしたインタビューを読みやすいものにするために，芸術家たちの発言内容や意図をできるだけ損なわないように配慮しながら，筆者らが若干の編集を加えた）。

2 ● アート創作の実践知はどのように獲得されるのか

（1） 芸術家への道のりを探る

芸術家たちはどのようにアート創作のエキスパートになっていくのであろうか。この問いに答えを出すためには，芸術家の熟達過程を長期間にわたり追跡調査する必要がある。しかし，芸術家がエキスパートになるまでには一〇年以上もの長い時間がかかるため，そのプロセスを実時間で追跡していくわけにはいかない。そこで，さまざまな経験年数を有する芸術家に過去の学習・教育や創作経験，制作した作品の内容や技法などについてたずね、自らの長期的な熟達のプロセスを振り返って語ってもらうという「回顧的なインタビュー」を用いるほうが現実的であると思われる（研究開発の領域で回顧的インタビューを用いた例については、植田［一九九九］を参照）。

このような考え方に基づいて、筆者らは絵画や彫刻、写真、インスタレーション（オブジェや光学・音響装置などを置いて空間全体を作品として見せるアート表現）などの作品を作っている現代芸術家たちにインタビューを行った（横地・岡田［二〇〇七］）。大学以外の場ではじめて制作発表をした時点を芸術家としての活動を開始した時期と見なし、その経験がまだ浅い二〇～三〇代の若手芸術家二名と、一〇年以上の経験を積んでおり国内外でも制作発表を行っている四〇～五〇代の熟達した芸術家一一名をその対象とした（各芸術家の活動年数や表現方法については、**表6-3-1**を参照のこと）。インタビューでは、芸術家自身のポートフォリオ（作品集）を見せてもらいながら、個々の作品について制作の動機やテーマ、方法、試行錯誤の様子などについて説明してもらった。また、これまでの制作経験の中で転機になった作品や人との出会い、教育経験などについてもたずねた。

これらのインタビューに基づいて芸術家の熟達プロセスを検討した結果、最初の一〇年ぐらいの間では、作品シリーズ（制作のアイディアや表現方法などが共通した一連の作品群）が五年ほどの単位で変化すること、そしてそれに呼応するように制作に対する考え方が変化することが明らかになった。その過程をまとめたのが、**図6-3-1**である。まず、芸術家として活動を始めた当初に手がけた作品シリーズが変化するまでは平均約四年間あり、その間、芸術家は既存の美術表現や知識の枠内で創作を進める傾向が見られることからこの期間を「外的基準へのとらわれ」フェイズとよぶこととした。次に、はじめて作品シリー

図 6-3-1　現代芸術家の熟達のプロセス

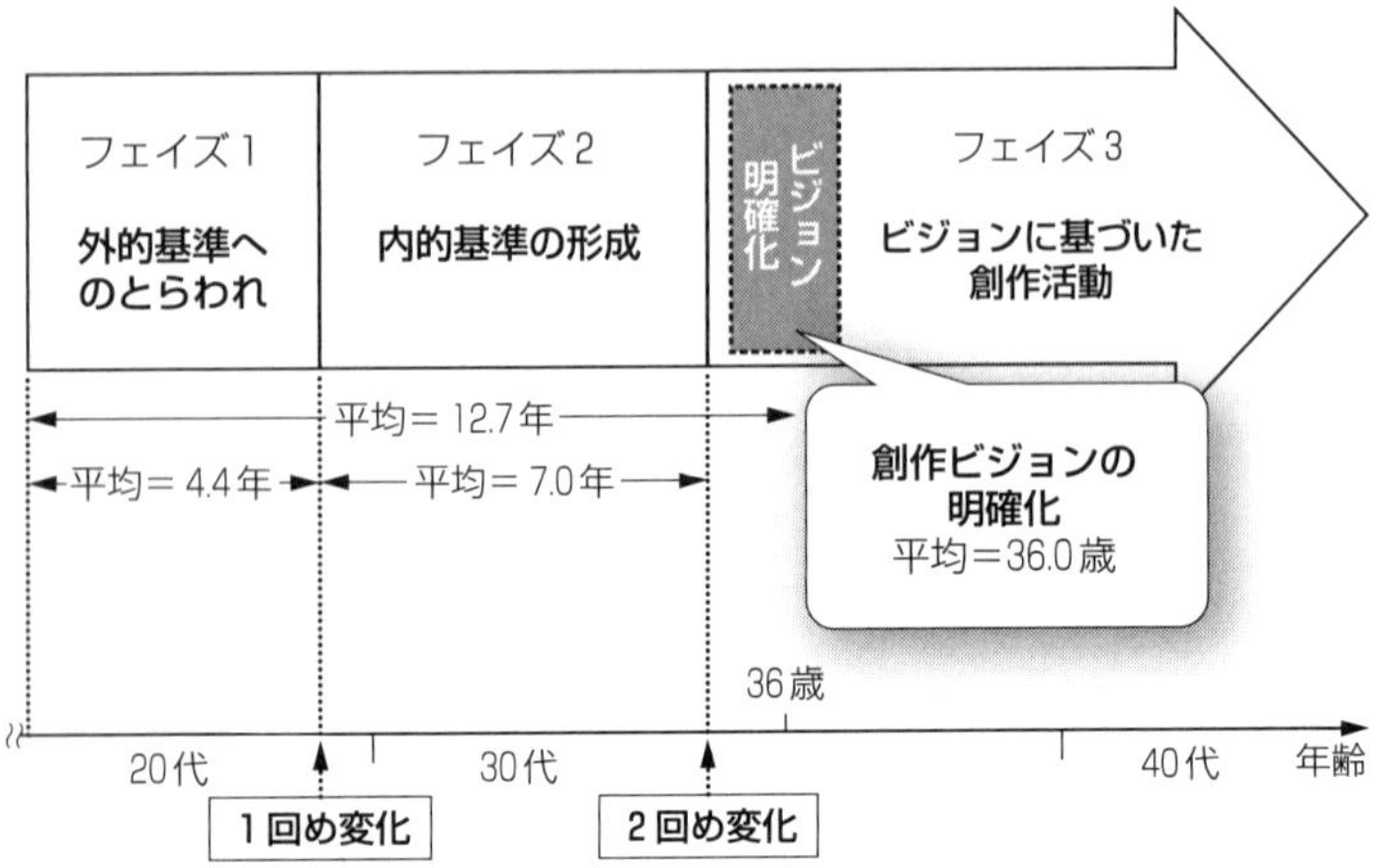

（出所）横地・岡田［2007］。

表 6-3-1　各芸術家の活動年数と表現方法，創作ビジョンとその明確化までの年数

対象者	活動年数	主な表現方法	創作ビジョンの内容	創作ビジョン明確化までの年数
A	7 年	インスタレーション・彫刻	—	—
B	11 年	写真	人との関わり	活動開始と同じ年
C	13 年	インスタレーション・絵画	—	—
D	13 年	写真・彫刻・陶芸	リプロダクション	4 年
E	17 年	インスタレーション・絵画	ものの見え方	8 年
F	17 年	絵画	本当のことを伝える	14 年
G	20 年	インスタレーション・写真	人は何を見ているのか	11 年
H	21 年	絵画・ビデオ	世界とは何か	15 年
I	22 年	絵画	絵画の方法論	14 年
J	24 年	インスタレーション・ビデオ	境界	19 年
K	26 年	絵画	生と死	15 年
L	31 年	絵画・彫刻・ビデオ	いまここ	活動開始の 3 年前
M	36 年	絵画・彫刻	死の問題	18 年

（出所）横地・岡田［2007］。

ズが変化してから二回めの変化までは平均約七年間あり、その期間は自己の技術や知識を深めたり、自分の問題意識を探ったりする活動が多いことから、「内的基準の形成」フェイズとした。そして、二回めに作品シリーズが変わって以降の芸術家は、それまでの自分探しのような活動を終え、創造活動の中核としていくつもの作品シリーズに共通し、作品を生み出す源泉となるようなテーマである「創作ビジョン」を形成する。このようなビジョンに基づいてアート創作を行うようになることから、この時期を「ビジョンに基づいた創作活動」フェイズと名付けた。

以下では、各フェイズの具体的な内容について詳しく説明する。

(2) フェイズ1――外的基準へのとらわれの時期

芸術家は、活動を始めたばかりの頃から個性的な作品を創作できていたのだろうか。筆者らの研究の結果によると、実はそれは大変難しいようである。彼らの多くは、自分の独自性を生かした作品作りができずに苦労する。たとえば、芸術家として表現し始めた当初は、大学などで教えられたアカデミックなアートの技法を用いて作品を作ったり、当時アート界で注目されていた表現を取り入れた制作を行ったりしていたと彼らは言う。

「鉄とかを使ってみたかったからわざわざ使ったんだけど、自分の動ける範囲じゃない部分をやりたがっていた感じがして。自分の中で彫刻だから鉄って思ってたんだよね。彫刻だったら木だろうとか、塑像だろうとか、FRP（fiber reinforced plastics の略。さまざまな形状への加工や自由な着色が可能なことから彫刻や立体造形によく用いられる強化プラスチックのこと）とか、大体一式習うような、彫刻だったらこう

いう素材を（使わなければならない）というのがすごく強くて」〈Aさん〉

「割と八〇年代半ばくらいまでは立体作品を作っていることが多くて。そのときの現代美術のあるモード（流行、様式など）に近いというか、インスタレーションだったりセメントをこねた塊を作ったり（していました）」〈Kさん〉

このように、すでに確立したアート創作の知識や技法といった形式知に基づいて作品を作るなど、最初は外的な基準に沿った創作活動をしがちである。またそれとは反対に、既存の作品のスタイルとの違いを強調するような作品を作ったりする場合もあるようである。

「自分らしさというものを他人と違うということで出そうとしていたんだと思うんです。他人と違いたいんだとか、他人と違うんだというところの意識がすごく強かった」〈Cさん〉

「この人がこういう表現をしたなら、私はこういう表現が可能じゃんとか、そういうふうにあえて模倣しない方向へ（作品の表現を）もっていくような」〈Aさん〉

しかし、このこともかえって既存の作品に拘泥する結果となってしまったという。このように芸術家になりたてのこの時期は、既存の価値観や表現方法といった外的基準にとらわれてしまう傾向が強いようである。

（3）フェイズ2――内的基準の形成の時期

とらわれからの脱出　フェイズ1において、外的基準を意識して制作を行っていた芸術家たちは、次第に自分の作品が他者の物まねのようになってしまうことに気づき始め、本当に表現したいことは何なのか、やりたいことは何なのかを強く意識し始める。
たとえば、一九七〇、八〇年代頃から活動を始めた芸術家たちのインタビューに、そのことが語られている。この頃、日本のアート界ではコンセプチュアルアート（作品のアイディアや概念的な側面を重視するアート表現）やインスタレーションとよばれる表現が海外から紹介され、注目を浴びていた。その洗礼を受けたり、ギャラリーなどで催される作品展の傾向を目にしたりしていた彼らにとっては、時流の表現を意識しないでいることは難しかった。多くの場合、コンセプチュアルアートなどの表現を良きものとして受け入れ、自分の制作を行っていたのである。しかしあるとき、次のように感じ始めたという。

「自分の作品が物まねになってしまうんですね。その頃、コンセプチュアルアートをやっていたわけです。考え方に基づいて形を与えていたわけです。そこに行き詰まりを感じて。それを越えるものがないかということで、あるとき自分の子どもの、四歳と二歳の身振り、話し言葉とか絵を見てて、とても生き生きしている、生き生き描いてると。それは僕にはなかった。（自分の作品には）ビビッドな（生き生きとした）ものを感じない、ある意味で死んでいると。（それで）生きるという問題が重要だと思ったんだと思いますね。それ以前に病気もしているし、自分の生い立ちからいって生きるということが重要（なテーマ）だと」

〈Mさん〉

「それまで受けてきた美術教育というのは石膏デッサンを描いたりとか、ものを見て描くことが基本で、ベースがない感じがしてきたんですよね。この頃って二〇年近く前ですよね。やっていることが感覚的で、野獣のようというか動物みたいですよ。『こっちのほうがおもしろい』とか『なんか違う』『今こんなのが流行っているけど嫌いだ、やりたくない』とか、そういう感じで、戦略があってとか考えがあってとか、そんなんじゃない。インスタレーションもあり、コンセプチュアルアートもあり、映像表現も、ニューペインティング（巨大な画面に荒い筆致や原色を用いて表現した絵画。新表現主義ともいわれる）が出てきたり、いろいろな動きがあって、それも気になるし、見ているし、影響も受けることがあるけども、その中でじゃあ自分は何をしようかと」
〈Kさん〉

こうして、それまで自分が取り組んできた表現にある種の行き詰まりを感じ始めた芸術家は、学んだ表現技法を用いたり流行の表現を追いかけたりするのではなく、自分の問題意識（たとえば、病気をしたことによって生と死を強く意識するようになったことなど）や、自分の創作に対する勘（感覚）に基づいて制作のテーマを模索するようになる。

自己の表現の探求　またこのような模索の過程で、これまで学んできた美術の知識や表現について、自分なりに整理するような活動を始める場合もある。たとえば、あらためて美術史を学び直してみたり、巨匠の作品を模写してみたりすることで、美術の歴史的な流れやそこで培われてきた知識・技術を独自の視点からとらえ直し、世の中に絵が膨大にあふれている現代において、あえて自分が絵を描くことにどのような意味があるのかを見出していく。

「これから自分が絵を描いていくにはどうしていこうかって。美術ってどういうふうに始まって、どういうふうになって、僕らが今始めることの意味があるのかなってことも、ゆっくり自分なりにやりたかった。自分のやってることの元は本当はどうなんだろうかっていうことを勉強したくて、その頃はミケランジェロとかラファエロの模写をよくやってましたね。模写をするとおもしろいのは、その絵のことをいろいろ発見できるということと、こういうふうにして色を作っているのかとか、（筆の）タッチもわかってきますし、いろいろな秘密がわかってくるんですね。（この絵は）レンブラントの模写なんですけども、レンブラントの光だけを追ってる（元の絵にある人物などはいっさい描かずに光だけを模写した作品）。僕、レンブラントは学生時代にそんなに親しんでたわけじゃないんですけども、レンブラント（の実物）を見てすごく気持ちよくなって元気になって。そのころ落ち込んでましたから、『絵描きってなんやねん』『絵描きがどないやんけ』っていうような気持ちでしたから。でも、レンブラント見たときに、『絵描きって大した仕事なんだ』って」

〈Fさん〉

また、別の芸術家は、先のフェイズ1において慣れ親しんだ既存の技法や素材に頼らずに、彫刻の素材として今まで使ったことのない、植物の葉や土といった新しい素材を用いてみたり、描画などなじみの薄い表現方法を積極的に取り入れたりすることで、自分にできること、自分にしかできない表現を探りながら、新たな作品制作を試みるようになったと語っている。

「具象（具体的・写実的な作品）をやっていた頃（フェイズ1の頃）というのは、彫刻が好きで、教えられた造形観、彫刻観を取り入れながら自分の表現を模索していった。（だからフェイズ2では）今までやっいた素材とまったく関わらずに、自分がどんなことがやれるかって、実験的にいろいろなことをやった。（たとえば）学校の庭から土を持ってきて、それを植木鉢に押し込んで抜いた土を積み上げて、毎日そこに水をやって（とか）。（ほかにも）腐葉土を取ってきて布で漉して絵の具を作って、糊と混ぜて平面の作品

を作って（とか）」〈Gさん〉

新たな変化の必要性

美術の歴史や先達が培ってきた技法などを独自に整理したり、自分の表現を探求しながら創作を行うことで、芸術家は自分なりの表現の基準や価値観、方法といったものを徐々に形成していくようである。しかし、それでも何年かたつと再び表現の限界を感じるようになり、新しいコンセプトや方法による作品を作り始める。このときの変化の要因は明らかではないが、いくつかの興味深いエピソードがある。たとえば、一部の芸術家はこの時期、国内外のコンペで賞を取ったり、美術館に作品が展示・収蔵されたりするなど、かなり高い評価を受けたにもかかわらず、彫刻から絵画へといったように作品のスタイルを変えてしまった。芸術家にとって、評価を受けた作品のスタイルを変えてしまうことは、大きな冒険である。ある作品が評価されたからといって、次に作った別のスタイルの作品が前のものと同様の評価を得られるとは限らない。せっかくそのスタイルによって芸術家として認められるようになったにもかかわらず、スタイルを変えてしまうと、その作品が同じ作家によるものだとは認知されなくなる恐れもある。それにもかかわらず、作品のスタイルを変えてしまう理由について、芸術家は次のように話している。

「このままこの作業を進めていってどうなるのかなって、先の展望が自分で読めなくなった。視覚のあり方を限定して、いろんなパターンを見せていったけど、そのネタも、カードも少なくなってきて。前よりもよいものを作りたいと思って、結果的に大がかりな仕掛けになっていくことが多くて、このまま展開するのってなんか嫌だと思った。賞に入ったからもう一回作らなきゃいけなかったけど、実際大きな作品を

設置するのは大変だから」〈Eさん〉

「ヴェネツィア・ビエンナーレ（一八九五年からイタリアで開催されている現代美術の権威ある国際展覧会）に日本代表で行ったり、（社会的に）評価されたりする中で（芸術家として）責任をもたざるをえない。彫刻ではある程度大きくやったり自由にやれたんです。自分にはテクニックもあるし大体わかるわけですよ。でも、予想世界なんです。自分の中では立体自体の一つのピークは過ぎたから、おもしろいものが作れないというのがあった」〈Mさん〉

このエピソードが示すように、彼らは表現方法に行き詰まり、おもしろいものが作れないと考え、新しいスタイルの作品を作ろうとする。この背景には、彼らが表面的な変化だけでバリエーションを増やしていくことにおもしろみを感じなくなったことや、より高度な表現に挑戦できる力をつけたことなど、創作に関する自分なりの知識・技術・評価基準などが形成されたことが関わっている。つまり、長期間にわたって模索しながら創作経験を積み重ねることで、芸術家は内的な基準を獲得し、アイディアを考え、それを作品の形にするための実践知を身に付けてきたのである。

（4）フェイズ3――ビジョンに基づいた創作活動の時期

新しい展開のために　フェイズ2である程度まで自分自身の表現を追求した彼らは、次なる表現方法やモチーフ（主題）を探し、新しい作品シリーズを展開するようになる。

「（それまで手がけていた彫刻作品とは違い）未知のものとして絵画の問題が浮上してきた。絵画を描き始めたときに、日本の絵画はおもしろくないなと（思ったことを思い出して）、じゃあ、何がおもしろくないのかということを美術史的に突き詰めていったわけです。その中から絵画の可能性にはどういったことがあるかと。（それに加えて）自分自身が病気をしたときのことが根にあって、生きるところにものすごく近いものを作りたいと思っていたから、どういうことになるかわからないけど、そっち（絵画を描くこと）のほうがほんまではないかなと」

〈Mさん〉

「このあたりから、これまで作っていたものをもう少し違うステージに変えたいと思ったんです。それで、プロトタイプの作品を試しに作ってみて展示したりして、比較して、どれが生き残っていくか、どれが次のステージの作品になるのかってことを試すような展覧会を二年ぐらいしてたんですね。アーティストとしてというか、表現者として一番警戒しなきゃいけないのは常套性というか、いつも同じことを繰り返すことで、それは非常に苦しいし、ステージを変えたかった、進展させたかった」

〈Kさん〉

このように、彼らは彫刻の制作をやめて絵画の制作を始めたり、インスタレーションをやめて絵画を描いたりするようになるなど、表現の方法やスタイルを大きく変えてしまう。もちろん、すぐに新しいスタイルが確立するわけではなく、一年から二年程度の模索の時期を経て、いろいろなアイディアの中から次の展開としてふさわしいものが見つかってくるようである。

創作ビジョンの明確化とその特徴　この時期に見られる特徴に、芸術家が自身の表現活動を根幹で支えるような中核的なテーマである「創作ビジョン」を明確に意識するようになることがあげられる。創作ビジョンとは、いくつもの作品シリーズに共通し、作品を生み出す源泉となるようなテーマのことである。

たとえば、ある芸術家が絵画や彫刻などさまざまな作品を展開する中で、そこに一貫して「人がものを見るとはどういうことか」というようななんらかのテーマを表現しようとしているならば、筆者らはそれを創作ビジョンとよぶこととした。

「一九九六、九七年（アート活動を始めて約八年め）、そこらへんぐらいから、ああ、自分ってなんか見るってことの方法論とか、仕掛けとか、そういうことに興味があるのかなって（思い始めた）。考えてるときのデッサンとか、メモ書きみたいなものがすごくいっぱいあって残ってるから、『ああ、同じこと考えてるわ』って気付きますよね。そういうの見てると、なんかやっぱり、見るっていうことの仕組みとか方法とかそういうのやっぱり好きなのかなって」

〈Eさん〉

「大学院の途中で『何したいのかなぁ』って（考えた）。なんか自分がやりたいことは『人に関わることだ』とはおぼろにずっとあったんですね。なんだけど、人に関わると言いながらも何をやろうってはっきりと意識していなかった。（あるとき）なんで俺は（美術を）やってるのかっていうことがわかったような気がして、多分そうやって関わりあいをしっかりもってたっていうことを形にして残しておきたい。関わりあいがあったっていうことを確信がもてないから、なんか形にしたいって。でも言葉として明確になったのは九三年です。そのことに思い至って、『あぁ、わかった』って言って泣いたときがあったんですよ。『なんでそんなことやってんのかわかった』とかって語ってたときがあって。だからそのときにわかったんです、きっと、九三年六月に明確に」

〈Bさん〉

Eさんの場合、「見ること」「ものの見え方」を意識しながら制作を続けることで、それが自分の創作活動において中核的なテーマであることを徐々に意識するようになったことが語られている。Bさんの場合も、「人との関わり」というテーマを形にするために作品を作り続けてきたことに気がついたときの、強い情動的な体験について述べている。彼ら以外にもインタビューの対象となった熟達した芸術家は、それぞれ自分なりの創作ビジョンをもっており、ある時期にそれを明確に意識するようになったと述べていた（**表6-3-1**参照）。

そして、この創作ビジョンに沿ってさまざまなアイディアを考えたり、アイディアを表現するのに適当な方法を独自に編み出したりしながら、多様な作品を手がけるようになっていく。彼らはフェイズ1や2では一つの作品シリーズだけを手がけていたが、創作ビジョンが明確になった後は、同時に複数の作品シリーズに取り組んだり、絵画、彫刻、映像などの多様な表現方法を、作品コンセプトに合わせて自在に用いたりするなどの傾向が見られた。このような創作ビジョンの機能について、芸術家は次のように話している。

「自分のコンセプト（この場合は、創作ビジョン）はとても大切なことで、その幹からいろいろな枝葉（作品）が出てくると思うんです。それがより固まってきているというか。いろいろなことが幹を通して関係づけられてくる」〈Gさん〉

「僕の作品世界っていうのは、『○○』（作品シリーズの一つ）があって、もう一つできるなということで『××』（別の作品シリーズ）がこうきますよね。これを足すとどうなるんだろうということで『△△』とかいろいろ出てきて。この先これがどう関連しあってつながっているのかとかわからないですよ。だけど，ちゃんと蟻の巣のように機能的なものをつくっておくことによって，全体が活性化して動くと思ってる。これ（各作品シリーズ）イコール僕にとっては『世界』。コンセプトでもあり，世界でもある。『僕らが生きてるこの世界とか宇宙ってどういう形になってて，どういう法則があるんだろう』って。（作品を作ることで）それをいろいろ実験してるって感じ」〈Hさん〉

また，芸術家の創作ビジョンは，「生と死」「見ることとは何か」「世界とは何か」といったように普遍的なテーマであることが多かった。そのことに関して，ある芸術家は次のように語っている。

「僕はやっぱり美術家として死を考える。それは多分誰でも共通してもってるテーマだから，表現していくときもその部分で鑑賞者と関係できる普遍的なテーマだなと」〈Kさん〉

このように普遍的な内容の創作ビジョンに沿ってさまざまなアイディアを考え，表現方法を工夫していくことによって，芸術家は自分にとっても他者にとっても意味のあるアート作品を創造することが可能になるのである。こうして，外的基準へのとらわれから逃れ，内的基準を形成し，創作ビジョンを意識するようになると，他者のことを考えていながらも自分独自のアート表現を実現できるようになる。もちろん，芸術家のおかれた状況によって，創作ビジョンの明確化や各フェイズの通過に要する時間は異なっているが，筆者らのインタビューの結果からは，熟達プロセスそのものに関してはおおよそ同じステップをふむようである。

3 ● 芸術家の熟達化を支えるもの

（1） 芸術家と社会的環境

ここまで示してきたような芸術家の熟達プロセスを見ると、彼らはまるで自分の努力だけで熟達してきたかのように思える。しかしながら、実際の芸術家の表現活動は、アート業界のさまざまな人々（美術館の学芸員や美術評論家など）や、市民（鑑賞者や作品購入者）などによって支えられている。芸術家がアート創作に熟達するためには、芸術家を支えるさまざまな人々によって構成される社会的環境が充実していることが大切である。

では、芸術家が続々と輩出されるような社会的環境が現在十分に整っているのかというと、残念ながら現実はそうなってはいないようである。芸術家の創作活動や生活は、いろいろな意味で大変厳しい状況におかれている。たとえば、大学を卒業したばかりの駆け出しの芸術家が自分の作品を発表する場をもち、作品を売って生計を立てることはきわめて困難である。彼らのほとんどは貧しく、アート創作だけでやっていける日を夢見ながら、アルバイトや教師などの仕事の合間に自分の作品を作っている（Abbing [2002]，村上 [二〇〇六] ほか）。そのため、創作に十分な時間をかけることができなかったり、創作のための資金やアトリエを確保することができなかったりするのである。実際に、美術系大学を卒業した学生の中で芸術家として生き残っていけるのは、よくて一学年に一人、場合によっては数年に一人といった状況だという。

このような芸術家の活動にまつわるさまざまな問題とその解決の糸口に関して、前述のインタビューでいくつかの興味深いエピソードを聞くことができた。それらは、①芸術家養成機関としての美術系大学での教育と現実社会でのアート創作との間にあるギャップ、②アート業界の人々（ギャラリーの経営者であるギャラリスト〔美術商・画商〕、美術館・博物館などの展覧会の企画・運営などを担うキュレーター、美術評論家など）の役割、③市民（鑑賞者）の役割などに関するものである。以下、それらのエピソードを紹介しながら、芸術家を支え育てていくための社会的環境には何が必要なのかについて考えてみたい。

（2）美術系大学の教育システムとアート活動とのギャップ

美術創作のためには技術が必要であり、美術系大学にはその技術を身につけるための教育カリキュラムが準備されている。芸術家たちも、創作のための技術の重要性はもちろん認識している。

「彫刻科に入って、勉強して石彫ったり木彫ったり、石膏とかテラコッタ（素焼き用の粘土）とか使って一生懸命やりましょうという感じなんだけど。いいテクニックがあれば、いい作品が作れるとか、いい材料があればいい作品が作れるとかは思ってないですけど、引き出しは多いほうがいいかなと思っています」

〈Cさん〉

しかし、技術を身につけて大学を卒業し、独立して創作活動を始めたばかりの若手芸術家は、誰しもまず発表の場をどう確保するか、自分の作品を他者に向けてどのようにアナウンスしていくかといった問題に直面する。具体的には、芸術家は発表の場を求めてギャラリーを回ったり、アート活動の支援のために設立された公的助成制度や企業メセナなどへ企画書を提出して助成金を得たりしなくてはいけない。ギャラリストやキュレーター、あるいは文化行政や企業に対して発表・協賛の価値があると認められるためには、作品そのものの強さだけではなく、創作の内容や作品の意味をきちんと考え、言葉にして伝える必要がある。とくに助成金を得る場合は、アイディアの卓越性、公的価値、実現可能性などを加味した、説得力をもった企画を構想する必要がある。

しかし残念ながら、現在の美術系大学の教育の中では、このような作品制作の企画を考えたり、自分の作品の意味や価値を説明するといった企画・宣伝活動の基礎になるような訓練は、まだ十分に行われていないようである。以下のエピソードには、大学での美術教育についての芸術家の戸惑いがあらわれている。

「(大学は)意外にアカデミックでビックリ。人体(塑像)ばっかり作って。人体(塑像)に究極性も感じなかったし、ただやらされてやっていた。美大で訓練を受けて、みんな作家になろうと思ってデッサンとかの訓練をやっているのに、いざ作品を作る立場になろうとしたときに、その訓練ってどうやってするのって。大学でやっていることは技術だし、技術を超えたところのものは自己訓練するしかないとわかっているんだけど、それってどうやってするのって思った」

〈Aさん〉

それでは、制作技術を超えたところにある、アート創作をし続けることを訓練するためには、どのような方法が有効なのだろうか。作品の構想を練ったり、自分の作品の意味や価値を他者にわかりやすく説明するといった活動は、「自己説明」活動と深い関係があると思われる。学習や教育の心理学では、生徒が物理などの問題を解くときに、自分の用いている手続きの適用範囲やその理論・原理を自分に向けて説明するという自己説明活動に携わることが、成績を向上させるという結果が得られている(Chi [2000] など)。このような自己説明によって課題に対する理解を深めることで、自分のやっていることを他者にもきちんと説明できるようになるのである。

そう考えると、自分のアート創作の仕事を他者に説明をする能力を高めるためには、学生に自分自身の作品のアイディアやコンセプトを自らの言葉にして説明するように求めることが一つの有効な方法であろう。実際、欧米の教育機関では、このようなやり方が教育プログラムの中に組み込まれているようである。たとえば、アメリカで教育を受けた芸術家は、そこでの経験を次のように語っている。

「写真を撮る勉強をしてるわけだから、毎日、毎日写真を撮るのが楽しかった。カチカチ撮ってるのは非常に楽しかったんですけど。大学院に行って、それじゃあ駄目なのね。『なんで写真を撮ってるのか?』って聞かれて、『きれいだから』ってでんじゃ話にならない。きれいだから写真撮っているんだったら、写真なんて勉強しなくていいんですよ。なんで写真を勉強するかっていうと、『自分がなんで撮ってるのか』を勉強してるわけで。そこで大学院の二年目の初めに、講評があってね、毎週火曜日と木曜日の四時半から終わるまで四時間で三人、一人一時間以上しゃべらなきゃいけないんだけど、『なんで女の子の写真ばっかり撮ってるの?』って言われて答えられなかった。日本人は『なんで?』って聞かれて『ちょっとね』ってごまかしちゃう、それで通っちゃうことがいっぱいあるんだけど、アメリカの学校なんか行っちゃうと、『なんで』ってことに答えられないと前に進まない。前に進まなかったんですよ、その日は。それでさっさと片づけて、かなり落ち込んでね。それからもっと真剣に『なんで』っていうのを考え始めた」〈Dさん〉

また、別の芸術家はイタリアで受けた教育を次のように語っている。

「(イタリアでは)自分が今興味をもっていることからどういう作品を生み出すかっていうディスカッションをしましょうという授業なんですね。一人ずつ指名されて、『今、何考えてるの』みたいな感じで、自分のスケッチと言葉と文字で説明をするという。だからそこでちゃんとみんながわかるように、作品として成立してないと作っちゃだめと、『それを作品にする意味はない、何でも作ればいいってことじゃないんだよ』と。つくるにはそれなりにきちっとした理由と、形一つ、素材一つにもすごく自分が説明できる、それを『イデア』って先生は言うんですけど、『イデアがなかったらそれはまったく意味がない、続けることはできないから』って。『(ここは)イデアを追求すること、それを訓練する場なんですよ』って。それがある意味日本ではゼロなんですよ。日本の学校は人体をモデリングするということが中心で、本当に優れた人はその中からイデアというものを見つけていけるんだけど、そこまでいく人はいないですよね」

〈Aさん〉

このように、欧米の大学教育においては、創作のコンセプトや作品の意義などについて説明を求められる機会が多い。日本の美術大学の教育では、デッサン、空間構成法、人体塑像の技術など、美術品を作るための知識や技法といったものを教えるアカデミックなカリキュラムが充実しており、そのレベルは極めて高いものである。こうした教育に加えて、欧米の教育プログラムのようなアートコンセプトについてのディスカッションや、創作意図の説明活動を取り入れることができれば、芸術家としての活動を進めるための、技術以外の基礎を形成することにつながるのではないだろうか。

(3) 芸術家の活動を支えるアート業界の人々

芸術家が作品を作った後、それは主に美術館やギャラリーなどで催されるグループ展や個展などに展示され、一般市民の目にふれることになる。その媒介役を担うのが、キュレーターやギャラリストなどである。また、美術評論家が作品を評価したり、マスコミなどのメディアが芸術家を取り上げたりすることで、その芸術家の作品の発表や流通の機会を増やすことにつながっていく。そのようなアート業界の人々との交流は、芸術家にとっても大きな意味をもっている。ここではとくに、ギャラリストの役割についてのエピソードを一つ紹介しよう。

「○○（ギャラリー）のオーナーのZさんは精神的支柱というか、自分を犠牲にして僕と関わってくれる率がすごく高くて、だから『こうじゃないの？』と言われても素直に聞ける。僕の場合、Zさんがいなければ多分こうやって（市が主催するような）展覧会に出して人に見てもらうこともないだろうし、（Zさんは僕を）こういうふうにつくってくれた人。正直な話、僕を一人の作家として認めてやらせているのではなくて、育てている状態なのかなという気がしていて。それをいつか『まいりました』って（言わせたい）」

〈Cさん〉

このように、ギャラリーは実際に自分の作品を売ってくれる場であると同時に、芸術家としての名前を宣伝してくれる場でもある。したがって、どこのギャラリーでも個展をすればいいというわけではなく、その業界で定評のあるギャラリーで個展をすることが、その後の活動にとって重要になってくる。それはとりもなおさず、芸術家のアート業界での位置づけに関わってくるからである（中村［一九八六］）。

また、この芸術家の話の中でもふれられているように、ギャラリストの中には若い芸術家を一流の芸術家に育てていこうという気持ちがある。海外ではとくにその傾向が強く、芸術家がギャラリーの専属作家になることで安定した報酬を得て、作品を作り続けられるようなシステムが存在する。

一方、評論家は作品に社会的な評価を与えたり、その芸術家を世に売り出したりといった役割を果たすだけではなく、芸術家に自らの創作活動を見直す機会も与えてくれる。

「評論家の評論によって気づかされることはたくさんありますね。優れた評論だと、自分が気づかなかった、無意識でやっていることを的確に当てたりということがある。『おおそうか、確かにそうだ』というのが往々にしてあって。自分が今までやっていたことを再確認して、より意識化できる。自分がやっていることがはっきりわかるわけです」〈Jさん〉

しかし反対に、ギャラリストや評論家などとの関係の中で消耗し、創作活動の一時中断を余儀なくされた芸術家もおり、芸術家とアート業界の人々との関わりは難しい側面も含んでいる。多くの優れた芸術家やアート作品が輩出されるような社会をつくりあげるためのアート業界の人々の役割のあり方に関しては、これからも模索が必要であろう。

（4）芸術家と一般市民（鑑賞者）がともに育つ可能性

芸術家にとって、一般の市民や鑑賞者は「素朴な評価者」という意味でとても貴重な存在である。芸術家は一人だけで孤立して創作活動を行っているわけではなく、自分の作品が他者の目にふれることを意識することによって、自分の考えを表現するための最もふさわしい方法を編み出し、作品に磨きをかけていく。人々が作品を見て何を感じ、何を考えているのかを芸術家は知りたがっており、彼らが感じること、考えることを想像しながら芸術家は作品制作を行うことが少なくない。ある芸術家は、この点について以下のように述べている。

「仕事部屋にこもったきりで自分で作品を作っていくということよりも、もっと人と関わって交流したり、自分自身も他者もちゃんと認めあいながら、自分自身の道とか考え方をもっともっと伝えていきたい。そこで生まれてくるものというのが、また次の作品につながっていくと思う」〈Lさん〉

同様に、市民も芸術家のことを考えている。美術展に来ている鑑賞者同士の話にこっそり耳を傾けてみると、「この人なんでこんなふうに描いたんだろうね」という言葉が聞こえてくることがある。鑑賞者は芸術家の制作意図を考え、それを知りたがっているのである。

ところが日本の社会では、鑑賞者は芸術家がどのような仕事場で何を考えて創作を行っているのかを知る機会はほとんどない。そのためか、「アートのことはよくわからないなぁ」という市民が圧倒的に多く、芸術家の仕事を正しく評価できる鑑賞者も少ない。このような日本の特徴は、海外に行ってみるとよくわかるという。

「ドイツとか行くと、芸術家って社会的にすごく認められている。一種の職業みたいな形で普通に認められている状況を見ると、すごくいいなと思います。(あるときドイツの)国立美術館に行ったらエログロな感じの現代的な作品を並べてて。ビックリしたのが、そこに親子で来てるんです。親が子どもに『これはこういうふうで』って説明しているんです、普通の人が。やっぱりちょっとちがうなと(思いました)。日本に比べて向こうのほうが(芸術家としては)やっぱりやりやすいんだろうなあと思いますね」〈Cさん〉

市民との間のこのようなギャップをどう埋めるか、芸術家として鑑賞者とどう関わるかということも、芸術家にとっては大切な問題として浮上してくる。

「自分は作品を作ることを考えることが普通になっているから、そうではない人とどうやってお互い接点をもてるのか。社会とアートの問題を改善していくようなことを創作と並行してやっていくことで、その困難を消し去ることができる可能性はあるかなと（思っています）」〈Aさん〉

この芸術家の場合、仲間とともにワークショップを企画し、市民と一緒に創作を行う活動を続けていたり、地域密着型の芸術祭に参加し、作品を設営する村の人たちの手を借りて、長期にわたる作品制作・展示、来場者の接待などを手がけたりした。このような経験は、芸術家自身のアート創作に対する考え方を変えただけでなく、そこに関わった人々のアートに対する見方も大きく変えたようである。たとえば、「越後妻有《つまり》アートトリエンナーレ」での制作準備の際、Aさんは何度も村民に対して制作プランや創作意図のプレゼンテーションを行った。すると、最初は否定的だった村民が次第に作品の意味や価値を理解し、自らのものとして積極的に受け入れ、次々とアイディアを出してくれたという。この経験を通して、彼女はそれまでアートとは自分自身の作品を作ることだと思っていたが、実はみんなの作品を作ることなのだと実感したと語っている。こうした芸術家と一般市民（あるいは鑑賞者）が関わる場がうまく機能することで、互いの理解が深まり、市民のアートに対する認識が深まり、芸術家の熟達化を支援する環境も形成されていくだろう（北川［二〇〇五］）。

4 ● まとめ――提言

本稿では、芸術家の熟達化プロセスとそれを支える人や環境のあり方について、芸術家へのインタビューに基づいて述べてきた。最初に、芸術家の熟達化のプロセスには三つのフェイズがあり、三番目のフェイズで創作ビジョンが明確化すること、そしてその創作ビジョンに導かれて、芸術家独自の個性ある作品が生み出されるようになることを示した。次に、芸術家が熟達するためには、作品を発表する場、適切な評価を受けられる場、鑑賞者からのフィードバックを得られる場などが必要であることを指摘した。もちろんこれまでにも、美術系大学やアート業界の人々が芸術家を養成するという役割を担ってきたが、それに加えて、これからは一般市民がもっと積極的にアートに関わり、芸術家とのよりよい関係を築いていくことによって、芸術家の表現活動を支える豊かな文化的土壌が作られるだろう。エピソードとして最後に紹介した芸術家と村民の関係は、そういった可能性を秘めている。

至高をめざす芸術家の熟達化を支える社会とは、そもそもどのような社会なのか。その姿は、筆者らにはまだはっきりと見えていない。しかし、人間の長い歴史の中で、芸術家とともに市民が美術や音楽などの芸術文化を築いてきたことは間違いないだろう。芸術家やアート業界の人々だけでなく、私たち市民をも含めて、芸術文化のあり方をめぐって活発な議論やさまざまな提案がなされることが、今後ますます必要となるだろう。本稿が、そのような議論や提案のきっかけとなれば、このうえない喜びである。

（謝辞）　長時間にわたるインタビューにもかかわらず、ご協力くださり貴重なお話を聞かせてくださった、芸術家の小川信治さん、木坂宏次朗さん、北山善夫さん、設楽知昭さん、篠原猛史さん、芝裕子さん、杉山健司さん、竹内孝和さん、東原薫さん、水谷イズルさん、森北伸さん、山田亘さん、吉本作次さん、また、インタビューに同席してくださったり、芸術家・クリエーターとしての立場から折りにふれてさまざまなお話をしてくださった、浅田泰子さん、篠原芳子さん、松山美恵さん、そしてここに名前を記すことのできなかった多くの方々に心から感謝いたします（すべて五十音順）。

最後になりましたが、本稿の執筆にあたり有益なコメントをくださった岡田研究室のメンバーである、石橋健太郎さん、秦恵美里さん、縣拓充さんに感謝いたします。なお、本稿で引用したインタビューは、芸術家の皆さんの発言内容や意図をできるだけ損なわないように配慮しながら、読みやすいものにするために筆者らが若干の編集を加えています。本稿のインタビュー内容の取り扱いやその解釈などについては、筆者らにすべての責任があることを最後に申し添えておきます。

引用・参考文献

Chi, M. T. H. [2000] Self-explaining: The dual processes of generating inference and repairing mental models. In R. Glaser (Ed.) *Advances in Instructional Psychology: Educational Design and Cognitive Science*, Vol. 5. Lawrence Erlbaum Associates.

Getzels, J. W. & Csikszentmihalyi, M. [1976] *The Creative Vision: A Longitudinal Study of Problem Finding in Art*. Wiley.

Abbing, H. [2002] *Why Are Artists Poor?: The Exceptional Economy of the Arts*. Amsterdam University Press.（山本和弘訳［二〇〇七］『金と芸術――なぜアーティストは貧乏なのか？』グラムブックス）

北川フラム［二〇〇五］『希望の美術・協働の夢――北川フラムの四〇年――一九六五―二〇〇四』角川学芸出版。

村上隆［二〇〇六］『芸術起業論』幻冬舎。

中村信夫［一九八六］『少年アート――ぼくの体当り現代美術 Relax Cntemporary Art』スケール。

Simon, H. A. [1973] Does scientific discovery have a logic? *Philosophy of Science*, 40, 471-480.

植田一博［一九九九］「現実の研究・開発における科学者の複雑な認知活動――インタビュー手法によるデータ収集とその分析」岡田猛・田村均・戸田山和久・三輪和久編『科学を考える――人工知能からカルチュラル・スタディーズまで一四の視点』北大路書房。

横地早和子・岡田猛［二〇〇七］「現代芸術家の創造的熟達の過程」『認知科学』第一四巻、四三七―四五四頁。

終章

熟達化領域の実践知を見つけ活かすために

金井 壽宏

第1節　はじめに――本で学んだ後の実践が肝心

実践知を扱う本を読んで、そこで学んだことを実践に役立てなかったら、紺屋《こうや》の白袴《しろばかま》もいいところ。読了が実践の始まりとなるように、読後につなげるための終章というのがあってもいいだろう。

本書の第Ⅰ部では、仕事の場における実践知をとらえる心理学的な視点から、理論的な説明を行い、第Ⅱ部では、営業職、管理職、IT技術者、教師、看護師、デザイナー、芸舞妓、芸術家という具体的な仕事領域ごとの初心者が徐々に熟達化していって、実践知を磨く様を取り上げた。この終章では、実践的な学問分野である経営学（なかでも、組織行動論）の視点から、熟達化と実践知という視点が、一人ひとりの個人のモティベーション、キャリア、より若い（あるいは、熟達度のより低い）世代に対するリーダーシップや育成にどのように関わるかについて、実践をより強く意識して議論していくことにする。

読者の皆さんには、できれば仕事の分野に限定せず、仕事以外の分野においても、人生のある時点で入門し長い期間をかけて熟達してきた諸領域での経験を省察しながら、読み進んでほしい。そのための簡単な省察と議論のためのエクササイズもいくつか用意している。熟達した経験を省察し、実践知を言語化して、読み終わった後が、新たな熟達化の幕開けになるようにしていただきたい。

第**1**章でもふれられた通り、学校知は、教科書や先生が正解とみなすものに早く辿り着くだけのテクニックにとどまってしまえば、よりよく生きるためにはあまり役立たない。とくに本書で取り上げたような実践知と比べるとそうであろう。しかし、授業科目でも勉強のやり方が実践的なら、工夫して英語に打ち込んだ結果、海外に暮らしたこともないのに語学で高い熟達水準まで辿り着く生徒がいたりする。そうなれば、正解を一つ選ぶような試験に出る退屈な（あまり役立たない）文法等の知識をマスターするのとは違う実践的な達成感がある。実際にいろいろな国の人々と、英語でも高度なコミュニケーションができるようになれば、実践知とよぶにふさわしいレベルにまで英語に熟達していることになる。

多くの人は、仕事の世界に入る前から、学校での授業科目以外にも、たとえばサッカーや野球などのスポーツ、ピアノやギターなどの楽器、将棋・囲碁やチェスなどの盤面ゲーム等々、広義の趣味のいずれかに入門していることだろう。自分で選んだ領域で、熟達するまでやり抜く決心をして、途中でへこたれそうになっても投げ出さないでがんばろう。指導者や保護者からも、そういう助言を受けることだろう。社会人になるまでの学校時代に、二、三の領域で打ち込んだ結果、かなりの達成水準に達した経験をもつ若者は、社会人になって仕事の場での実践知の獲得に戸惑うことは少ないであろう。

本書全体を通じて、実践知を獲得する学習過程を熟達化とよんでいるが、それは、人間形成に役立っているはずである。しかし、学生時代を終えて、仕事の世界に入ってからの「一皮むける経験」の物語に耳を傾けると、以前できなかったことができるようになるという熟達化のテーマが、生涯にわたって継続していることがわかる（金井［二〇〇二］）。

だからこそ、ここまで本書で学んだ実践知についての視点を、読後の実践に活かすための橋渡しをしておきたい。この終章のねらいでもある。

第2節 人間存在——自己実現ならびに主体性と共同性の二重性

1● 自己実現に関わる問いかけ——最高のものをめざしているか

自己実現の心理学で名高いマズローによると、教室で学生たちに、「せっかく生まれたからには、最高のものをめざしていますか」と質問すると、学生たちは怯むものだという（Maslow［1998］）。同種の質問をしてきた筆者の経験からは、「最高のもの」と言われるから返事に困るのであって、問い方を変えると学生の応答は違ってくる。「何か打ち込んでいるものがありますか」「打ち込んでいる甲斐があって、かなりのレベルに達していると誇れるものがありますか」という問いには、怯まずに何名かの学生の手が上がる。サッカー部や軽音楽部に入って、一生懸命に練習・試合やコンサートに取り組んでいると、プレーも演奏も上達していく。本書の言葉では、「熟達」していく。目に見えてうまくなるたびに、自分で気づくこともあれば、コーチや先輩が、そのことをフィードバックしてくれたりする。実際に、高い熟達度ゆえに誇れるものが生まれ、自信もつく。そういう人は、上記の問いかけに手を上げられる。剣道など段位のある領域では、たとえば学生の間に三段まで到達している人は、熟達度を明確に自覚できるし、次の目標もはっきりしているだろう。そのうえでさらに年数はかかるだろうが、最高のもの、つまり八段をめざすか、という問いは、今一生懸命がんばっている人に、どのように響くのだろうか。せっかく生まれてこの歳までにここまできたからには、生涯を通じてでも最高のものめざしたいという気持ちを喚起するように響くこともあるだろう。そんな気持ちになれる人は、仕事の世界でも最高のものをめざし、仕事を通じての自己実現も展望しやすい立ち位置にいる。

2 ● 「ともに成し遂げる」(accomplish with others) という言葉

せっかく入門した以上は、その領域で、人並み、できればそれよりはうまくなりたいと誰でもが思うものだろう。後述するフロー経験を感じるレベルにまでなれば、それが「絶えず進化する自分」(evolving self, Csikszentmihalyi [1994]) だと実感できる。何がうまくできるかは、その人の自己イメージを形成する。他者に強制されてではなくて、この領域でがんばりたいと自ら選んだ領域であれば、熟達化が進むにつれ、自己成長感、自分にとって意味のある自信につながっていくだろう。しかも大切なことは、熟達化の旅では、真剣に希求すれば、一人で歩んでいるようで、ともに歩む人、歩みを支援してくれる人が出現するということである。

GEという巨大企業で、二〇年間もCEO (最高経営責任者) をしたジャック・ウェルチは、経験を語るとどうしても「私が○○した」という表現をしてしまうが、「GEのほかの仲間とともに成し遂げた」というのが、より正確な表現だと自叙伝 (Welch & Byrne [2003]) で述べている。

同様に、剣道やサッカーがうまくなるのも、ギターが上達するのも、囲碁の腕を上げるのも、自分ががんばったおかげだと言うだけですませてはならない。才能がもし効いていれば、遺伝子 (あるいは両親）のおかげでもあり、周りから受けた刺激という意味では、仲間・先輩やライバルと切磋琢磨したおかげでもあり、さらに、コーチ、監督、師匠から薫陶を受けた結果でもある。サッカーやバンドのようにチームプレーで考えてみると、卓越したゲーム運びやアンサンブルでの掛けあいは、文字通り「ともに成し遂げる」ものである。そうでなくとも、育成上手やリーダーシップの達人になると、熟達のテーマそのものの中に、他の人々、とりわけ、よい影響を与えたいと思う自分より若い世代の存在が織り込まれている。後述するように、読者の皆さんが、どの領域で熟達したとしても、ある一定レベルの高い水準まで到達すれば、自ずと、後進を育てること、および熟達した領域でリーダーシップを発揮することが期待されるようになる。その期待に添えるようになること自体、世代継承性という中年期以降の発達課題に関わってくる。人生の半ばにきてまで、どんなに卓越した熟達者（エキスパート）であっても、「おれが、おれが」で通している人は、その意味で発達不全であり、その領域で人を育てる意志と、その領域で切磋琢磨する人々をうまく導くリーダーシップが、望まれるようになる。自分を磨くには、主体性がいるが、ともに成し遂げるには、それに加えて共同性が必要とされる。個性と創造性が問われる領域、本書の事例でいえば、孤高だと思われがちな芸術家でさえも、時代が生んだ新しい作風やそれを支える技法に関して、共同性が問われてきたことを思い出してほしい。

精神分析家のベイカン（Bakan［1966］）は、主体性（agency）と共同性（communion）のペアを人間存在の二重性としてとらえた。エージェンシーというのは、自分が主体的に動いて、物事を着々と成し遂げていく姿をさす。世界に働きかけて、自分の力で何かを生み出すのがベイカンのいう主体性で、活動、達成、自己拡大（ネガティブな表現では、飽くなき自己増殖）が、人間のこの側面を表すキーワードである。自分を越える崇高なものを信じる人なら、神のエージェントとして、世界に働きかけて何かを生み出す。学問の世界を例にとると、ニュートンにとっての力学、ダーウィンにとっての進化論は、神のエージェントとなって、自然や生物の世界を解明する試みであったとベイカンは指摘する。ゲーテの描く「ファウスト」が「事業だ」と言うときも、また、文字通りビジネスの世界で人が偉業を成し遂げることも、神のエージェントとしての主体性の発揮ということになる。他の人間の影響を受けてというよりも、何か崇高なるものに動かされて、がんばる姿をイメージしてほしい。

他方で、コミュニオン（共同性）の辞書的意味あいは、共有、親交、交わりであるが、神を崇拝して霊的交流をすることもこの言葉で表される。ここでも、宗教色を除いて、ベイカンの説を敷衍するなら、同じ理念や目標を信じている人となら、共感して、ともにめざすものへ向かうことができる、ということである。

ベイカンが「人間存在の二重性」として警告したかったことは、主体性だけでは、「おれが、おれが」と自己主張するばかりの不遜な発想や行動に取り憑かれ、やがては自己破壊をもたらすということであった。人間のエージェンティックな側面に、ベイカンが選んだ究極のメタファーは、ガン細胞だった。主体性がもしも真にコミューナルな面を伴わなかったら、尊大なまでに自己の世界を大きくしようとする志向が、自己も自組織も社会も破壊させてしまう。ヒットラーから、エンロンの経営者に至るまで、国家でも企業でもそんな間違いが起こる。

だから、何か崇高な理念を通じて、「交わりの中に生きる主体性」「関係性の中から生まれる（孤立して探されるのではない）アイデンティティ」が大事だということが、女性の生涯発達心理学者（たとえば、Gilligan [1993]，岡本［一九九九］）により指摘されるようになったのは、興味深いことである。自分らしさというのは、自分が成し遂げてきたものを通じてだけでなく、それを誰とともに成し遂げたかという関係性の中からも形成されていく。精神分析の伝統では、アイデンティティとは、切断や分離、つまり、自分は他の人とは違うのだというとらえ方が支配的であったが、近年では、他の人々との関係性から形成されるアイデンティティという側面も注目されるようになってきたのである（岡本［一九九九］）。

「熟達」というものは、何に打ち込むかは自分で決めて、熟達した自分という自己イメージが熟達化のドライブになるという意味では主体性を前提とするが、熟達化のプロセスで、コーチやリーダーの役を担う人との出会いによって、共同性が熟達化を支えていることに気づくだろう。やがて、自分がコーチやリーダー役として、次世代を育成したり指導したりするようになる。そのときには、人材の教育・育成という領域、リーダーシップという領域が求められるようになる。

大学院を出てGEに入ったときには、化学の博士だったウェルチが、CEOになるまでには、「ともに成し遂げる」（accomplish with others）という言葉を印象深く使うようになった点は、興味深い。

3 ● 若いときから、リーダーシップにも入門する

ウェルチの「ともに成し遂げる」という言葉にふれたが、仕事の世界に入る前から、自分でがんばって熟達するというエージェンティックな面と、他の人々とともにいることを大切にできるというコ

ミューナルな面を、ともに磨くことが肝心である。

たとえば筆者は、勤務先の神戸大学で金井ゼミを希望する学生たちには、ゼミ応募時に、「打ち込んでいることがあるか」「若いときからリーダーシップを発揮したいと本気で思っているか」を問うことにしている。だから、ゼミ生はみな、テニス部、剣道部、競技ダンス部、軽音学部、ESSなど、それぞれが選んだ領域で、うまく（強く）なりたい（本書の言葉では熟達したい）と思ってがんばっている人たちである。ゼミの場で、また、打ち込んでいる場で、彼らはリーダーシップの基本行動を学ぶ。ゼミのあるセッションでは、自分なりのリーダーシップの持論を、二〇歳を過ぎたばかりであるが、自分の力で言語化する。言語化した持論を、クラブ、サークルなどの実践の場に持ち込み、検証し、またゼミの場で継続して議論することを通じて、リーダーシップを磨いている。彼（女）らは、スポーツや演技、演奏などゼミに入る前から自分で選んだ領域で熟達するだけでなく、リーダーシップに熟達することも学ぶのである。

経営学部に入ったからといって、専門の二年間だけで経営学をマスターできるわけではないが、ゼミ卒業生には起業して経営者になった人たちがいて、そういうモデル（手本、見本）となる人物も刺激を与えてくれる。

ゼミ生たちは、（必ずしも最高レベルまで達することはなくても）最高のものをめざす気持ちを大切にして、生涯にわたっての自己実現を（おぼろげでもいいから）展望して、少なくとも「進化する自分」を感じながら熟達していくとともに、クラブ、サークルやゼミの場を通じて、「ともに成し遂げる」喜びを味わいながら、リーダーシップにも入門する。

そして、卒業すれば、また、仕事の世界での熟達課題に向きあうわけである。

4 ● 経営学における実践知と人間問題

経営学は、応用学問分野なので、実践に役立つことが最初から期待されてきた。一〇〇年しかない経営学の歴史だが、その起源は、テイラーの科学的管理法（Taylor［2006］，初版の出版年は一九一〇年）に始まり、メイヨー（Mayo［1933］）とレスリスバーガーの人間関係論（Roethlisberger & Dickson［1939］）がそれに続く。

前者は、一流の（つまり、熟達した）作業者のやり方をほかの作業者にも広めるための標準化に注目した実践的な運動でもあった。作業法だけでなく、作業に使う道具も標準化された。これは、今日ふうにいえば、通常は暗黙知にとどまる「エキスパートのやり方」を、他の人にも伝授できる実践知（標準手順などの形式知）に変換する試みであった。

テイラーが、職務遂行のタスク（課業）面を扱ったとすれば、メイヨーとレスリスバーガーは、職場の人間問題、とりわけ人間関係の問題を扱ったといえよう。たとえば、レスリスバーガーが実施した面接プログラムは、今でいうカウンセリングに近い方法でなされており、見方を変えれば、これは従業員の不満、不安、期待などをうまく聞き出す方法を、実践知として監督者や人事スタッフに対して明らかにした試みであると解釈することもできる。

それ以後の経営学の発展の歴史は、シャインによれば、タスクの側面に重点をおく実践知を解明する時期と、人間の側面に重点をおく実践知を解明する時期とが交代に出現してきた（日本での講演、

金井［二〇〇三］付録2、一五八―一六三頁参照）。

この両側面は、ベイカンが人間存在の二重性として対比したエージェンティックな面とコミューナルな面とも符合しているし、仕事の枠組みづくり（タスク面のリーダー行動）と、ともに働く人々への配慮（人間関係面のリーダー行動）というリーダーシップの基本二次元にも対応している。ただし、優れたリーダーシップを発揮できている人は、この両面において秀でていることが確認されている（金井［一九九一］）。なお、この基本二次元は、第**1**章**3**節で管理職の仕事に関する暗黙知（実践知）の三因子として説明されたタスク管理、他者管理、自己管理のうちの、前二者とも重なりあう。

第3節　熟達化のモティベーション＝実践知を学ぶモティベーション

1● 経営学の組織行動論のテーマ

（1）組織行動論の三テーマ

経営学の中に、「組織の中の人間行動」（略して、組織行動）という、人の問題に焦点を合わせた研究領域がある。それは、MBA（実践家向けの経営学修士）プログラムでは必須科目であり、その三大トピックスとしては、モティベーション、キャリア、リーダーシップがあげられる。組織行動論の隣接科目に、人材マネジメント論があるが、いずれの科目においても、リーダーシップ育成の仕組みについて議論が盛んである。

それらの研究成果もふまえて，この節では，熟達化へのモティベーション，続く第4節と第5節では，熟達化とキャリア発達との関わり，リーダーシップや人材育成における熟達化について，取り上げていくことにする。

(2) 熟達化のモティベーションをみる視点

本節における考察は，なぜ，人は実践知を学びたくなるのかというモティベーションに関する問いをめぐるものである。人を動機づける諸要因（モティベータ）は多数あり，また，モティベーション理論も多数ある。ここでは網羅的ではないが，三つの要因を取り上げ，さらに，熟達化のプロセスは，先生に当たる人がいるとしても，根本的には自己鍛錬であるので，自分で自分の熟達化へのモティベーションを自己調整（self regulation）する方法を述べることにしたい。

2 ● 熟達化への動機づけ要因（モティベータ）

(1) 有能感

選んだ領域で，熟達のレベルを高めるために人を動機づける要因としては，第一に，うまくできるようになれば，その領域に関しては，有能感が得られることがあげられる。モティベーション研究では，熟達という言葉よりも，有能（competence），効力（effectance），上達（mastery）という用語のほうが多く見られる（Franken［2002］）。その領域で有能で，効果的に環境に働きかけることができ，その領域をうまくマスターしているという実感が，モティベーションの源泉になる。また，特定の課題や領域における自信という意味での自己効力感（self-efficacy）も，モティベーションを喚起する源泉として、熟達化に関わっている。これらの要因は、外発的な報酬で動機づけられているわけではないので、内発的動機づけとよばれる。

ホワイトは、このテーマでの嚆矢となる古典的論文において、「コンピタンス」を環境と効果的に相互作用する有機体の潜在能力（capability）と定義したうえで、次のように指摘している。

> ほとんど学習することのできない有機体なら、この潜在能力は、生まれつきの属性ということになるだろうが、ほ乳類、とりわけ人間においては、高度に柔軟な神経系があるので、環境とうまく相互作用できるように適合していくことは、長期にわたる学習という偉業によって徐々に獲得されていく。この偉業を成し遂げていく行動の方向性や執拗性を鑑みると、私は、コンピタンスにはモティベーションの側面があるとみなすことが必要だと考える。
>
> （White［1959］p. 297）

ラグビーの平尾誠二氏は、スポーツの世界における熟達化については、「できなかったプレーができるようになる感動」が動機づけ要因になることに注目している（金井・高橋［二〇〇四］）。もちろん、うまくできること自体が内発的動機づけになるのは、スポーツだけではない。たとえば、数学に長けている人たちの話を聞くと、自分には証明できない問題を証明できる人間がいること自体が、数学にのめり込むモティベータ（動機づけ要因）になっている。楽器演奏家に、より難しい曲に挑戦したいと内発的に動機づけられるようなところがなければ、パガニーニは「超絶技巧練習曲」というような曲名をわざわざ付けないであろう（パガニーニは作曲家であり、演奏家でもあった）。うまくできるようになると、結果として達成感（McClelland［1987］）や有能感（White［1959］）を感じられるようになるだけでなく、運動でも楽器でも、挑戦度合いが自分の能力とうまく均衡していたら、フロー経験（Csikszentmihalyi［1975］）を感じられるようになる。プレーしている最中のフロー経験とは、我を忘れるほど対象と一体化して没頭する経験のことをいう。スポーツで使われる用語では、「ゾーンに入り込む」ともいわれる。そんな境地に入り込めるほどに集中度が高まり、より高度なプレーができるようになれば、ますます、その種目のさらなる高みをめざすように動機づけられるのであろう。

このフロー経験の特徴としては、①行為と意識の融合、②限定された刺激領域への注意の集中、③自我の喪失や忘却、および世界との融合感、④自分の行為や環境を自ら支配できているという感覚、⑤首尾一貫した矛盾のない行為が必要とされ、そこに明瞭なフィードバックがあること、⑥自己目的的であり、外発的報酬などほかの目的のために行っているのではないこと、があげられる。熟達度が高まれば、自動的にフロー経験が生じるのでなく、フロー経験はその熟達度に応じた難易度の課題においてのみ生じることに注意しなければならない。人はフローに入りたくても、困難過ぎると不安になり、容易過ぎると退屈になるために、没頭できないのである。

仕事の世界でも、たとえば、外科医は熟達に見合った難易度の手術でフロー経験に入ることが報告されている。通常の会社等の仕事においても、入社当初はできなかったことが、できるようになったときの喜びがある。開発チームで、できるギリギリの開発課題に挑戦しているとゾーンに入ることがある（天外［二〇〇八］）。もちろん、さらに前方にはより難しい課題が見えてくる。

だから、熟達化のレベルには天井がない。筆者が行ってきた多数の社長たちへのインタビューでは最高経営責任者（CEO）には、ナンバーツーのときには経験しない、さらに困難な課題があり、

CEOとナンバーツーの距離は、新人とナンバーツーとの距離より遠いぐらいだという経営者もおられる（福原・金井［一九九五］、伊藤・金井［二〇〇五］）。

仕事の世界に入っても、うまくキャリアを歩むことができれば、生涯にわたって挑戦機会がある。熟達化は、一方でモティベーションの問題でありながら、他方で、何がうまくできるのかは自己イメージの形成にも役割を果たすので、生涯キャリア発達のテーマにさえなりうる。

（2）熟達化のレベルを高めた結果もたらされるものの価値

熟達化に人々を動機づける第二のメカニズムとして、ある領域で熟達することがもたらす二次的な効果（用具性、instrumentality）があげられる（Vroom［1964］）。熟達することがポジティブな諸結果（広義の報酬）をもたらす主観的確率を、用具性とよぶと考えてもらえばいい。

広義の報酬とよぶ理由は、文字通りの金銭的報酬だけをさすわけでなく、人が認めてくれること、フォーマルに表彰されること、資格や段位やメダルもらうことなど、すべてをさすからである。それは、仕事の世界に先立ち、学校時代から始まっている。たとえば、早くも小学校のときから、男子生徒にとって、勉強ができることや、スポーツができること、（これに加えて、関西では）「おも（し）ろいヤツだ」と言われるような物事がうまくできることなどは、親や先生や仲間に賞賛されるだけではなく、異性にもてるのにも貢献することに気づき始める。こういう場合には、先述の熟達そのものがモティベータとして内発的価値をもたらすという側面とは別に、熟達がもたらす二次的で用具的な価値が、うまくなりたいという気持ちをそそるという側面を照射している。

熟達それ自体が内発的にうれしいことなら、熟達レベルを極めようとする人に対してメダルや社長の表彰などの外発的報酬は、いらないだろうという議論がある。それどころか、外発的な報酬は、内発的動機づけを阻害する可能性が、デシ（Deci［1975］）の実験室実験によって示唆されてきた。しかし、実験室を離れて、実際に、アマチュア、プロを問わず、絶えずより高きものをめざしている熟達者（エキスパート）の手記等を見ると、高レベルの技を達成するだけでなく、それを認めてもらうことが、さらに熟達化のレベルをぎりぎりまで上げようとする動機づけになっていることがわかる。思えば、デシの有力な説が存在するにもかかわらず、オリンピックからメダルはなくならないし、柔道や剣道が段位を廃することはなく、将棋の世界から名人の称号がなくなるなどという動きはない。ノーベル賞クラスの人には、別に賞などいらないだろうという声も聞かない。熟達化そのものが動機づけになるという熟達追求者にとっても、熟達度合いのフィードバックや、ある一線を越えていることのフォーマルな承認が、自然と尊重されてきた長い歴史がある。

（3）自己決定と自己イメージの高揚に基づくモティベーションの持続

デシは、ホワイトが「有能感」とよんだものを、「有能さと自己決定の感覚」ととらえ直し、この両方の感覚が高いほど、より強固な意志力の基盤が生まれ、それらが内発的に動機づけられた行動を引っ張っていく二頭立ての駆動力であるととらえた。この両者ともたしかに内発的動機づけにとって重要だと指摘しながらも、（1）でふれた有能感よりも、自己決定のほうがいっそう重要であると指摘する（Deci［1984］）。ここでは、その内容を詳論しないが、読者の皆さんには、次のような問いを自問してほしい。「なかなかうまくできない（まだ有能感は低い）けれども、自分でこれをやりたいと決めたこと（自己決定感は高い）に熱中しているとき」と、「うまくやっていける得意なこと（有能感は熟達化の場合に、「他者から言われてやっているとき（自己決定感は低い）」と、どちらの場合に、熟達化へのモティベーションが高まるだろうか。この問いへの回答は、熟達化をめざす領域、生涯発達やキャリアの段階によって異なってくるだろうが、自己決定とモティベーションの長期的維持との関わりについて、オリンピックメダリスト（一九八八年ソウル大会、シンクロナイズドスイミング・デュエット銅メダル）の田中ウルヴェ京《みやこ》氏は、以下のように述べている。

私は高校三年生のときに、「勉強を取るか」「シンクロナイズドスイミングを取るか」という選択をせまられました。母親からは「オリンピックなんて、そんな簡単に行けるわけじゃない。勉強を取って」と泣いて反対され、自分も悩みに悩みましたが、オリンピックを目指し、メダリストになるという夢にすべてをかける決断をしました。

オリンピックの出場選手を決める最終選考会のときも、中耳炎があまりに悪化していて、医師から「泳ぐのをやめないと、聴力を失いますよ」と宣告されました。シンクロに不可欠なバランス感覚も最悪のコンディションでした。

それでも、「もう無理なんじゃないか」と弱音が出そうになった瞬間、「いや、やっぱりあきらめらない」と思ってやり抜けたのは、ほかの誰でもない自分が「自分で決めたこと」だったからです。

（田中［二〇一二］六九頁）

デシによれば、自己決定は、個人のパーソナリティの発達に大きく関わるが、自己決定に加えて、自己イメージは、個人のキャリア発達にも関わる。

自分とはどういう人物かをイメージして、人に語らなければならない場面がある。たとえば、ある程度、詳しく自己紹介するとき、自分のどういう側面にふれるだろうか。出身地、出身校、年齢、職業、趣味等々を語る中で、謙虚な人でも、自己紹介の中で、自分が長らく打ち込み、それなりに熟達していると自負する領域にふれるのが自然である。自分にどのような才能があって、何が得意かと問いかけることは、自己イメージを探るために不可欠なことである。才能や有能さの自己イメージは、キャリアアンカー（長期的なキャリアの拠り所）を形成する重要な一側面である（Schein［1990］）。何かに長く打ち込み、上手にできるようになっていることは、趣味でも、仕事でも、大切にしたい自己イメージとして、熟達化のモティベーションの支えとなるであろう。才能についての自己イメージは、キャリアアンカーの一側面としてキャリアを導くだけでなく、モティベーションの高揚にも関わる。「この領域では、最高のものをめざし、さらなる熟達化を遂げたい」という気持ちは、自己イメージを高揚させる。それは、熟達化のモティベータとしても役立つ。そのことにより、才能に加えて、さらに絶えざる努力による磨きがかけられることになる。先に引用した田中ウルヴェ京氏の場合には、シンクロナイズドスイミングに打ち込み熟達していたことは、引退後も自己イメージの一角を占めている。今ではそれに加えて、引退後の適応過程で留学を通じて習得した認知行動療法を応用したコーピング（対処法）が新たな熟達領域となり、ストレスコーピングに熟達していること、それらについて多数の著書を出し、著述家・講演者としても熟達してきたことが、新たな自己イメージの核となりつつあるように思われる（田中［二〇一二］）。その自己イメージをもつことが、さらにコーピングという領域を極め、それを意味ある形でこの世に広めたいというモティベーションにつながっているように見受けられる。同時に、メダル獲得後の引退という節目へのキャリア上の適応はたいへんではあるが、それを経てもなお、アスリートとしての自己イメージが維持されている点も興味深い。企業でも、もともとは開発エンジニアとしてワールドクラスの仕事をしてきた人は、キャリアの後の段階になって、経営者としてブレークしても、いつまでもエンジニアとしての自己イメージを維持する。そして、興味深いことに、時代が、技術がわかる経営者や、経営がわかる技術者を望むようになってきている。

3● 熟達化へのモティベーションの自己調整

(1) 緊張系を通じた自己調整

人を熟達化に向かわせるモティベーションについて、**2**では三通りのメカニズムにふれた。ここで、次に注目したいのは、エキスパートになるには、一〇年以上もかかる(第**2**章第**1**節)ので、長い期間、日々弛むことなく、熟達へのモティベーションを維持する必要があるということである。しかし、実際には、誰もがいつも高いモティベーションを維持できるわけではない。エキスパートでさえスランプがあるのだから、その途上にある人なら、練習に燃えない日、本番でもうまくテンションが高められない日も経験することだろう。

経営学の組織行動論では、モティベーション論を学ぶ意義は、実践家が実際に自分のモティベーションをうまく操るのに役立ててもらう点にある。そのため、働く個人のワークモティベーションの自己調整という観点から、これまでのモティベーション研究の蓄積は四つの系統から整理されてきた(詳しくは、金井[二〇〇六b、二〇〇九])。それに基づいて、以下では初心者からエキスパートに至るまでの期間、モティベーションが低迷するときがあっても、またそれを高めて維持するような自己調整の方法を、順次みていくことにしよう。

第一に、緊張系のモティベーション喚起があげられる。人は、このまま動かないでいると、まずい、怒られる、危ない、さらには、命に関わると思ったときに動く。これを緊張系のモティベーション喚起とよぶ。

人は、達成し終わった課題よりも、未達成の課題のほうをより頻繁に想起しがちだが（ツァイガルニーク効果）、未達成だと気づくからこそ、そのままでは不都合だと思って、人は動く。そんなふうに動機づけられて動く人間の姿を、「緊張の中のシステム」（system-in-tension）とレヴィン（K. Lewin）はよんだ（金井・高橋［二〇〇四］六一―一〇頁）。また、マズロー（Maslow［1998］）が自己実現以外の欲求について、欠乏動機とよんだものも、系統としては緊張系に該当する。生理的欲求、安全への欲求、社会的欲求を考えてみよう。空腹のままなら、危険にされているなら、孤立しているままでは、十全に生きていけない。その意味で欠乏が人を動かす。身近な例をあげれば、宿題が未達成なら、緊張感を高めて、机に向かうだろうし、開発プロジェクトで納期に間にあいそうにないと気づいたら、その危機感が人を動かす。

緊張、未達成、欠乏、ハングリー精神、危機意識――これらは、一見するとネガティブだが――、このままだとだめだ、なんとかしないといけないという緊張感が、生き物、有機体である人間の中にテンションを生み出す。そのテンションこそが人を動かす。その意味では、レヴィンは、動機づけられた人間のことを、「緊張の中のシステム」とよんだのであった。

初心者が、一人前になり、さらに中堅者、そしてエキスパートになっていくプロセスで、絶えず、次の段階を展望する限り、自分は未達成であるので、さらに上をめざすことになる。まだ一人前になっていないと想起するから、初心者は、そこまで腕を上げるように動機づけられ、中堅者になっても、上には上がいるので、高度な熟達がまだ欠如していると思い知らされる度に、そのギャップを埋めたいと思って励む。熟達化のモティベーションを喚起する一つの方法は、「自分はまだまだだ」と自覚して、緊張感を維持することである。段位などで熟達のレベルが明示される場合、思ったように昇段していなかったら、その未達成感が熟達化へのモティベータとなる。これをうまく活かすことが、未達成感、緊張感、欠乏感を通じたモティベーションの自己調整である。

(2) 希望系を通じた自己調整

緊張や欠乏といった、ネガティブなドライブだけで人ががんばり続けるとしたら、暗い話だ。誰だって怠け癖があるから、予定より上達が遅れていたら、緊張感、危機感をもつことが大切だ。しかし、それは、事象の半分しか照らしていない。緊張感をもって動き始めたら気がつくと作業が進捗していたという感覚、がんばれば期限内に終わりそうだという希望（Snyder［1994］）、実際に期限内に成し遂げたときの達成感（McClelland［1987］）、その達成に対する（できればお客さんや上司など大切な人からの）承認・賞賛（太田［二〇〇七］）、達成への期待や達成がもたらす（金銭だけでなく達成感や承認を含む広い意味での）報酬への期待（Porter & Lawler［1968］）というものが展望できてくる。さらに調子がよく良質な仕事をしているときには、完遂したときの達成感だけでなく、キャリアを通じて仕事で一皮むける仕事経験がもたらす成長感（Alderfer［1972］）、また、完遂時だけでなく、やっているプロセスにおける楽しみや熱中（Csikszentmihalyi［1975］）も人を動かす。これが緊張系とペアをなす希望系のモティベーションに関わるキーワードである。

学生の間に剣道三段にまでいきたいと思っていた学生が、四年の春に、まだ二段だったら、目的に対する未達成感を、緊張系のモティベータとしてまず感じるだろう。しかし、練習方法と練習量をあらためて取り組んだ結果、目的は果たせるという希望がもてるようになったら、その目標や希望ゆえにがんばるというメカニズムが働く。この種の希望の明確化や目標設定は、熟達化へのモティベーションを喚起し、長く維持するように自己調整するのに役立てることができる。

ここまでに述べた緊張と希望という二系統のメカニズムが人を動かす。熟達化のモティベーションにおいてもそれは同じである。この緊張と希望のペアには、人間存在の有り様を考えるうえで深い意味があり、ギルバート（Gilbert［2006］）によれば、人間だけが未来のことを考えるので、一方でそのことが緊張をもたらし（とりわけ、課題が未達成の場合には心配になり）、他方で、同じ理由で希望がもたらされる。この両面に共通なのは、将来のことを考える時間軸で、後々のこと（later）を意識するという点にある。段位に関して不安を感じ、緊張感をもつ（まだ二段で目標未達だと思う）のも、希望をもつ（テンションを高めてがんばれば四年の間に目標が達成しそうだと展望する）のも、それが未来のことを考えるからであるという点では同じなのである。

（3）モティベーションの自己調整のための持論

モティベーションは、自分の努力しだいでなんとかできるはずという気持ちがあればこそ生まれるのだという説がある。逆にいうと、うまくできない理由を自分の外に求め始めたら、いくらでも見つかる。それを言い訳にして、自ら努力することを怠ると、自分を鼓舞するモティベーションが霧散してしまう。開発エンジニアが、自分で納期までに仕上げると決心するかわりに、予算・人員が足りない、納期が厳しすぎる、この上司の下ではやりにくい、実験器具が古すぎる、ライバルの他社の開発チームがあまりに強いなどと言いだすと、言い訳はその気になれば、いくらでも見つかるのが常だ。だからこそ、自分が自分の主人公だ（自分に起こることの原因は自分にある）という考えをもつこと（de Charms［1968］）、自律的に自己決定で動けること（Deci & Flaste［1995］）に注目する学説もある。また、自分に関わる理論（セルフセオリー、筆者の用語では「持論」）もしくはマインドセット（心のもちよう、Dweck［2006］）が、やる気を左右するという先端的な理論（Dweck［1999］）もある。

ある会社で管理職からよく聞く言葉は、「自責にせず他責にばかりするようなら、何も始まらない」ということだ。自分以外のせいにするということは、自らの「動き」をなくしてしまうことにつながる。自責でものごとに取り組み、やる気を自分なりに操ること、それが、モティベーションの自己調整にほかならない。リーダーシップを発揮するためには、周りの人々を動機づける持論が必要になるが、それ以前の段階でも、自分自身を自分で動機づけるためのモティベーションの持論が必要である。ここまであげた二つの要因、緊張に訴える方法、希望を想起する方法は、持論の構成要素でもある。絶えず、この程度の熟達水準のままでは終わりたくないという緊張感と、練習の工夫と努力によってさらに上をねらえそうだという実現可能な希望をうまくブレンドさせて、熟達化のモティベーションを自己調節できる人が、エキスパート、さらには創造的エキスパートのレベルまで辿り着くのであろう。

（4）関係系を通じた自己調整

モティベーションを鼓舞するもう一つの要因として、他の人々からの刺激に自分をさらすという方法がある。われわれは幸いなことにこの世の中に一人で生きているわけではない。自分一人であれば怠けかけたり、熟達についてもこの程度でもういいかと思いかけていたときに、周り中が緊張感と希望をもって、さらに高いものをめざしてがんばっている職場や会社にいたら、周りからの影響を受けて、自分もしゃきっとする。学生時代までに、チームスポーツ、個人プレーの競技にかかわらずクラブやサークルに入っていたら、社会人になる前からそういう経験をしているだろう。また、職場を同じくする人だけでなく、お客さんや他社のライバルが自分を鼓舞することもあるだろう。さらには、コーチや上司が育成上手で、かつ自分を動機づけるのがうまかったら、その人たちを活かさない手はない。

こんなふうに、自分ががんばって何かを成し遂げるという世界と、何ごとかをともに成し遂げ（accomplish with others）、そのことを喜びあうという世界がある。この言葉が人間存在の二重性に関わることを、第**2**節**2**で述べた。他者との関係性の中で人は動機づけられ、親和動機（McClelland [1987]）、親密動機（McAdams [1989]）が高い人は、その傾向が強い。

ふつうは、一見、孤独に作業しているようでも、よくみるとそばで一緒に走ってくれている人、見えないところで支えてくれている人、文字通り、ねじを巻いてくれたり励ましてくれたりする人（通常はリーダー格の人）がいる。だから、一緒に作業している同僚との関係、お客さんなど仕事上接触のある人との関係、また、上司などリーダー格の人との関係でモティベーションが左右されることがある。先輩や上司は、ある意味では、メンバーが熟達の度合いを高めるべき領域について、教えたりコーチしたりする役であり、その役割には、弛まぬ熟達化へメンバーを動機づけることも含まれている。

達成動機の高い人は、達成のために支援が必要ならうまく支援を得られることが知られているが、そういう人は、もっと高いレベルまで熟達しようという意欲が落ち込んでしまいそうだというときにも、誰にどのような助けを求めるかを適切に選ぶことができる。したがって、関係性の中のモティベーションもまた、自己調整の経路となりうる。「やる気が落ち込んだとき、どうしますか」という問いに、「人に会いにいく」という人は多い。「それでは、ほかの人を頼っているので、やる気の自己調整にならないのではないか」という反論が聞こえそうだが、ここでのポイントは、自分で調整できることであり、自分で選べるし、また、相手のある話ではあるが、実際に会うかどうかは、自分で調整できることである。実際に、熟達への道を継続的に歩むモティベーションを維持できる人は、落ち込みそうになったときには、自分を指導できる人や切磋琢磨できるライバルとの関係をうまく使っている。

さて、マズローの学説を実証的に検討したクレイトン・オルダーファー（Alderfer［1972］）のERG理論によれば、人のモティベーションは、生存欲求（E、Existence: 本章では、緊張系に関連）、関係欲求（R、Relatedness: 関係系に対応）、成長欲求（G、Growth: 希望系に関連）から成り立つ。これに持論系を加えれば、この第3節で提示した体系と符合する。これらはもちろん、体系のための体系、理論のための理論ではなく、働く人が自分なりに仕事意欲を自己調整する持論をもつための実践的な枠組みとして論じたつもりである（詳しくは、金井［二〇〇六b、二〇〇九］）。（→巻末の**エクササイズ**①）

第4節　生涯発達における熟達化領域の収斂先——リーダーシップと育成

1●世代継承性という発達課題とリーダーシップ・人材育成という領域

初心者がなんとか一人前になり、その先、中堅者を経て、熟達者（エキスパート）になるプロセスは、生涯発達と関わっている。第**2**章でも述べられている通り、その理想的な到達点は、叡智である。エリクソンの漸成説（epigenetic theory）として知られる生涯発達学説でも、叡智が発達課題の最後の段階とされている。どの領域でも、熟達をとことん極めた名人でないと、語れない叡智というものがある。

これに先立ち、熟達化への旅において中堅者になる頃には、年齢的にはミドル（中年）として、また組織に所属していれば文字通り中堅の中間管理職として、世代継承性（generativity）という発達課題がクローズアップされてくる。その意味あいは、次のように説明される。

（われわれの考えでは第七番目の段階である）成人期には、世代継承性 対 自己耽溺と停滞（generativityvs. self-absorption and stagnation）という重大な対立命題が与えられている。この世代継承性は、子孫を生み出すこと（procreativity）、生産性（productivity）、創造性（creativity）を包含するものであり、（自分自身の）更なる同一性の開発に関わる一種の自己生成（self-generation）も含めて、新しい存在や新しい制作物や新しい観念を生み出すことを表している。一方、停滞感は、世代継承的活動の活性を失った人たちの心全体を覆うものであるが、しかしきわめて生産的かつ創造的な人たちにも決して無縁なものではない。世代継承性 対 停滞という対立命題から現れる新たな「徳」、つまり「世話」は、これまで大切（care for）にしてきた人や物や観念の面倒を見る（take care of）ことへの、より広範な関与である。よく見れば、乳幼児から前成人期に至るこれまでの発達過程で順次生まれてきた強さ（希望と意志、目的と有能さ、忠誠と愛）は、次の世代の強さを育むという、この世代継承的課題にすべて必要不可欠のものであることが明らかになる。なぜならこれらはまさに人間生活そのものの「蓄え」だからである。

（Erikson［1982］p. 67, 訳書八八―八九頁。なお、generativity に「生殖性」という訳語が使われているのを、「世代継承性」に変更するなど、訳文を引用者が一部改変している）

学校を出て入社した電器メーカーで、最初の配属が営業であった人を例に取り上げてみよう。その人のキャリア初期の熟達課題は、その領域で一人前になることであった。ノルマをクリアできる程度に熟達した後、一〇年経つころに、営業トップとして表彰された。さらに、ある製品事業部で、事業部長に登用された。営業一筋だったが、ゼネラルマネジャー（GM、事業経営責任者）として、営業以外の領域にも知識が必要になってきた。たとえば、人事、経理・財務、生産管理、新製品開発と（営業と隣接ではあるが）マーケティング等々。しかし、事業部には、これらの分野の専門家がいるので、任せつつ、指揮をとるすべを学ぶ必要があった。営業ではエキスパートでも、経営者としては、初心者であった。最初の事業部で利益を伴った成長を成し遂げたので、その後、一〇年以上かけて順次、より枢要な事業分野の事業部長を任され、五〇代後半にはCEO（最高経営責任者）で社長となり、さらに高度のリーダーシップを発揮することになった。

営業一筋のときには、自分が熟達した営業について若手や右腕を育成し、事業部長になってからは、営業以外の土地勘のない領域でも人材を発掘・登用し、事業経営の右腕として育てた。そのことで育成についても自信がもてるようになった。しかし、会長に退くときまでには、自分の後継者として、社長の器たりうる人物を見極めて育てることが、究極の世代継承性になることに気づいた。会長になった後も、経済団体の活動も含め、自らリーダーシップを発揮した。退職後は、これだけの経験をした人でないと語れない叡智を語り継ぐ私塾をつくった。またいろいろな場に赴き、長い仕事経験からの教訓を語るようになった。

上記は、架空の例として書いているが、筆者が直接接した多くの経営者を念頭に、彼（女）らのキャリアを限られたスペースにコンパクトにまとめたものである。実際にも、経営者の評伝にはパナソニックの松下幸之助、GEの中興の祖であるジャック・ウェルチなど、伝記でも自伝でも優れたものが多いので、読者の皆さんがビジネスの世界で活躍しているのなら、キャリアの早い時期から、どのような熟達化の旅があるのか概観するといい。

同様に、ビジネスの分野に限らず、スポーツ界、音楽界、学界などの分野でも、熟達者（エキスパート）、それも創造的熟達者（エキスパート）にまで達したような人が、回想録を出版されていることが多い。そこに、一人ひとりの実践知とその形成過程が書かれていることもある。（→巻末の**エクササイズ②**）

2 ● 熟達者（エキスパート）の具体的人物像——世代継承性とコミューナルなもの

熟達を極めた者（エキスパート）は、その領域で後進の中から、熟達者（エキスパート）まで到達しそうな人を育てるという人材育成の役割と、その領域でのリーダーシップ、さらには複数の熟達領域にまたがる包括的なリーダーシップを発揮する役割が期待されるようになる。筆者が直接に接し、敬意をはらう人から例をあげよう。

（1）平尾誠二氏

筆者は、平尾誠二氏と、同じ街、神戸に住むので、何かとお教えいただく機会が多く、共著の書籍（平尾・金井［二〇〇九］）や多数の対談（たとえば、平尾・金井［二〇〇五］、金井ほか［二〇〇二］）もある。

平尾氏の回想によれば、恩師に出会った順と、それぞれの恩師から受けた薫陶の種類の違いが、熟達化のプロセスに、また、熟達したいというモティベーションの維持・高揚に関わっているという。

中学のときの先生は、まず、ラグビーを楽しむことを教えてくれた。このことで「好きこそものの上手なれ」ということわざではないが、ラグビーのプレーがおもしろいと感じられ、このスポーツが好きになった。そのことが、スタート時点から、モティベーションをとても自然なものにしていた。

伏見工業高校に入学すると、映画『スクール・ウォーズ』のモデルにもなった同校のラグビー部監督には、その三年前から山口良治先生が就任していた。日本代表選手を経験していた山口先生から、ラグビーについて本格的な薫陶を受けた。この山口先生は「泣き虫先生」と言われるほど、ウェットで感動症であった。平尾氏には、山口先生から学んだことを最近、再評価されている様子が見受けられる。たとえば、先生には理不尽なほど厳しいところもあったと回想しつつ、この理不尽さに耐えることもチームスポーツでは必要だとも、最近になって実感されたそうだ。

当時、「おまえなんかやめてしまえ」と監督に叱られても、選手は、「やらせてください」と言い返す反発力があった。最後のチャンスだ、あいつにボール持たせるから、タックルしてみろ」と一言。山口先生は「わかった。あとの流れは、想像通りの感動で終わる。大きくて体重もある選手にボールをもたせる。それでも、やめたくない一心でぶつかっていくせいか、「やめてしまえ」と言われた選手のタックルが決まる。先生がそばにきて、「やれるやないか」と言って、なんとジャージーについた泥をていねいに払う。感極まって本人が泣くと、涙が伝染し、もちろん「泣き虫先生」も泣く。平尾氏にとって、このウェットなやり方は、当時は、自分向きではないと思われた。しかし今は、若い人の反発力が弱くなり、試合に負けても、いい意味のウェットさがない。平尾氏は、今改めて、ウェットなものや一見すると理不尽なものがもっているパワーを見直したとのことである。どの領域でも、熟達するには厳しさがいるが、今の若い世代の人たちが、反発力が減って折れやすくなっている状態を嘆くよりも、一見理不尽にみえるぐらいの厳しさがもつウェットな力を見直すべきだという。むしろその力を支える指導者の側の選手への熱い想いが欠けてしまうことのほうが問題なのだそうである。このことを、最近の平尾氏は、「チームの土壌が乾く」という言葉で表現している。

さて、高校卒業後、同志社大学に進むと、山口先生とまったくタイプの異なる岡仁詩先生に出会った。平尾氏の語りを聞いていると、興味がつきないエピソードが多い先生だ。たとえば、ゲームに勝つために、「この場面で、こういうボールの動きがあったら、どうやって防げるか」と真剣に悩んでいたら、岡先生が、「おまえ、暗い顔して何を考えこんでるんや、そこに来たらしゃーないんや（しかたがないのだ)。それから、そこに来る確率どれぐらいあるね」と質問され、「あんまり、ありません」と答えると、そしたら、「とられたら、しゃーないけれど、気持ちを切り替えて、ボール取り戻すことを考えるほうがいい。ボールがそうやって回っていくから、ラグビーは、おもろいん(面白いの)や」と言われたそうだ。正確な再現ではないが、「しゃーない」と「おもろい」がキーワードだったという。岡先生によって、平尾氏はゲームリーダーとして、勝つために必要なことを考え抜くこと、そしてラグビーを楽しむことの重要性を再認識した。このように、平尾氏が、経験から教訓を引き出し、指導者からの薫陶の中身を自分なりに咀嚼して言語化することに長けていることに注目してほしい。

その後平尾氏は、ラグビーの世界で、「プレーヤー」として、「キャプテン」「監督」、さらに「総監督」「ゼネラルマネジャー」として、活躍した。そして今では、SCIX(Sports Community & Intelligence Complex)というNPOの「経営者」もしくは「組織のリーダー」として、ラグビーを越えたほかのスポーツのリーダーたち、また、ラグビーを支援するほかの世界のリーダーたちと広いネットワークを形成している。

キャリアや人生におけるミドルの時期には、次の世代に対して意味のあるリーダーシップを発揮しつつ、卓越したプレーヤーや、コーチ・指導層の育成が、重要性を増してきている。この章の第2節の用語を使うなら、エージェンティックな面に加えて、世代継承性に関わるコミューナルな関係性の軸がクローズアップされるようになってきているのである。平尾氏は、次世代のコーチやリーダーを育成すべきステージに入っているので、よいプレーについて持論を抱き活用するだけでなく、コーチングやリーダーシップについても持論を言語化している。次の節でその内容にもふれるが、自分なりのシャープな持論を実践知として言語化する力に、筆者はいつも驚かされている。そのような言語化が、次世代の体系的な育成にも関わっているといえるであろう。

(2) 田中ウルヴェ京氏

田中氏には先に少しふれたが、ここでは、やや長く彼女自身が語るストーリーに耳を傾けた後、引退後の彼女の「世代継承性」について紹介したい。

シンクロをはじめてからは、「昨日の自分ができなかったことが今日できるようになった」の連続という向上感が軸。しかしその軸によって、どんどん競技において勝ち続けるうちに、その軸が変化していく。「他人に勝つ」「社会に認めてもらいたい」「もっと偉くなりたい」「トップになりたい」という方向だ。(中略)一九八六年にソロで日本チャンピオンになった時に、極めたと誤解する。同じモティベーション軸では、まったく機能しなくなる。そして徐々にシフトする。最終的に一九八八年のソウル・オリンピックまでにあった軸は「自己の限界への挑戦」だった。(中略)ただ、そのころは、オリンピックでメダルを死んでも取りたいという欲が非常に大きかったので、果たして、本当にモティベーション軸が「自己の限界への挑戦」だけだったのか、という点においては、未だに理解できない。(中略)

その後、選手を引退して「墜ちる」。堕ち続ける。(中略)悶々としていた。

アメリカ留学で少しずつ、気づきというものを知る。考えるということを知る。(中略)

大学院を修了したり、五輪コーチをしたり、代表コーチをしたり、結婚したり、子供を産んだりと、時は過ぎても、本質の自分はわからなかった。

生きる意味をずっと探していた。はじめて、二〇〇一年、二人目の妊娠中に、本を書き上げる。〔筆者注：ここで〕過去を振り返る。〔これが〕自己内省の本当のはじまりだったかも。〔その後〕会社を立ち上げる。はじめてのことばかりを体験。（中略）すべてが怖かった。（中略）悩みが変わる。自分自身の社会に対する立場も変わる。

（金井［二〇〇六b］一一七—一二二頁）

これを書いてもらったのが、今となれば、もう五年前のことである。トップアスリートであっても悩み苦しみながら熟達化の道を歩んできたことがわかる。田中氏はその後、経営者としては、芸能界にも人的ネットワークのある経営のパートナーと出会い、たとえばユーミンのコンサートのステージにシンクロナイズドスイミングを重ねあわせるような興業を実現させるのに成功している。もう一つ現役を引退した田中氏にとって、スポーツに次ぐ、大切な熟達領域となったのは、コーチとしての「育成」および、引退するアスリートに対する専門家としての（認知行動療法をベースとした）ストレスコーピング技法の「伝授」であった。

平尾氏のケースと同様、田中氏も、個人として自分が熟達していく段階を、悩み続けながらも、とことん追求した後には、コーチとしての次世代の育成、引退したアスリートのためのストレスコーピングの技法の伝授、また、それを長引く社会経済の低迷期でストレスの絶えない一般の人々に対して普及させることに熱心になっている。キャリアの半ばを越えて、育成とリーダーシップや（コーピングも含む）次世代の指導・育成が活動の中心になりつつあるのである。自分が最高のものをめざすというエージェンティックな面を極限まで追求した後には、ほかの人々を育てながら、関係性の輪を広げつつ、社会的にインパクトのあるものを生み出し、世の中に残していく道を歩んでおられることがわかる。

第5節 実践知の言語化——熟達を世代から世代へ

1●暗黙の実践知を言語化する力

筆者は、これまでのモティベーションの自己調整やリーダーシップの体系的育成の研究を通じて、自分のやる気をもうまく自己調整できる達人やリーダーシップをうまく発揮できるようになった達人が、それぞれモティベーションの持論やリーダーシップの持論を言語化することの必要性を強調してきた（金井［二〇〇五、二〇〇六b］）。実際に、優れた実践家は、学者の理論と両立するかもしれないが、それとは別個に、学者よりもはるかに心にしみ通る言葉で、実践的な持論を言語化していることがある。

「やってみせて、言って聞かせて、やらせてみて、ほめてやらねば人は動かじ」という興味深い凝縮された言葉がある。戦前日本の連合艦隊司令長官・山本五十六が残したこの言葉は、人を動かす術《すべ》を説明している。一見すると、モティベーションの持論のようにも思われるが、司令官という立場上、自分を鼓舞するためというよりも、周りにいる人たちを上手に動かすための知恵として、述べられたと考えるのが妥当だろう。同時に、今できないことを身につける気になってもらうためには、手本と本人の試行とフィードバックが不可欠なので、自分より熟達レベルが低い人を導く場面で有効な実践知がわずか三一文字の言葉の中に示されている。実践家のコンパクトな持論は、学者が三〇〇頁ほどもの書籍で説明する理論よりも、雄弁で実用的かもしれない。

また、これに加えて大事なことは、山本五十六に直接、接した人たちにとっては、このような凝縮された言葉を聞きながら、その言葉が示す手本となる行動をじかに観察することができたという点である。山本五十六は、「話し合い、耳を傾け、承認し、任せてやらねば、人は育たず」「やっている、姿を感謝で見守って、信頼せねば、人は実らず」という言葉も残しているが、これは、メンタリングと人材育成の持論だともとれる。

前の節で取り上げた二人も、言語化に優れた実践者なので、持論にあたるものを紹介しておこう。

2 ● 持論の実例

(1) 平尾氏の場合——よいパス、リーダーシップ共有についての持論

パスの熟達化に関する平尾氏の持論を、リーダーシップの共有のあり方に限定して述べることにしたい。

平尾氏によれば、「よいパスとは?」という質問を投げかけると、ラグビーをプレーする学生たちは、「長いパス、速いパス、正確なパス」というタイプの回答をすることが多いそうだ。この回答は、間違っているわけではないが、平尾氏のラグビー観からは、別の見方が提示される。

ラグビーは、サッカーと同様に、ゴールに向かって、一人ひとりが自分の頭で考えながら、流動的

にパスが展開されるスポーツである。野球のように、監督がサインを出したり、呼び寄せたりすることはない。また、反復練習で、いくら長くて速くて正確なパスができるようになっても、フィギュアスケートのように、規定演技があるわけではない。平尾氏のよいパスの定義は、「自分がもっているよりも、その人のところへラグビーボールが動くと、チームにとって有利になる方向へ向かって、ボールが投げられる」という点に求められる。流動するゲームの中で、適切な状況判断力により、どの方向の誰にどのタイミングでパスするのがいいのかを見極める力が大事だという考え方である。

選手、つまりプレーヤーとして並外れた熟達をしたのちには、やはり当然のことながら、自分がうまくできることは、他の仲間の選手たちにも、マスターしてほしい、教えたいという気持ちをもつであろう。言語化能力に優れていなければ、熟達のコツをうまく伝えることは困難だ。

かつて、「ラグビーにおいてパスがうまくできるとは、どういうことか?」ということについて平尾氏は、ラグビーを知らない筆者に対して、次のように記述をしてくれたことがある。本書の用語に則れば、パスの熟達化についてのレベルを、次のように説明されたのである。

① よいパスとはなにかを知っている。
② 体がそれをわかりかけている。
③ よいパスができる。
④ よいパスがうまくできる。
⑤ 実際の試合でよいパスをうまく通している。
⑥ 実際の試合でだれよりもパスをうまく通している。

⑦　そのことが成果（得点や勝利）につながっている。
⑧　うまくパスできることが、自分の楽しみ、さらには生き方につながっている。

（金井・高橋［二〇〇四］三〇―三一頁）

ラグビー高校日本代表監督経験者の勝田隆氏によれば、熟達したプレーについてのより簡潔な表現、「知る」→「わかる」→「できる」というのがあり、平尾氏の表現のベースにもなっているが、それをさらに敷衍すると、右記のようになると考えられる。

ところで、野球のように守備と攻撃が入れ替わり、守備位置も打順も決まっているタイプのスポーツと、ラグビーやサッカーのように、ゴールに向かって選手が自分の頭で考えて流動的に動いていくスポーツでは、プレーヤーとしての熟達化のあり方だけでなく、コーチ、キャプテン、監督としての熟達化のあり方も異なる。

そのような相違があるから、野球の世界の人とは話が合わないのではなく、たとえば、元プロ野球選手の古田敦也氏とはウマが合うそうだ。競技の性質が異なるがゆえに相互に学ぶこともあるとも言われる（平尾ほか［二〇〇二］）。たとえば、「試合では動くボールを打つのに、どうして素振り練習をするのか」という問いをぶつけられ、考え抜いた末に、「やっぱりバッティングのイメージを描いているところに意味があるのではないか」という古田氏の言葉には、平尾氏も興味をもってうなずいている。イメージが大事という古田氏との対話からの教訓は、松岡正剛氏との対話で辿り着いた、スポーツにおいては「イメージとマネージ」が大切だという持論（平尾・松岡［一九九六］）とも、重なり

表1　平尾誠二氏のリーダーシップ持論

リーダーのタイプ	勘所（役割）	簡単な内容
チームリーダー	1. 仕切り 2. 見切り	・判断力，ポジショニングに関わる ・決断力，タイミングに関わる
ゲームリーダー	3. 仕組み 4. 仕掛け	・いかに効率よく得点をあげて，失点を少なくするか，3，4ともに構想力に関わる
イメージリーダー	5. 危うさ 6. 儚さ	・イメージ豊かで，特定の試合・特定の場面でおもしろい考えを実現するメンバーにも，にわかに指揮の機会を与えるといった柔軟性などに関わる

（注）　インタビュー自体は筆者が行ったが，この表での要約では，ニュアンスを尽くせていないところがある。
（出所）　平尾・金井［2005］81頁を改変。


合う。

平尾氏は、ラグビーのプレーや練習法だけでなく、ラグビーのチームにおけるリーダーシップの発揮の方法をも、言語化している。それも興味深いことに、三通りの異なるタイプのリーダーシップを、複数のリーダーでシェアするイメージを思い描き、次のような持論を明確に言語化している（平尾・金井［二〇〇五］、金井［二〇〇八］）。ここでは、詳しい説明をするスペースがないが、ポイントは次の点にある（**表1**）。

チームリーダーは、ポジショニングを仕切る判断力をもち、タイミングをうまく計って決断するのがその役割だ。ゲームリーダーは、流動的なゲームの流れの中でも、絶えず効率よく得点し、失点を最小限に抑え、ゲームに勝つことに直結した采配をふるう。イメージリーダーは、特定の試合ごとに、活躍しそうなメンバーに、その試合に限って、指揮の機会を与える。その試合だけという儚さや、突拍子もない危うさが、イメージという面で、試合によい影響を与えることを期待する。

(2) 田中氏の場合──熟達へのモティベーションが低下したときの対処法

オリンピックのメダリストになるほどの熟達者（エキスパート）でも、モティベーションがダウンすることがある。世界レベルの熟達をどの領域でも達成したすごい人でも落ち込むことがあると知ることは、逆説的だが励みになる。さらにすごいと感じさせてくれるのは、節目でどんなに深く落ち込んでも、克服しておられる点にある。第**4**節でふれた過去の振り返りをふまえて、そのプロセスそのものを言語化し、一つの持論として提示されている。

過去を振り返って思うこと。

・それは、自分には周期があること。

・モティベーションには、周期があること。

・でも、その周期がすべて「意味がある」からこそ、すべてが向上につながっていると思える。

・そのこと自体が生きる原動力になっている。

周期があること気づけたのは、親友で同志の元Jリーガー、重野弘三郎が教えてくれた彼の「周期論」からだった。彼は、よく「受け入れる→過去を認める→切り替える→準備する」ということを話す。それじゃあ自分はどうなのかな、と考えた時、左のようになった。

① 気づく

② 過去を認める

③ 出す

④ 成功、確立したと勘違いする

⑤　失敗する
⑥　学ぶ
⑦　昇る
⑧　落ち着く
⑨　つまらなくなる
⑩　捨てることにする

この循環だ。⑩からまた①に戻る。最初のうちは、二〇代の頃は、はじめて「気づく」ということに気づいて、その「気づく」だけをやっていた。そのうち①と②になり、①と②と③になり、だんだん項目が増えていったのだと思う。

最近（注、この文書を受け取ったのは二〇〇六年六月四日時点）、⑨と⑩が増えた感じだ。「捨てる」は、最近のキーワードだ。捨てるのは怖い。でも捨てないと、向上できないことがわかった。えいやー！って感じで、捨てるように努力している。

でも、執着がまだある。執着がなくなり、ひっかからなくなり、自分の都合で考えなくなれば、私はもっと成長できるのだと思う。そうなれば、ようやく自分の夢に近づけるのだと思う。

（金井［二〇〇六b］一二一—一二三頁）

入門した後、奥行き深く、熟達化の道を旅する人は、圧倒されそうになったときに、いったい何が自分に起こっているのか、省察して言語化することが必要となることがある。言語化に堪える持論づくりは、一人でよくなしうることもあれば、こういうときにこそコーチ、メンター役、師匠ならびに同じ節目をくぐる同輩、それをくぐった先輩たちと接するというコミューナルな関係の中から、見いだすことも大切であろう。上記のケースは、モティベーションの自己調整についての書籍を著す過程で、田中氏が貴重なストーリーを提供され、そのときに、筆者自身が受け手、聞き役になれたという稀な例である。（→巻末の**エクササイズ**③～⑦）

第6節　結びに代えて——初心を忘れずに、うまい！というレベルを越える

もう一〇年以上前になるだろうか、ドラマーの村上〝ポンタ〟秀一氏が、母校の今津中学からそう遠くない兵庫県西宮のホールで、神がかり的なすばらしい演奏をする中、観客から「ポンタ、うまい！」という声援があった。ちなみに、今津中学は、得津武史氏が育て全日本吹奏楽コンクールで一五回連続優勝をしたブラスバンド部で知られているが、中学時代の村上氏は、フレンチホルンを吹いていた。おそらく、観客の一人であった筆者の想像であるが、ドラマーに転じる以前の村上氏を知っている先輩や友達、ひょっとしたらかつての先生も聞きに来ていたかもしれない。「ポンタ、うまい！」という声援は微笑ましいものであったが、この瞬間がもっと興味深いものになったのは、村上氏の「すみません。声援はありがたいのですが、（私はもう）うまい！　とか言われるレベルではないのですが」というリアクションによってであった。村上氏はこの一言を、もちろん不遜にではなく、笑顔でもって放たれた。

確かに、演奏における熟達化で頂点を極めたようなプレーヤー、たとえば、生前のジョン・コルト

レーンやエルビン・ジョーンズに、「うまい！」とは、声援しない。もしそのような声援があれば、やっぱり、これらの巨匠たちも、「もうそんなレベルではないんですよ、勘弁してください」といったかもしれない。

第**6**章における芸術家の事例（*Expert 6-3*）で述べられた外的基準へのとらわれ（フェイズ1）→内的基準形成（フェイズ2）→調和のとれた創作活動（フェイズ3）という現代芸術家の熟達プロセス（**図6-3-1**参照）を念頭におけば、「うまい」という表現は、フェイズ1までの評価的コメントである。それを越すと、「すごい」という、創造性への賞賛はあっても、上手だのうまいだのというほめ言葉は、外的基準からのコメントだ。誰も、キュービズムを打ち立てた以降のピカソの作品に、「うまい！」という言葉は使わないだろう。

しかし、芸術における熟達者（エキスパート）、名人のレベルの創造的熟達化のレベルに達しても、忘れてはならない、その折々の初心がある。初めて絵筆を握ったときの（若いときの）初心、ビジョンを明確化した後の（中年近くの）初心、そして、独自の境地の創作活動を積み重ねるようになっても抱く初心というものがあるのである。

世阿弥の『風姿花伝』を注意深く読めば、「初心忘るべからず」という彼の言葉の意味を大半の人が誤解していることがわかる。初心者の頃の文字通りの初心だけでなく、中堅者の頃の「時々の初心」というものがあり、さらに、熟達者（エキスパート）になってからも「老後の初心」が問われる。いずれも忘れてはいけないというのが世阿弥の主張である。伝統芸能だけでなく、仕事の世界を含む他の熟達化の分野でも考慮すべき重要な指摘であると思われる。

『風姿花伝』は、熟達化の世代継承性の書籍だともいえるし、また同時に、「年来稽古《ねんらいけいこ》」とよばれるように生涯にわたって能に携わる人間の発達を、芸の熟達という観点から描いているともいえる。ここでは発達段階は次のようなステップになっている。それぞれの段階のキーワードを要約した（要約については、表ほか［二〇〇九］に依拠した）。

第一段階・七歳（幼年期）――稽古の初め。生まれつきの長所を活かし、干渉せずに自由にやらせる。技巧を要するものは取り上げず、演じやすい「時分」（ちょうど適切と思われる時機）を選び、得意な芸から入門してもらうのがいい。

第二段階・一二、三歳より（少年期）――奥深い美ではなくても、「童形《とうぎやう》なれば、何としたるも幽玄なり。声も立つ頃なり」といわれる。つまり、元服前の愛らしい時期なので、少年らしい可憐さが幽玄で美しい時期となる。ただし、この時期の「花」（能芸の魅力）は、「まことの花」ではなく、一時的な魅力、つまり「時分の花」にすぎない。

第三段階・一七、八歳より（変声期）――声変わりを経験し、声が引き立って聞こえた前の段階の花の要素の一つを失う。急に身長が伸びて腰高《こしだか》になることもあり、姿の美しさも失う。そのため、世阿弥は、「一期《いちご》の境ここなり」と述べて、生涯の浮沈の境ともいうべき時期だという。だから、ここで奮闘努力しないと、能の上達は止まるともいう。

第四段階・二四、五歳（青年期）――この時期について、世阿弥は次のように述べている。「一期の芸能の定まる初めなり。さるほどに、稽古の境なり。声もすでに直り、体も定まる時分なり。されば、この道に二つの果報あり。声と身形なり。これ二つは、この時分に定まるなり。（中略）この頃の花こそ初心と申す頃なる（後略）」というように、初心への言及がなされる。何事も始めたときには、まじめに一生懸命やっていたので、その気持ちを忘れないようにしようというニュアンスでいわれる、「初心」という意味あいは、世阿弥にはない。変声期を越えて、この時期には、若さ（年の盛り）ゆえに花があるように思われるが、それは、観客にとって「一旦めづらしき花」（一時的に珍しいと感じるための花）にすぎない。そのために、「時分の花をまことの花と知る心が、真実の花になほ遠ざかる心なり」と警告している。

第五段階・三四、五歳（壮年期）――「この頃の能、盛りの極めなり。（中略）この時分に、まことの花をもし極めずば、四十より能は下がるべし」と世阿弥は、この時期を能の上達のピークと見て、この頃に能の奥義を極めなければならないと主張しているが、同時に、この時期にいっそう「慎むべし」と警告している。

第六段階・四四、五歳（初老期）――この時期には、一方で、技能は落ちることはないが加齢により、「身の花も、よそ目の花も失するなり」と述べつつも同時に、「もし、この頃まで失せざらん花こそ、まことの花にてはあるべけれ」とも付け加えている。この時期に、後継者の育成がますます大切になってくる。

第七段階・五〇有余（老年期）――「この頃よりは、大かた、せぬならでは手立あるまじ」、つまり、五〇歳を超すと、もう能を演じないという以外に手はないと諦観しつつも、父観阿弥の死去する二週間ほど前の舞台にふれて、「花は残るべし」と断言している。

『風姿花伝』以後、六〇歳を過ぎた頃に書かれた『花鏡《かきょう》』において、初心への言及があるが、白洲正子によれば、そこでは『風姿花伝』より深い理解に到達しているという。そこで、「ぜひ初心を忘るべからず」「時々の初心忘るべからず」「老後の初心忘るべからず」という初心についての三命題について、わかりやすい解説が述べられている。長くなるが引用することにしたい。

一 「ぜひ初心を忘るべからず」という意味は、若年の頃、名実ともに初心であった当時の芸を、常に忘れず、身につけておけば、老後に様々の得点がもたらされる。（中略）自分の程度をよく知る為にも、未熟な時代を忘れぬよう努力すべきである。（中略）若い人々も、現在の未熟さをよく知って、生涯初心を忘れてはならないのである。

次に「時々の初心忘るべからず」ということは、先ず初心時代から、盛りの年頃に至り、更に老年に及ぶまで、その時々に似合った芸風をたしなむことの謂いである。（中略）その時々に積み重ねて行くもの、それを「時々の初心」と呼ぶのである。その時々の演技を、一度に身につけておくことは、即ち時々の初心を忘れぬことになりはしないか。それでこそ、すべてに亘って堪能なシテとえいよう。以上のような理由で、「時々の初心」というものもまた大切なのである。

最後に、「老後の初心忘るべからず」とは、人間の命には終りがあるが、能には果てがない。年齢に相当した風体を、順々に会得して行き、そうして最後に、老人に似合った芸を覚えること、それを「老後の初心」という。（中略）一生を通じて、初心を忘れず生きぬけば、これが最後という時は来ない。（中略）

今、私たちは初心といえば、美しいもののように扱っていますが、世阿弥の初心とは、必ずしもそういうものではない。むしろ、未熟でまずい芸を「初心」と呼んだのですが、その時代の芸を忘れないで、一生持ちつづけることが大事だと、この一段では述べているのです。（中略）序めの初心は未熟なものだが、

それを忘れないよう心掛けることが大切である。（中略）
次に、過去から現在に至る、その時々の経験を、骨身に刻んで残すことが「時々の初心」である。いわば単純素朴な初心時代から、次第に複雑な芸へ移って行き、その一つ一つを身につけることを覚える意で、そういう積み重なりの上に成立った能は、厚味を増し、芸にも味が出て来るに違いない。
そして、最後に、老境にはいっては、「せぬならでは手だてあるまじ」という、無味無風のさかいに入るが、当人にとって、これは生まれてはじめての経験であるから、やはり「初心」と名づくべきである。
（白洲［一九九六］五六―五九頁）

熟達化と実践知というような深いテーマを、ただ単に「うまくなること」と短絡的に理解してわかった気にならないようにしたいものである。それは、生涯にわたる課題であり、また、芸術の世界でなく、仕事の世界においても、第二の「時々の初心」がある限り、熟達の過程において、「上がり」はないのである。

教師や看護の世界では、文字通り、生徒や患者との関係が仕事そのものの中に織り込まれており、芸舞妓の熟達化のプロセスでは、疑似家族のようにお母さん・お姉さんが指導をするだけでなく、贔屓の客もまたその役割をシェアしている。企業等の組織での仕事も、担当者として特定領域で一人前になるプロセスで、上司・メンター・先輩に鍛えられるが、管理職になって以降は、関係性の中で、ほかの人々に動いてもらい、その際の指導、コーチングを通じて、若手を育てることになる。
孤高の芸術家というのは、イメージとしては存在するが、そこにも関係性のネットワークがある。ベッカー（Becker［1982］）が描いた通り、芸術の世界というのは、芸術家一人が創り出すのではなく、たとえば画家の場合なら、芸術評論家・美術館等の学芸員・画家の支援者・絵の買い手、美術館に足を運び美術雑誌を読む人など、皆で創り出している側面を見逃せない。この点について、第**6**章における芸術家の記述においても、「至高をめざす芸術家の熟達を支える社会とは、そもそもどのような社会なのか」(二九一頁)という問いが提示されている。芸術家にも、制作におけるエージェンティックな面だけでなく、刺激と支援を求めてコミューナルな面から、人々とつながることが要求される。

美術の世界だけでなく、音楽の世界でも、たとえば一九七〇年代に、ロック、ブルース、ジャズ、後のヒュージョンにつながるギタリストがわが国で活動を広げ始めた頃、「ギター・ワークショップ」という企画があり、彼らの交流の中から語り継がれるようなレコード録音が生まれた。ドラマーの村上〝ポンタ〟秀一氏も、「うまい！ とか言われるレベルではないのですが」とステージでつぶやく以前にも、多数のセッションやライブを通じ、ワールドクラスのドラマーになる一〇年の熟達の旅の過程で、大村憲司をはじめとする仲間やライバルからコミューナルな刺激と相互支援を得ていたように思われる。

このようなワークショップに当たるものが、仕事の世界にもある。それらは「〇〇道場」とよばれる研修所であったり、日常の職場そのもの、あるいは組織全体、さらにはもっと広くコミュニティであったりするわけだが、それぞれに、熟達化に関わる集団風土や組織文化というものが観察される。それらについても、今後の研究が必要であろう。

＊　＊　＊

世阿弥が述べる意味において、その時々の（熟達水準に応じた）初心を忘れずに、孤高にエージェンティックに自分を研ぎ澄まそうとするだけでなく、師匠、仲間との切磋琢磨と相互刺激の源泉となるコミューナルな関係性の中で、熟達のレベルを上げ、十分に腕を上げて、究極には、外的基準からうまい！といわれるレベルを越えた、自分のスタイルに達する。そういう創造的熟達者（エキスパート）への道を、仕事の世界でも歩みたいものである。

本書が、読者の皆さんがそのような旅を続けるコンパニオンになるように祈る。初心を忘れずに、そのために、これまた世阿弥の言葉である能の「序破急」から発展した（と松岡正剛氏はとらえる）「守破離」（型や基本を忠実に守り、次に、自分なりの応用、自分色を加え、最終的には、型にとらわれずに自分なりの境地に達すること）をめざそう。

引用・参考文献

Alderfer, C. P. [1972] *Existence, Relatedness, and Growth: Human Needs in Organizational Settings*. Free Press.
Bakan, D. [1966] *The Duality of Human Existence: Isolation and Communion in Western Man*. Beacon Press.
Bandura, A. [1997] *Self-Efficacy: The Exercise of Control*. W. H. Freeman.
Becker, H. S. [1982] *Art Worlds*. University of California Press.
Csikszentmihalyi, M. [1975] *Beyond Boredom and Anxiety: Experiencing Flow in Work and Play*. Jossey-Bass.（今村浩明訳 [二〇〇〇]『楽しみの社会学』改題新装版、新思索社）
Csikszentmihalyi, M. [1994] *The Evolving Self: A Psychology for the Third Millennium*. HarperPerennial.
de Charms, R. [1968] *Personal Causation: The Internal Affective Determinants of Behavior*. Academic Press.

Deci, E. L. [1975] *Intrinsic Motivation*. Plenum Press.（安藤延男・石田梅男訳［一九八〇］『内発的動機づけ――実験社会心理学的アプローチ』誠信書房）
Deci, E. L. [1984] *The Psychology of Self-Determination*. Free Press.（石田梅男訳［一九八五］『自己決定の心理学――内発的動機づけの鍵概念をめぐって』誠信書房）
Deci, E. L. & Flaste, R. [1995] *Why We Do What We Do: The Dynamics of Personal Autonomy*. Putnam's Sons.
Dweck, C. S. [1999] *Self-Theories: Their Role in Motivation, Personality, and Development*. Psychology Press.
Dweck, C. S. [2006] *Mindset: The New Psychology of Success*. Random House.（今西康子訳［二〇〇八］『「やればできる！」の研究能力を開花させるマインドセットの力』草思社）
Erikson, E. H. [1982] *The Life Cycle Completed: A Review*. Norton.（村瀬孝雄・近藤邦夫訳［一九八九］『ライフサイクル、その完結』みすず書房）
Franken, R. E. [2002] *Human Motivation*, 5th ed. Wadsworth/Thomson Learning.
福原義春・金井壽宏［一九九五］「会社のルーツ、自分のスタイル」『ビジネス・インサイト』第三巻四号、七六―九六頁。
Gilbert, D. [2006] *Stumbling on Happiness*. Alfred A. Knopf.（熊谷淳子訳［二〇〇七］『幸せはいつもちょっと先にある――期待と妄想の心理学』早川書房）
Gilligan, C. [1993] *In a Different Voice: Psychological Theory and Women's Development*. Harvard University Press.（岩男寿美子監訳／生田久美子・並木美智子共訳［一九八六］『もうひとつの声――男女の道徳観のちがいと女性のアイデンティティ』川島書店）
平尾誠二・金井壽宏［二〇〇五］「スポーツと経営学から考えるリーダーシップ」『ＣＲＥＯ』第一七巻一号、七九―八六頁。
平尾誠二・金井壽宏［二〇〇九］『型破りのコーチング』ＰＨＰ研究所。
平尾誠二・河合隼雄・古田敦也・金井壽宏［二〇〇二］『「日本型」思考法ではもう勝てない』ダイヤモンド社。
平尾誠二・松岡正剛［一九九六］『イメージとマネージ――リーダーシップとゲームメイクの戦略的指針』集英社。
伊藤修二・金井壽宏［二〇〇五］「戦略発想でＹＡＭＡＨＡブランドを社員みんなとともに輝かせる」『ビジネス・インサイト』第一三巻三号、八四―一〇〇頁。
金井壽宏［一九九一］『変革型ミドルの探求――戦略・革新指向の管理者行動』白桃書房。
金井壽宏［一九九四］「ミドルのエンパワーメント――壮年期、キャリア中期の中間管理職の課題」『ＣＲＥＯ』第六巻一号、一四―二〇頁。
金井壽宏［一九九五］「ミドル・マネジャーの生涯発達課題と日本型ＨＲＭシステム――ミドルのエンパワーメントの方向を探る」『ビジネス・インサイト』第三巻四号、三〇―四七頁。

金井壽宏［二〇〇二］『仕事で「一皮むける」——関経連「一皮むけた経験」に学ぶ』光文社。

金井壽宏［二〇〇三］『キャリア・デザイン・ガイド——自分のキャリアをうまく振り返り展望するために』白桃書房。

金井壽宏［二〇〇五］『リーダーシップ入門』日本経済新聞社。

金井壽宏［二〇〇六a］「活私開公型のキャリア発達とリーダーシップ開発——個を活かし社会にも貢献する世代継承的夢」山脇直司・金泰昌編『組織・経営から考える公共性』（公共哲学、第一八巻）東京大学出版会。

金井壽宏［二〇〇六b］『働くみんなのモティベーション論』NTT出版。

金井壽宏［二〇〇八］「実践的持論の言語化が促進するリーダーシップ共有の連鎖」『国民経済雑誌』第一九八巻六号、一—二九頁。

金井壽宏［二〇〇九］「仕事意欲——やる気を自己調整する」橘木俊詔編『働くことの意味』ミネルヴァ書房。

金井壽宏・榎本英剛・松下信武・平尾誠二［二〇〇二］「コーチングのコーチング——うまく学習してもらう方法を学習してもらうために」（第三八回ワークショップより）『ビジネス・インサイト』第一〇巻三号、四四—七三頁。

金井壽宏・関西生産性本部編［一九九二］『トップ二〇人が語るこんな人材が欲しい』東洋経済新報社。

金井壽宏・高橋潔［二〇〇四］『組織行動の考え方——ひとを活かし組織力を高める九つのキーコンセプト』東洋経済新報社。

金井壽宏・米倉誠一郎・沼上幹編［一九九四］『創造するミドル——生き方とキャリアを考えつづけるために』有斐閣。

Maslow, A. H. [1998] *Maslow on Management*. John Wiley & Sons.（金井壽宏監訳／大川修二訳［二〇〇一］『完全なる経営』日本経済新聞社）

Mayo, E. [1933] *The Human Problems of an Industrial Civilization*. Macmillan.（村本栄一訳［一九六七］『新訳 産業文明における人間問題——ホーソン実験とその展開』日本能率協会）

McAdams, D. P. [1989] *Intimacy: The Need to Be Close–How the Need for Intimacy Influences Our Relationships, Life Choices, and Sense of Identity*. Doubleday.

McClelland, D. C. [1987] *Human Motivation*. Cambridge University Press.（梅津祐良・薗部明史・横山哲夫訳［二〇〇五］『モチベーション——「達成・パワー・親和・回避」動機の理論と実際』抄訳、生産性出版）

Nonaka, I. & Takeuchi, H. [1995] *The Knowledge-Creating Company: How Japanese Companies Create the Dynamics of Innovation*. Oxford University Press.（梅本勝博訳［一九九六］『知識創造企業』東洋経済新報社）

岡本祐子編［一九九九］『女性の生涯発達とアイデンティティ——個としての発達・かかわりの中での成熟』北大路書房。

表章・小山弘志・佐藤健一郎校訂・訳［二〇〇九］『風姿花伝・謡曲名作選』（日本の古典をよむ、第一七巻）小学館。

太田肇［二〇〇七］『承認欲求——「認められたい」をどう活かすか？』東洋経済新報社。

Porter, L. W. & Lawler, E. E. [1968] *Managerial Attitudes and Performance*. Irwin.

Roethlisberger, F. J. & Dickson, W. J. [1939] *Management and the Worker: An Account of a Research Program Conducted by the Western Electric Company, Hawthorne Works, Chicago*. Harvard University Press.
Schein, E. H. [1990] *Career Anchors: Discovering Your Real Values*, rev. ed. Jossey-Bass.（金井壽宏訳［二〇〇三］『キャリア・アンカー――自分のほんとうの価値を発見しよう』白桃書房）
Snyder, C. R. [1994] *The Psychology of Hope: You Can Get There from Here*. Free Press.
白洲正子［一九九六］『世阿弥――花と幽玄の世界』講談社。
田中ウルヴェ京［二〇一一］『たった三秒で子どもが変わる!-言葉の魔法』中経出版。
Taylor, F. W. [2006] *The Principles of Scientific Management*. Cosimo Classics.（有賀裕子訳［二〇〇九］『新訳 科学的管理法――マネジメントの原点』ダイヤモンド社）
天外伺朗［二〇〇八］『非常識経営の夜明け――燃える「フロー」型組織が奇跡を生む』講談社。
Vroom, V. H. [1964] *Work and Motivation*. Wiley.（坂下昭宣ほか訳［一九八二］『仕事とモティベーション』千倉書房）
Welch, J. & Byrne, J. A. [2003] *Jack: Straight from the Gut*. Warner Books（宮本喜一訳［二〇〇一］『ジャック・ウェルチ わが経営』上・下巻、日本経済新聞社）
White, R. W. [1959] Motivation reconsidered: The concept of competence. *Psychological Review*, **66**, 297-333.

［編者紹介］

金井 壽宏（かない としひろ）

神戸大学名誉教授，立命館大学食マネジメント学部教授，博士（経営学），Ph. D. (Management)

楠見 孝（くすみ たかし）

京都大学大学院教育学研究科教授，博士（心理学）

実践知《じっせんち》――エキスパートの知性《ちせい》

Practical Intelligence of Professional Experts

2012年3月30日 初版第1刷発行
2024年7月15日 初版第9刷発行

編者 金井壽宏
楠見 孝

発行者 江草貞治

発行所 株式会社 有斐閣

郵便番号 101-0051
東京都千代田区神田神保町2-17
https://www.yuhikaku.co.jp/

組版・BIKOH／印刷・萩原印刷株式会社／製本・大口製本印刷株式会社

ISBN 978-4-641-16386-7

事項索引

さ　行

た 行

■ な　行

■ は　行

ま　行

や　行

ら　行

人名索引

あ 行

か 行

さ 行

た 行

な 行

は 行

ま 行

や 行

ら 行

わ 行

エクササイズ

エクササイズ①

人は，入門した領域で，それが広義の趣味でも，仕事でも，いかにして熟達していくことに動機づけられているだろうか。第**4**章から第**6**章までの事例をその観点から読み返してみよう。また，自分が打ち込んでいる熟達領域について，ほかならぬ自分が，上達したいと動機づけられている個人的な理由も省察してみよう。いろいろなキーワードがあがってくるはずだ。終章**3**節での記述を参考にしてそれを1行程度の簡単な文章にして，できる限りたくさんあげて，リストにしてみよう。

たとえば，

- うまくなること自体がうれしい
- できなかったことがうまくできるようになるときの感動が励みとなる
- 熟達レベルを認めてもらえるのがうれしい
- ライバルに負けたくない
- コーチ（監督，先生，師匠など）と相性が合う
- うまくなれるかどうかは，自分しだい

このようなリストを見て改めてキーワードにマーカーをし，それらが緊張系，希望系，関係系，持論系という観点から，どのように分類されるか，試みてほしい。まずは読者個人のセルフエクササイズを，さらに，可能なら仲間にも同じことを省察しレポートしてもらい，それを持ち寄ってグループエクササイズを行ってみよう。熟達を高めたい領域でのモティベーションについてこのエクササイズを実施するのだから，切磋琢磨する同好の仲間，クラブやサークルなら先輩，コーチ，キャプテンや部長も招いて，何が人を熟達に打ち込ませるかを議論するのがいいだろう。

エクササイズ②

創造的熟達者と思われる人々の回想録のうち，共感をもてる人のものを選んで，熟達への旅路をたどっていくという観点から，熟読してみよう。その人物を動かしているものは何か（モティベーション），長期的にどのような仕事生活を送ったか（キャリア），キャリアのある段階以降，その分野でどのようにリーダーシップをとり，後進を育てたか，メモをとりながら読んでみよう。これも，一人だけのセルフエクサイサイズとして実施するよりも，可能なら，自分と同じ領域で熟達をめざす仲間と，それぞれ自分の好みで異なる人物の回想録を選んで，グループエクササイズで実施することを奨めたい。自分の熟達化にまつわる旅の来し方を省察し，将来を展望するうえで，そのような回想録を素材にして，個人としての省察と，グループでの議論を行ってみよう。

エクササイズ3 **〈領域 1〉**：仕事の世界に関わりなく，熟達にこだわってきた領域

子どものときから学生時代までの間に，開始（入門）したことで，一生懸命に打ち込んで，その結果，自分で納得いくレベルまで熟達した領域を，今も続けていることも含めて，2 つ想起してみよう。それぞれの領域について，次の点について，レポートをするか，誰か適切な人と相互にインタビューしあってみよう。今も続けているどころか，生涯続けるつもりの分野があれば，その熟達領域を例に取り上げてみよう。

① 開始（入門）した年齢と，継続した年数。

② 開始した理由――とくに，自分で決めたことかどうか。

③ 途中であきらめなかった理由――不調，スランプ，壁につきあたったときなどの場面を思い出しながら，場面ごとに，その理由はどのようなものであったか。

④ 指導者，コーチの特徴――どの段階でどのように出会い，自分との相性は，どのようであったか。一人ひとりの指導者，コーチから受けた薫陶，教育・指導の内容はどのようなものであったか。これまで薫陶を受けた指導者、コーチに出会っていった順番について，（終章の平尾誠二氏の例も参考に）どのように回想し，意味づけられるか。

⑤ 先輩，ライバル（ともに切磋琢磨した人）の特徴――とくに，彼らから学んだこと，刺激を受けたことは何か。熟達の段階に応じて，異なる人が浮かび上がってくるか，それとも同じ人物か。

⑥ 納得いくレベルまで熟達していることが，自分に与えた影響――とくに，自己イメージや自信などにどのような影響を与えたか。

⑦ この領域で，納得いくレベルまで熟達したことの教訓や熟達を促す持論――この熟達経験の全般的な意味と価値を，一種の教訓として自分なりにどのように総括しているか。また，うまく熟達するためのコツ，熟達を促す持論はどのように，どの程度，言語化できているか。これから入門する人，初心者を経て，熟達の途上にある人に，この教訓や持論をふまえてどのようなアドバイスをすることが多いか。

⑧ リーダーシップや育成という課題の出現――いつ頃，どのぐらいの熟達レベルに達した頃から，この熟達領域でリーダーシップを発揮すること，人材育成に注力することが，課題としてクローズアップされてきたか。

⑨ 熟達している領域の持論に加えて，その領域でリーダーシップを発揮し，人材を育成するための持論

[さらに，言語化を進めたい人へのオプション] 終章の平尾氏や田中氏のようには，なかなか記述できないだろうが，ある領域で熟達している人の実践知を表す持論，どの領域であれ熟達化へのモティベーションの低下時にそれを持ち直すための持論（田中氏の対処法を参照），熟達した領域で自らリーダーシップを発揮したり，ほかの人とリーダーシップをシェアしたりするうえでの持論（平尾氏のリーダーシップ持論を参照）を，いきなり納得のいくよい文章にならなくてもいいので，まず試しに言語化してみよう。

エクササイズ④ **〈領域 2〉**：仕事の世界において熟達にこだわってきた領域

仕事の世界で熟達したことの中で，今の自分にとって最も大事な領域を 2 つ想起してみよう。具体的な問いは，エクササイズ③の①〜⑨を仕事の世界に読み替えて，記述してみよう。⑧については，どの時点から，営業，開発，ものづくり，経理，人事等の仕事の領域ごとの熟達でなく，それぞれの分野での（たとえば，営業所長，営業本部長として）リーダーシップ発揮や人材育成にも，本格的に入門し熟達し始めたか，また，リーダーシップや人材育成にも，リーダーシップのエキスパート，育成のエキスパートとして，リーダーシップの持論，育成の持論をもち始めたかについても記述してみよう。

エクササイズ⑤ **〈関係軸 1〉**：〈領域 1〉と〈領域 2〉双方において，ほかの人々も巻き込んだ対話を通じての省察

エクササイズ③④は個人の省察（内省）のためのレポート作成と相互インタビューとした。次の段階のエクササイズとして，仕事以外の熟達領域でも，仕事における熟達領域でも，互いによく知りあっている人たち，あるいはともに切磋琢磨している人たち（先輩や同輩，よきライバル）などと，2 名の対話として，また，可能ならば 4, 5 名のグループで話しあって，個人の省察では気づかなかった点を，ほかの人からのフィードバックを素材に，言語化してみよう。

エクササイズ⑥ **〈関係軸 2〉〈時間軸 1〉**：過去から現在までの省察

〈領域 1〉と〈領域 2〉の双方に関し，より長い時間幅をとり，将来において折りにふれ，薫陶を受けてきた指導者（コーチや監督，上司等）と対話や議論する場を設けて，話しあい，先輩や同輩，ライバルにはない視点を深めて，言語化してみよう。

エクササイズ⑦ **〈時間軸 2〉**：将来の時点での省察（読後，数カ月，数年経ったときに）

〈領域 1〉と〈領域 2〉の双方において，これから先，さらに年数を重ねて精進する中で，「大きく一皮むけた」とき，あるいは逆に「ひどいスランプに陥った」ときなどに，再度，読み返して，経験が深まったぶん，考えが変わったところがあれば，言語化された持論を改定してみよう。